航运法律与政策评论

（第一辑）

曾二秀　主　编
徐锦堂　副主编

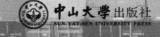

版权所有　翻印必究

图书在版编目（CIP）数据

航运法律与政策评论. 第一辑：汉、英/曾二秀主编；徐锦堂副主编. —广州：中山大学出版社，2022.11
　　ISBN 978-7-306-07649-6

Ⅰ. ①航… Ⅱ. ①曾…②徐… Ⅲ. ①国际航运—国际法—研究—汉、英 Ⅳ. ①D993.5

中国版本图书馆 CIP 数据核字（2022）第 222824 号

HANGYUN FALÜ YU ZHENGCE PINGLUN（DI-YI JI）

出 版 人：王天琪
策划编辑：王旭红
责任编辑：陈　莹
封面设计：曾　婷
责任校对：李昭莹
责任技编：靳晓虹
出版发行：中山大学出版社
电　　话：编辑部 020-84110283，84113349，84111997，84110779，84110776
发行部 020-84111998，84111981，84111160
地　　址：广州市新港西路 135 号
邮　　编：510275　　　　传　真：020-84036565
网　　址：http://www.zsup.com.cn　　E-mail:zdcbs@mail.sysu.edu.cn
印 刷 者：佛山市浩文彩色印刷有限公司
规　　格：787mm×1092mm　1/16　16.25 印张　283 千字
版次印次：2022 年 11 月第 1 版　2022 年 11 月第 1 次印刷
定　　价：58.00 元

如发现本书因印装质量影响阅读，请与出版社发行部联系调换

本书编委会

主　　任：詹思敏

成　　员：（按姓氏拼音排序）

　　　　　杜以星　郭　萍　黄　晖　黎晓光　李华武
　　　　　李天生　林翠珠　倪学伟　孙宏友　王　敬
　　　　　向明华　许光玉　徐锦堂　张　敏　曾二秀

编辑部：曾二秀　徐锦堂　叶才勇　沈　虹　金　铮
　　　　　贺　赞　汤　霞　刘思敏　毕亚琪　李少璞

主　　办：华南师范大学法学院
　　　　　广东省法学会航运法学研究会
　　　　　广州市法学会交通法学研究会
　　　　　广州市航运法学研究会

鸣 谢

广东海建律师事务所
广东恒福律师事务所
广东恒运律师事务所

主编寄语

曾二秀
华南师范大学法学院教授

  金秋送爽，丹桂飘香。在这收获的季节里，我们迎来了《航运法律与政策评论》的诞生。她还是一只不起眼的丑小鸭，但必将成长为翱翔天际的白天鹅。她，是专业的，只专注于航运领域法律与政策的研究；她，是务实的，注重结合实践探讨航运法律与政策的理解与运用；她，具有创新精神，积点点滴滴创新思考成果，汇聚法律革新的力量；她，诞生于粤港澳大湾区建设时代，自带大湾区特色，引领大湾区各法域航运法律融合发展的潮流。相信在我们共同的呵护和耕耘下，《航运法律与政策评论》必将成为独具特色的存在。

序 一

詹思敏
广州海事法院原副院长、二级高级法官

广东省法学会航运法学研究会、华南师范大学国际航运法律与政策研究中心等联合编写的《航运法律与政策评论》正式出版。作为航运界的学者和实务工作者展示研究成果的平台，《航运法律与政策评论（第一辑）》结集了"油污损害赔偿""海事电子证据""海法专论""案例评析""湾区法评""研究生论坛"六个专题。专题内容具有很高的理论和实务的指导价值，是航运法学界专家、学者、实务工作者对近年来航运法领域中的理论和实务中的难点、热点问题的研究成果。作为资深的海事退休法官，我希望也相信本书的出版将为广大海事、航运界的同仁提供有益的指导和参考。

序 二

王 敬
第九届全国律师协会海商海事专业委员会主任、涉外大律师

非常荣幸应主办方的邀请，作为律师代表，为《航运法律与政策评论》作序。华南师范大学法学院作为广东高校代表，联合广东省法学会航运法学研究会、广州市法学会交通法学研究会出版本书，高度体现了广东高校及法律界对航运法治的重视，亦迎合了我国大力推动粤港澳大湾区联动发展的战略要求。

本书凝聚了广东海事审判人员、高校学者、资深律师等航运法律群体的研究成果。他们聚焦航运法治问题，不仅探讨了航运历史热点、难点问题，而且紧跟时代发展及变革步伐，对海事审判、航运实务、海事仲裁中的前沿问题作出分析。

我们欣喜地看到，有资深律师以案说法，从法律、律师实务两个方面对油污损害赔偿、特殊背景下的承运人识别等历史热门话题作出深入研究；有资深审判人员针对近年来的海事审判热点、难点——海事电子证据的部分问题进行重点介绍；有行业专家对海上货物运输主体法律地位、无单放货责任主体识别等法律问题进行深入探讨；还有资深律师、专家学者站在粤港澳大湾区发展的时代高度，评述临时仲裁制度、第三方资助仲裁等海事法律与仲裁中的前沿问题。我坚信，本书的出版不仅能为航运法律办案实务提供借鉴，而且能为教学科研、理论研究提供素材。

《航运法律与政策评论》为航运法律界提供了优质的交流平台，以期为航运法律界挖掘更多的青年人才，壮大航运法律人才队伍，提高话语权。希望在不久的将来，在粤港澳大湾区律师执

业考试有序开展的背景下,会有更多香港、澳门两地的律师同仁共同合作与交流,促进粤港澳大湾区法治建设,助力其融通发展。

在此,谨以此序表达对本书出版的诚挚祝贺。

目　录

专题一　油污损害赔偿

关于船舶污染损害赔偿法律问题的建议 ………………………许光玉　2
"桑吉"轮案油污损害相关法律问题分析
　　……………………………杨耀龙　杨运福　林翠珠　20
中英两国船舶油污损害赔偿制度比较研究 …………黄　晖　黄倩欣　31
韩国油污损害赔偿保障法研究及其给中国的启示 ………………郝会娟　50

专题二　海事电子证据

论海事电子证据的认证
　　——以技治主义证据观的可行性为视角 ………徐春龙　孙　阳　70
电子数据证据真实性认定的实证分析
　　——以海事案件为例 ………………………………匡　浩　孙　婕　88
微信聊天记录证明力试析
　　——以海上货运代理纠纷为切入点 …………………………罗孝炳　104
海事诉讼中计算机模拟证据之证据能力规则 …………………王　东　113

专题三 海法专论

海上货物运输实际托运人的法律地位研究 …………… 赵 亮 刘日尧 130
浅析目的港无单放货纠纷中责任主体的识别 ………………… 林 敏 145
Dubious Jurisdiction
　　——A Critique of the South China Sea Arbitration Awards
　　…………………………………………………………… Jin Zheng 153

专题四 案例评析

船舶共享协议模式下实际承运人的识别及其责任认定
　　——中远公司诉理查德公司案评析 …………… 罗 春 白厦广 190

专题五 湾区法评

论粤港澳大湾区临时仲裁制度的构建
　　——以南沙自由贸易试验区为例 ……………… 孙宏友 莫佳慧 202
第三方资助仲裁的实践要点和发展概况 …………… 王 敬 张倪绮 221

专题六 研究生论坛

我国涉外海事诉讼管辖权异议处理的司法实践研究
　　——以2013—2022年涉外海事海商纠纷
　　　管辖权异议裁定书为样本 ……… 马慧娟 马晓珊 张艺骞 234

专题一　油污损害赔偿

关于船舶污染损害赔偿法律问题的建议

许光玉[*]

摘要：船舶污染损害赔偿案法律争议大，索赔困难。在实务中经常遇到主体争议问题，尤其是船舶互有过失碰撞造成一船漏油的情况下非漏油船的责任问题。同时，污染赔偿的标准、规范文件不具备法律的效力，法院认可度低，导致污染损害范围及费率认定困难。此外，如何定义"遇难船舶"并厘清救助与清污措施也是争议的焦点之一。为解决上述法律争议，本文结合法理、实务操作经验、典型案例进行分析，提出相应对策和立法建议。

关键词：非漏油船责任 赔偿费率标准 遇难船舶

Suggestions on Legal Issues of the Compensation for Pollution Damage Caused by Ships

Xu Guangyu

Abstract：There are disputes in claiming against vessel pollution damage and difficulties in claiming indemnity. In practice, the dispute of who should be blamed always occurs, especially in collision caused by mixed faults of both vessels but with only one leaking oil, the responsibility of the non-leaking one stays in dispute. Besides, the standards or rules for pollution indemnity have no legal validity and low recognition by courts, leading to difficulties in ascertaining the range of pollution and rates of indemnity. In addition, identifying the ship in

---

[*] 许光玉：全国优秀律师，广东海建律师事务所主任，华南师范大学国际航运法律与政策研究中心兼职研究员，中华全国律师协会海商海事专业委员会前执行委员，广东省律师协会海事海商物流法律专业委员会前主任。

distress and differentiating salvage with cleaning operation is always the focus of dispute. Aiming at solving the above mentioned issues, this article shall analyze relevant legal principles, experience in case handling and typical cases so as to come to countermeasures and legislative suggestion in the field.

Key words: the responsibility of the non-leaking vessel; the rates of indemnity; vessel in distress

一、目前船舶污染损害赔偿的主要问题

（一）主体问题争论不休

几乎每一宗船舶污染损害赔偿责任纠纷案都可能存在索赔主体争议问题。例如，在索赔海事部门组织的清防污应急行动费用中，如果由海事部门提起诉讼，被告则将以海事部门未参与清防污应急行动、无权代为索赔清污单位的费用为由作出原告主体不适格的抗辩；如清污单位提出索赔，被告则抗辩称其与清污单位没有合同关系，并未侵犯清污单位的利益，清污单位无权提出索赔。从目前的案例看，海事部门索赔由其组织的应急行动所产生的清防污费用得到法院普遍的支持，而清污单位能否自行主张索赔却引起了较大争议。对于清污单位自行主张索赔的问题，法院不予支持的情况居多。如厦门海事法院、福建省高级人民法院以及武汉海事法院、湖北省高级人民法院均不支持清污单位自行提出索赔[1]，但上海海事法院却支持清污单位提起诉讼[2]。可见，法院对法律理解不一，作出的判决也截然不同。

同样，在处理船舶污染损害赔偿责任纠纷案中，关于责任主体的争论也从未间断。其中，关于两船碰撞造成一船漏油的情况下，非漏油船应否承担责任的问题引发了巨大争议。近年来，学术界出现了"谁漏油，谁赔偿"的观点，该观点是否具有法律依据值得深究。

在和解案件中，包括国外著名互保协会参与的涉外案件，非漏油船方均未提出"谁漏油，谁赔偿"的抗辩，最终非漏油船均承担了相应比例的赔付责任。

---

[1] 参见湖北省高级人民法院（2018）鄂民终664号民事判决书。
[2] 参见上海海事法院（2016）沪72民初67号民事判决书。

而在判决中，则是众说纷纭，各有说法。天津海事法院认为，两船碰撞导致一船漏油的，两船应承担连带责任，如"塔斯曼海"轮与"顺凯1号"轮碰撞造成海域污染案①。同样，广州海事法院早期判决亦认为两船碰撞过失，漏油船与非漏油船应承担连带责任，如"VLACHERN-ABREEZE"（符）轮与"潮河"轮油污损害赔偿纠纷案。后来，广州海事法院的判决有所改变，以碰撞、漏油为两个法律关系为由判定漏油船赔偿，非漏油船不承担赔偿责任。但广东省高级人民法院对该判决不予认可，广东省高级人民法院认为应按《中华人民共和国海商法》（以下简称《海商法》）第一百六十九条的规定，由两船按碰撞责任比例进行赔偿，如"闽燃供2"轮与"东海209"轮碰撞污染损害赔偿案②。同样持此观点的还有青岛海事法院，如在"金玫瑰"轮与"金盛"轮碰撞污染损害案③中，青岛海事法院判决"金玫瑰"轮与"金盛"轮按照各自的责任比例支付清污费用。近年来，上海海事法院的判决也认为漏油船与非漏油船应按照碰撞责任比例承担责任，如"泰联达"轮与"宁东湖680"轮、"宁连海606"轮碰撞导致的污染损害责任纠纷案④。

而在"CMA CGM FLORIDA"（达飞）轮与"CHOU SHAN"（舟山）轮油污损害赔偿纠纷案中，宁波海事法院和浙江省高级人民法院均认为非漏油船不需要承担赔偿责任，但该案经最高人民法院再审，最终撤销了原审判决，最高人民法院认为漏油船和非漏油船均应对油污损害负有赔偿责任。⑤

由上可知，法院、律师、学术界对有关法律理解不一致，容易导致出现相互矛盾的判决。此外，各地判决相互矛盾，亦导致海事部门在行政执法中处于尴尬地位。如在前述的"达飞"轮与"舟山"轮油污损害赔偿纠纷案中，上海海事局要求非漏油船"舟山"轮提供担保，而"舟山"轮方则提起侵权之诉，将浙江海事局、洋山港海事局等海事部门诉至法庭，从而出现碰撞责任者不承担责任却反告海事部门的闹剧。

---

① 参见天津海事法院（2002）海告立决字61号复议决定书。
② 参见广东省高级人民法院（2000）粤高法经二终字第328号民事判决书。
③ 参见青岛海事法院（2007）青海法确字第45号民事判决书、（2010）青海法海事初字第17号民事判决书。
④ 参见上海海事法院（2014）沪海法商初字第931号民事判决书。
⑤ 参见最高人民法院（2018）最高法民再367–370号民事判决书。

（二）污染损害范围及损失认定困难

船舶污染损害赔偿责任纠纷案不同于普通民事案件，在证据组织、收集过程中涉及许多专业性问题，对专家、鉴定人均提出了严格的要求。在茫茫大海中如何确定、量化污染损失，一直是争论不休的问题。

例如，关于渔业资源、海洋生态资源损害范围及损失的确定问题，各有说法。尽管我国已制定《海洋监测规范》《渔业污染事故经济损失计算方法》《海洋溢油生态损害评估技术导则》等规则，但这些规则的权威性并未完全被法院认可，有些甚至被理解为保护部门利益的产物。加之鉴定机构没有规范要求，且机构鉴定水平良莠不齐，导致渔业资源、海洋生态资源索赔工作难上加难。在实践过程中，经常出现评估报告与规则不衔接、漏洞百出等情况，更有甚者还会出现规则制定者参与调查、评估却与监测规范不符的情况，导致法院无从作出评判。如"阿提哥"轮海洋生态损害赔偿案[①]，因评估报告出现严重漏洞，导致历经长达10年的诉讼案件以失败告终。此外，对渔业资源、海洋生态资源损失的鉴定，不仅需要完整的监测设备、船舶、人员，而且鉴定机构需要完成的工作量大、要求高，并需要出庭接受庭审询问。绝大部分鉴定机构均需"自行垫付"相应经费，往往在历时几年的诉讼后才能得到报酬，甚至有可能因案件败诉而"倒贴"相关费用。有鉴于此，许多鉴定机构不愿意接受鉴定委托，导致渔业资源、海洋生态资源损失索赔工作难以开展。

另外，在索赔清防污应急行动费用时，如何确定费率也是棘手的问题。尽管国内存在不少清污费用赔偿推荐标准，但各费率标准高低不一，且因未得到法律授权及普遍适用而备受质疑。而肇事船方作为清防污费用的实际承担者，为压低费用往往主张参照成本价、协议清污价进行赔偿。因此，双方当事人对费率标准争议大，往往导致案件悬而未决。"MAXIMA"（密斯姆）轮与"竞帆1"轮船舶污染损害赔偿责任纠纷案，自起诉至今已超过5年，仍在一审审理中。而"达飞"轮与"舟山"轮船舶污染引发的国家渔业资源损害赔偿责任纠纷案历经5年诉讼后作出一审判决，又进入再审程序。

在实务中，部分法院以不存在统一清污费率标准为由，自行酌定费率。如"达飞"轮与"舟山"轮船舶污染引发的清污、救助费损失赔偿责

[①] 参见最高人民法院（2015）民申字第1637号民事裁定书。

任纠纷案，因原审法院对清污市场行情未进行充分的了解和调研，其酌定的费率没有客观、合理的依据，故出现了酌定费率偏低的情况。更有部分清污公司因案件久拖未决、索赔难等而入不敷出、纷纷倒闭，这极不利于海洋环境保护。

（三）对遇难船舶、应急行动性质的认定问题

在实务中，较为常见的是船舶互有过失碰撞导致船舶漏油的情形。但是，也有部分船舶因碰撞遭受严重损坏，处于严重危险之中。例如，前述的"达飞"轮、"密斯姆"轮。《最高人民法院关于审理船舶油污损害赔偿纠纷案件若干问题的规定》第二十条、《最高人民法院关于审理船舶碰撞纠纷案件若干问题的规定》第九条规定，对遇难船舶采取的使之无害措施而产生的费用属于非限制性债权。但对于何为"遇难船舶"，上述规定未予明确，导致部分法院随意行使"自由裁量权"，创制法律。

此外，船舶严重受损并漏油的情况也是较为常见的。在此情况下，往往存在救助和清污行动并存的局面。例如，在前述"达飞"轮案中，交通运输部上海打捞局应公共当局的要求对"达飞"轮进行救助并采取了绑扎、固定集装箱、切割船底外翻钢板、护航等救助措施。为避免污染扩大化，该局还进行了抽取船舱内油污水行为。然而，原审判决却以"达飞"轮所处的危险不直接、不紧迫为由，否认公共当局强制救助的必要性，并以交通运输部上海打捞局的工作带有清防污目的，将上述救助行为认定为清防污措施。可见，在实务中，如何界定救助和清污行动争议较大。

综上所述，我国亟须对船舶污染损害赔偿法律争议问题以立法的方式予以明确，止纷息争。

二、对船舶污染损害赔偿主要法律问题的建议

（一）关于船舶污染损害赔偿责任立法问题

建议在《海商法》中增加有关船舶污染损害赔偿责任一章，以期进一步丰富、完善《海商法》。同时，对新增章节的内容应广泛征求意见，所设条款应体现务实性强、可操作性强的特点，尤其应注意国内法与国际公约的衔接问题，不能相互矛盾，否则将引起无休止的争议。因此，新增章节的内容不仅要从理论和法理上进行论述，还要考虑实务问题，防止对国

际公约的错误理解。

现在，《海商法》立法工作正在如火如荼地进行。笔者所在的律师事务所有幸受邀就交通运输部报送国务院的《中华人民共和国海商法（修改送审稿）》（以下简称"送审稿"）发表立法意见。笔者留意到，送审稿增加了"船舶油污损害责任"一章，对该章的部分条款笔者持有不同意见。比如，送审稿第二百五十二条规定，船舶碰撞引起一船漏油造成污染损害的，应当由漏油船舶所有人承担污染损害赔偿责任，之后该漏油船可向碰撞责任方追偿。笔者认为，该规定回到了"谁漏油谁先赔"的错误思维中，其不仅错误理解公约，而且与我国现行法律严重冲突，可能会造成受损方不能获赔的结果（下文将对此展开说明）。

再如，送审稿第二百六十一条规定，责任限制基金设立后，并且船舶所有人有权限制其赔偿责任时，污染损害赔偿请求人不得对船舶所有人的任何财产行使任何权利。船舶所有人的船舶或其他财产因污染损害赔偿请求已经被扣押，或者为避免此种扣押已经提供了保证金或其他担保，法院应当及时下令释放或者责令退还。笔者认为，发生船舶漏油事故后，涉事船舶设立基金是其程序性权利，但船舶所有人是否有权享受责任限制是实体问题，而且经过判决确认是否有权限制责任需要较长的时间，可能需要经历一审、二审甚至再审。如果需要确定"船舶所有人有权限制其赔偿责任"，污染损害赔偿请求人才不能对船舶所有人的财产行使权利，也就是说，尽管船舶所有人设立基金，在判决确认其有权限制责任前，船舶所有人也无法保证其财产不被扣押，如此显然不妥。在实务中，管辖等问题往往会导致设立基金需要漫长的过程，而船舶所有人为了避免其船舶被扣押，则有可能通过协商向索赔人提供担保，之后再继续设立基金。那么，是否在设立基金后，担保就必须返还给船舶所有人。笔者认为，首先应看合同如何约定；其次，船舶所有人设立基金不等于必然享受责任限制，污染受害方持有担保有利于保护其权益。总之，是否退还担保不应由法律强制规定。

又如，送审稿第二百六十七条规定，污染损害请求人不能证明污染损害系由船舶造成的，船舶油污损害基金不予赔偿。笔者认为，该规定与原《中华人民共和国侵权责任法》（以下简称《侵权责任法》）第六十五条、第六十六条的规定相悖，明显不妥。环境污染侵权案件实行抗辩事由和因果关系的举证责任倒置，所以就被侵权人而言，应对其受到损害以及污染者实施了侵权行为承担举证责任。就侵权人而言，应就其行为与损害之间不存在因果关系承担举证责任。而且，要求污染损害请求人证明污染损害系由船舶漏油造成较为困难，污染损害请求人只能做油指纹鉴定。然而，由于漏油受到海洋生物分解、风浪等海洋环境的影响，化学成分会发生改变，因此油指纹鉴定不一定准确。

对于送审稿中出现的立法问题，笔者已在给司法部的立法意见汇总中作出详细论述，在此不一一展开。总体而言，笔者认为修改《海商法》应时刻保持认真、严肃的态度，所设法条必须经过反复推敲、锤炼，只有确保其在法理和实务中站得住脚，方能体现立法之意义。

（二）对船舶污染损害赔偿责任实务问题的建议

1. 索赔主体

建议清防污索赔主体更具开放性，而非关闭性。对于清污单位在海事部门组织下参与清污的情形，海事部门作为海事行政主管机关有权根据《中华人民共和国海洋环境保护法》（以下简称《海洋环境保护法》）第七十一条的规定强制采取清防污措施，污染责任者应依法承担赔偿责任。但是，如出现海事部门不愿意统一索赔的情况，应准许清污单位自行索赔。此外，对于非海事部门组织下的，任何人为了减少养殖场、旅游区、生活区等损失所进行的清防污合理措施，也应给予支持。这符合《2001年燃油污染损害民事责任国际公约》（以下简称《燃油公约》）第一条第（七）款的规定，不仅有利于保护海洋环境，还可保障清污人的利益。

关于海洋生态与自然资源损害索赔等海洋环境公益诉讼主体问题。以渔业资源索赔为例，笔者认为，根据《海洋环境保护法》第五条、第九十条规定，应由国家渔业行政主管部门对外索赔，因其职责为"对船舶污染海洋环境进行监督管理，负责保护渔业水域生态环境工作"，且其对海洋环境污染、渔业资源方面的知识相对熟悉，有利于开展索赔工作。

但如遇部门改革导致原渔业行政主管部门被撤销等特殊情况，应允许上级主管机构指定下级机构处理索赔事宜。"达飞"轮与"舟山"轮船舶污染损害赔偿责任纠纷案（渔业资源损失）就遇到上述情况。在该案中，原农业部东海区渔政局被撤销，农业农村部渔业渔政管理局指定中国水产科学研究院东海水产研究所承接涉案油污事故的索赔事宜。中国水产科学研究院东海水产研究所虽然并非渔业行政主管部门，但根据《渔业水域污染事故调查处理程序规定》第八条"上级主管机构管辖的渔业水域污染事故必要时可以指定下级机构处理"、第十条"指定处理的渔业水域污染事故应办理书面手续。主管机构指定的单位，须在指定权限范围内行使权力"的规定，其在上级主管机关指定的权限范围内行使索赔权合法有据。因渔业资源索赔、生态资源索赔所得归国家所有，所以，无论是渔业行政主管部门还是由其指定的机构都是代表国家进行索赔，属公益性质，不具有营利目的。因此，索赔主体应具有一定的开放性，且指定专业机构索赔应更具专业性和高效性。建议法律明确赋予渔业资源和生态资源专业机构提起公益诉讼的权利。

2. 责任主体

（1）关于船舶所有人的识别问题。

尽管《1992年国际油污损害民事责任公约》（以下简称《油污公约》）与《燃油公约》规定的"所有人"概念不同，但有其合理性。我国是上述公约的缔约国，在制定船舶污染损害赔偿法律时，应与公约保持一致。笔者认为，《燃油公约》将"船舶所有人"界定为包括船舶登记所有人、光船承租人、经营人和管理人，即要求上述主体对污染损害承担连带责任，有利于海洋环境保护。

在我国《海商法》及相关司法解释中，对船舶登记所有人及光船承租人的定义和责任是清晰的，而对经营人、管理人的概念却没有明确的定义，因而对于经营人、管理人是否应对船舶污染损害承担连带赔偿责任引发了不小的争议。在"SANCHI"（桑吉）轮事故中，清污单位将该轮船舶经营人和管理人伊朗国家油轮公司（NATIONAL IRANIAN TANKER COMPANY）列为被告。该公司抗辩称，法律未规定船舶经营人和管理人应对船舶污染损害承担任何责任，其并非适格被告。《海商法大辞典》对船舶经营人的定义为：船舶经营人是指船舶所有人或光船承租人，或经正式转让承担所有人或光船承租人责任的企业法人。包括受船舶所有人委托经营管理其船舶的企业法人。① 该定义与《1986年联合国船舶登记条件公约》一致。笔者认为，该解释有法理依据，具有合理性。而船舶管理人是指接受船舶所有人或者船舶承租人、船舶经营人的委托从事船舶经营管理的人，包括提供适格配员、保证船舶技术状况和正常航行等服务的人。

前文已述，我国加入的《燃油公约》将船舶登记所有人、光船承租人、船舶经营人、船舶管理人视为船舶所有权人，规定相互之间的连带责任。因此，船舶经营人、管理人应为燃油污染损害的责任承担主体。除燃

---

① 参见司玉琢《海商法大辞典》，人民交通出版社1998年版，第805页。

油污染外，近年来有毒有害物质的污染也愈发多见。但1996年《国际海上运输有毒有害物质损害责任和赔偿公约》（以下简称《1996年HNS公约》，我国未加入该公约）并未赋予污染受害方直诉船舶经营人、管理人的权利。同样，《油污公约》中船舶所有人的定义也不包括上述船舶经营人、管理人。因此，对于船运货油导致的污染，油污受害方同样不能直接向船舶经营人、管理人索赔。相比《油污公约》，美国1990年《石油污染法》关于船舶污染责任人的范畴更为广泛，参与船舶经营管理的有关主体均应承担严格的责任。无可否认，该法确立后，美国海洋污染防治工作取得了卓著成效。因此，笔者建议以立法的方式加强对货油、有毒有害物质污染的责任，不能免除相关经营管理人的责任。

（2）有关船舶所有人与保险人、财产保证人的责任问题。

应明确污染受害方有权选择被告的权利。在实务中，污染受害方会同时起诉船舶所有人、保险人/财务保证人，有些法院以送达困难、法律规定不明确等为由，拒绝接受。法院认为，既然已起诉船舶所有人，就没必要将保险人/财务保证人列为共同被告。鉴于上述问题，立法应明确如果污染受害方只起诉保险人/财务保证人时，保险人/财务保证人应有权要求追加船舶所有人为被告或第三人。这也符合《最高人民法院关于适用〈中华人民共和国海事诉讼特别程序法〉若干问题的解释》第六十九条的规定"海事法院根据油污损害的保险人或者提供财务保证的其他人的请求，可以通知船舶所有人作为无独立请求权的第三人参加诉讼"。如船舶所有人破产，不影响污染受害方起诉保险人/财务保证人的权利。如将船舶所有人和保险人/财务保证人作为共同被告，共同被告应对污染损害承担连带赔偿责任。

《1996年HNS公约》对有毒有害物质污染损害责任问题进行了规范。《中华人民共和国海事诉讼特别程序法》（以下简称《海事诉讼特别程序法》）第九十七条赋予污染受害方直诉保险人/财务保证人的权利，但此处所指的污染源并不包括《1996年HNS公约》框架下的有毒有害物质。笔者认为，应立法赋予污染受害方就有毒有害物质造成的污染损害直诉保险人/财务保证人的权利。如在"春木一号"轮苯乙烯污染案中，"春木一号"轮泄漏的苯乙烯污染海域范围达160平方公里，给湛江港的海水养殖、捕捞生产造成毁灭性的灾害。可见，有毒有害物质造成的污染甚至比持久性油类更为严重，如肇事船舶所有人破产，而污染受害方不能直诉保险人/财务保证人，污染受害方的合法权益将难以得到保障。

(3) 关于船舶互有过失碰撞导致的油污责任问题。

《油污公约》《燃油公约》并未规范船舶互有过失碰撞导致单船漏油时两船责任的承担问题，更无非漏油船不向污染受害方承担责任之说。《油污公约》第三条虽有船舶所有人应对污染损害负有赔偿责任的规定，但这并不能免除造成污染的碰撞责任方的赔偿责任。同理，《燃油公约》第三条第一款亦然。《油污公约》和《燃油公约》的立法主旨是解决船舶漏油时的责任承担问题，即解决在船舶装卸、运输、触礁、搁浅时因该船单方行为引发的漏油问题，并不解决两船碰撞时的责任主体承担问题。因《油污公约》和《燃油公约》均未涉及两船碰撞情形的油污责任问题，故应参考《关于统一船舶碰撞若干法律规定的国际公约》（以下简称《1910年碰撞公约》）及国内《海商法》《侵权责任法》等规定，厘清非漏油船的责任问题。

《1910年碰撞公约》第四条第二款规定，船舶或其所载货物，或船员、旅客或船上其他人员的物品或其他财产所受的损害，应由过失船舶按过失程度比例分担。即使对于第三方，对此种损害承担的责任，也不超过此种比例（公约原文为：The damages caused, either to the vessels or to their cargoes or to the effects or other property of the crews, passengers, or other persons on board, are borne by the vessels in fault in the above proportions, and even to third parties a vessel is not liable for more than such proportion of such damages）。我国《海商法》第八章第一百六十九条的规定便是源于此条款。可见，上述法律条文所指的"其他财产"仅指船上财产，不包括因油污引起的船外财产损害，《1910年碰撞公约》和《海商法》未就两船过失碰撞导致的油污责任赔偿问题进行规范。

但《海洋环境保护法》、《中华人民共和国民法通则》（以下简称《国民法通则》）、《侵权责任法》等国内法的规定则与非漏油船不向污染受害方承担赔偿责任的说法相互矛盾。根据《海洋环境保护法》第九十条规定，对造成海洋环境污染事故的单位，应依法承担赔偿责任。可见，该法要求造成污染的责任方承担赔偿责任，其中当然包括非漏油船。原《民法通则》第一百三十条规定"二人以上共同侵权造成他人损害的，应当承担连带责任"，最高人民法院公布的《第二次全国涉外商事海事审判工作会议纪要》第149条第二款规定"对于不受1992年油污公约调整的油污损害赔偿纠纷，因船舶碰撞造成油污损害的，由碰撞船舶所有人承担连带赔偿责任，但不影响油污损害赔偿责任人之间的追偿"，非漏油船作为碰撞船舶之一，应对油污损害承担责任。

而原《侵权责任法》第六十八条规定"因第三人的过错污染环境造成损害的，被侵权人可以向污染者请求赔偿，也可以向第三人请求赔偿"①，《最高人民法院关于审理环境侵权责任纠纷案件适用法律若干问题的解释》（以下简称《环境侵权司法解释》）第五条规定"被侵权人根据侵权责任法第六十八条规定分别或者同时起诉污染者、第三人的，人民法院应予受理。被侵权人请求第三人承担赔偿责任的，人民法院应当根据第三人的过错程度确定其相应赔偿责任"。以上所指的"第三人"应为非漏油船，根据上述规定，非漏油船应向被侵权人承担相应的责任。可见，非漏油船不向污染受害方承担赔偿责任的观点与国内立法矛盾，不能成立。

此外，非漏油船不赔的观点也与实务矛盾，不利于海洋环境保护。在实务中，尽管有关法律确立了油污保险制度，但不参加油污保险，或者保险公司倒闭、保险单过期等情况都有可能发生。如非漏油船不向污染受害方赔付，将导致非漏油船作为责任者无须承担责任的情况。例如，在"德航298"轮和"BOW CECIL"轮碰撞案中，"德航298"轮满载200多吨货油沉没，燃油四溢造成严重污染。然而"德航298"轮是内河小油船，船毁人亡，没有任何赔偿能力。按照非漏油船不向污染受害方赔偿的观点，污染受害方只能向"德航298"轮船东索赔，但是，该轮船东已经破产，因而不存在由其赔偿受害方后再向"BOW CECIL"轮追偿的问题。又如，在"HAMBURG BRIDGE"轮和"ORIENTAL SUNRISE"轮碰撞案中，"ORIENTAL SUNRISE"轮沉没并严重漏油，而"ORIENTAL SUNRISE"轮船东为香港单船公司，其保险人也已破产倒闭，如非漏油船不赔，污染受害方根本无从得以获偿。在上述案件中，非漏油船保险人、船舶所有人均未提出非漏油船方不赔的主张，最终以非漏油船按其责任比例赔付告终。

退一步说，即使漏油船方（包括其保险人/财务保证人）予以赔付，无法覆盖损失的情况也比比皆是。船舶碰撞漏油事故发生后，漏油船可能面临清污费用、渔业资源和海洋生态环境损失、渔民养殖损失、捕捞损失等索赔。如"达飞"轮与"舟山"轮碰撞导致的油污损害责任纠纷案，仅渔业资源损失索赔就达到2亿多元，"达飞"轮的责任限制基金根本无法

---

① 《中华人民共和国民法典》（以下简称《民法典》）第一千二百三十三条将该条修订为："因第三人的过错污染环境、破坏生态的，被侵权人可以向侵权人请求赔偿，也可以向第三人请求赔偿。侵权人赔偿后，有权向第三人追偿。"

覆盖。

有学者说，我国已设立中国船舶油污损害赔偿基金，国内油污赔偿机制相对完整，没必要让非漏油船直接对油污损害负责。但笔者注意到，尽管油污受害方从责任人方受偿后还可向中国船舶油污损害赔偿基金申请补偿，但每一事故的补偿限额仅 3,000 万元，对于损失重大的油污案件而言是远远不够的。而且，中国船舶油污损害赔偿基金的补偿标准是补贴成本损失，审核程序严格、周期长，赔付率也不容乐观。此外，笔者认为，中国船舶油污损害赔偿基金的设立并非为了免除或减轻非漏油船的责任，如依赖基金给予补偿，作为肇事船之一的非漏油船却置身事外，这显然是不合理的。可见，非漏油船不赔的规定也与实务、常理相矛盾。

关于船舶互有过失碰撞导致一船漏油情况下的责任承担问题，在"达飞"轮与"舟山"轮碰撞漏油系列案中尤为尖锐、突出。前文已述，宁波海事法院和浙江省高级人民法院判决漏油船所有人和登记光船承租人承担涉案油污损害赔偿责任，非漏油船舶不承担责任。最高人民法院则认为，原审法院判决漏油船方对涉案防污清污费承担全部赔偿责任正确，但非漏油船"舟山"轮因部分驾驶过失与"达飞"轮发生碰撞，导致"达飞"轮漏油造成污染，根据原《侵权责任法》第六十八条、《环境侵权司法解释》第五条的规定，非漏油船方应按其过错比例承担污染损害赔偿责任。

最高人民法院更是指出，传统的"谁漏油，谁负责"的观点没有全面反映有关国际条约和国内法分别对污染者与第三人实行无过错责任原则、过错责任原则的基本内涵，于法无据，应予纠正。最高人民法院改判"达飞"轮与"舟山"轮碰撞漏油系列案入选 2019 年度人民法院环境资源典型案例，该案改正了原审的错谬之处，并正确适用国际公约以及国内法，对厘清船舶污染损害责任纠纷中的责任主体、责任份额及责任承担方式具有积极的示范意义，获得了海事界的强烈认同和称赞。

但在备受赞扬和关注的同时，理论界、学术界也有质疑的声音。比如，有学者称最高人民法院的判决认为《燃油公约》没有明确非漏油船的责任是不正确的。有人认为《燃油公约》第三条第一款规定了漏油船的责任，可由此反推该公约有排除其他责任人的含义，该款体现了"谁漏油，谁负责"的基本原则。但笔者认为，该反向推论违反了责任法定原则，故不予认同。还有人认为《燃油公约》第五条明确规定，当发生涉及两艘或更多船舶的事故并引起污染损害时，所有有关船舶的船舶所有人，除根据第三条免责外，应对不能合理分开的所有此种损害负连带责任。也就是说，根据该条可得出漏油船应与非漏油船承担连带责任的结论。笔者认为，这是对该公约的错误理解。根据《燃油公约》的立法目的及条文原义，第五条是为了解决事故造成两艘或多艘船舶均出现漏油且各船所造成的油污损害无法合理区分的情况下，各漏油船的责任承担方式问题。如该条涵括非漏油船，就不可能存在各船造成的油污损害无法区分的情形，因非漏油船本身不存在漏油污染行为。

又如，有学者对判决污染者负全责、第三人以过错比例为限负责的责任承担方式表示不理解，并指出该责任承担方式既非连带责任，也非按份责任，更非补充责任，似乎在法理上无法说通。笔者仔细研读了《最高人民法院环境侵权责任纠纷司法解释理解与适用》，最高人民法院认为原《侵权责任法》第六十八条和《环境侵权司法解释》第五条中的污染者与第三人之间的责任形态是不真正连带责任，因其符合不真正连带责任的基本特征：①污染者与第三人基于不同的行为造成同一个损害；②污染者与第三人的行为产生不同的侵权责任，但两者承担责任的目的具有同一性——救济被侵权人遭受的损害；③环境污染责任中的受害人享有的损害赔偿请求权，可以在污染者与第三人之间择一行使，也可以同时主张；④无论如何，损害赔偿责任最终归属于造成损害发生的最终责任人。对于污染者而言，在法律严格责任下，污染者应对涉案损害承担全部责任。但如果损害是因第三人过错行为造成的，相当于在第三人过错责任范围内，则污染者实际承担的是一种连带责任，尽管污染者不是终局责任人，但对此部分责任，其仍可能依法先行偿付，而后再向第三人追偿，谓之不真正连带责任。[①] 笔者对此种理解表示赞同，虽然我国立法并未对不真正连带责任进行系统规定，但不可否认，这种源于德国法的责任形态已在我国司法实践中得到普遍认同和接受。该责任承担方式突出了对受害人予以充分救济的基本要求，符合立法之目的和基本精神。

再如，有学者认为，最高人民法院引用的《环境侵权司法解释》不科学、不协调，认为该解释第五条第一款体现了污染者与第三人连带责任的立法意向，而该解释第五条第二款又规定应根据第三人的过错比例确定其赔偿责任，相互矛盾。笔者认为，《环境侵权司法解释》第五条第一款仅规定被侵权人可依据原《侵权责任法》第六十八条分别或者同时起诉污染

[①] 参见沈德咏《最高人民法院环境侵权责任纠纷司法解释理解与适用》，人民法院出版社2015年版，第76–79页。

者、第三人，即该款只是明确了污染者与第三人的诉讼地位，并无法从中得出两者应负连带责任的结论，而《环境侵权司法解释》第五条第二款才是解决第三人责任承担方式的规定，两者并不矛盾。况且，《环境侵权司法解释》是最高人民法院研究室、环境资源审判庭派员深入调研、充分听取各级法院及专家意见，征求全国人大常委会法工委、国务院法制办等单位、部门意见后，数易其稿，提炼、凝聚而得。因此，笔者认为该解释条文明晰，在司法实践中具有指导意义和价值。

由上可见，最高人民法院对"达飞"轮与"舟山"轮碰撞漏油系列案的再审判决以事实为依据，以法律为准绳，充分保障了污染受害方的利益，有利于海洋环境的保护，可谓开历史之先河。

在目前法律框架下，最高人民法院对漏油船与非漏油船的责任承担方式无疑是最为合适、最能保障污染受害方的利益的。但在实务中，为确定非漏油船的过错责任比例往往需要先对船舶碰撞责任比例进行审理，如此一来，则可能导致案件的进展拖滞不前。例如，上海海事法院在处理"桑吉"轮案中，认为应先审理碰撞责任比例，才能对船舶油污责任进行审理。鉴于此，笔者倾向建议通过立法方式规定：在两船互有过失碰撞导致一船漏油情况下，污染受害方可同时向漏油船、非漏油船方索赔，漏油船、非漏油船方应对油污损害承担连带赔偿责任。

3. 关于污染损害赔偿范围及损失认定问题

尽管法律具有极强的概括性，不可能规范污染损失赔偿范围和损失认定等具体问题，但是，可以通过法律授权有关国家主管部门制定各类损害赔偿范围标准及索赔指引、规则，对具体问题进行明确。这类似于在《1989年国际救助公约》第十四条基础上设立的"船东互保协会特别补偿条款"（以下简称"SCOPIC条款"），将损失计费方式具体化和量化，操作性更强。

在确定渔业资源、生态资源损失及合理的恢复措施等方面的具体问题时，可以授权渔业、生态环保部门主管机关制定相应的损失计算方法和监测、评估规范。这不仅可以让渔业资源、生态损害索赔有法可依，而且有利于渔业、生态部门主管机关根据情况变化作出相应调整，既可保证法律的稳定性，又可应对错综复杂的变化。

而对于清防污费用标准问题，尽管国内目前已有中国航海学会船舶防污染专业委员会颁发的《水上污染防备和应急处置收费推荐标准》，香港、澳门、深圳、广东海事部门联合签署的《珠江口区域海上船舶溢油应急计划合作安排》及福建省海事技术协会《处置海上船舶油污作业参考价格（试行版）》等清防污费用标准可供参考，但如前文所述，上述标准仅作为建议或参考，并未得到法律授权，法院认可度低。因此，建立全国范围内统一适用的清防污费用标准刻不容缓。

此外，笔者还注意到国外关于清防污费用赔偿标准的数量众多，可为我国参考。例如，日本海上保安厅、新加坡港口管理局、美国海岸警卫队均针对清防污船舶、设备、物资的规格、能力进行过细致的划分，实现明码标价。以这种方法可划分清防污能力水平，实现价格与服务对等，更能反映市场经济行情。而英国溢油应急反应公司（OIL SPILL RESPONSE LIMITED）制定的 *SCALE OF FEES* 更是提出设备的使用费应按购置价相应比例收取的观点，此观点在关于清防污费用赔偿方面具有一定的合理性。另外，前述 SCOPIC 条款虽然是在救助不成功、不能获得救助报酬情况下的特别补偿条款，但 SCOPIC 条款中关于船舶、人工、设备投入的使用费率是经国际救助联盟、国际船东互保协会、财产保险人与国际航运公会协商谈判后制定的，是综合各方利益的成果，具有一定的公正性和合理性。因此，SCOPIC 条款亦可为我国制定清防污费率标准提供参考。

4. 关于基金的设立及遇难船舶引发的责任限制、救助问题

（1）基金的设立问题。

鉴于《燃油公约》未就燃油污染另设一个单独的海事赔偿责任限额，故燃油污染损害应适用于《海商法》第十二章有关海事赔偿责任限制的规定。同时，因《燃油公约》规范的"油类"仅限于油柜中的燃油，其污染危害不及持久性货油，所以，在同一个赔偿责任限制基金内解决相对合理。而根据《油污公约》，对运输中载运持久性油类的船舶引发的漏油污染损害应按规定设立相应限额的海事赔偿责任限制基金。我国《海商法》对此予以规定，与《油污公约》相符，没有矛盾。但这也凸显了一个问题，鉴于《油污公约》所指的"油类"仅指持久性油类，不包括非永久性货油，如船舶运载的柴油、轻油、凝析油等。尽管持久性油类不易挥发，而非持久性油类易于挥发，从表面看来持久性油类所造成的污染损害更为严重，但多项研究结果表明，非持久性油类含有毒、有害物质多于持久性油类，非持久性油类造成的污染损害不亚于持久性油类的污染。如果非持久性油类发生泄漏、燃爆事故可能引发船舶、船上货物、污染损害等赔偿纠纷，仅根据《海商法》规定在一个海事赔偿责任限制基金内去解决，则不足以保护污染受害方的利益。如"桑吉"轮事故，凝析油所含的多环芳香烃等致癌、毒性物质降解于水中，将给人类带来何等危害，是难以估算的。所以，笔者建议对运载非持久性油类船舶造成的污染损害应另行设立赔偿责任限制基金。

（2）遇难船舶的认定问题。

关于不同情形下清污费的限制性和非限制性的识别问题同样存在不小的争议。例如，对于经常出现的两船碰撞造成一船沉没、搁浅、遇难的情形，在实践中，对沉没、搁浅的争议不大，但对何为"遇难船舶"，国际公约及我国国内法均未给出明确的定义。前文已述，"达飞"轮与"舟山"轮碰撞溢油案、"密斯姆"轮与"竞帆1"轮碰撞溢油案中各方当事人对遇难船舶各执一词。其中，"达飞"轮被碰撞导致左舷中后部严重受损，破损面约300平方米，613.278吨燃油泄漏入海。BV船级社及中国船级社上海分社评估结果表明船舶总纵强度余量不多，船舶多处进水，装载弯距不符合要求。船东亦意识到在上述恶劣船况下，加之海上风浪大，将严重恶化船舶结构从而导致船体断裂和沉没危险，故申请遇难船舶紧急避难进港。可见，"达飞"轮处于岌岌可危的状态。但原审法院却以"达飞"轮能自航、未沉没、船员未弃船为由，认定该轮并非遇难船舶。这让笔者联想到轰动一时的"PRESTIGE"（威望）轮案，"威望"轮与"达飞"轮有许多相似之处，却有着截然不同的结局。2002年11月13日，"威望"轮在途经西班牙附近海域时，船上一个油舱破损。船长担心船只沉没，立即向西班牙当局求援，申请进港，但其申请遭到拒绝。无奈之下，船长又向相近的法国、葡萄牙求助，但均遭拒绝。西班牙政府不但不提供避难所，反而要求将该轮拖离海岸，由荷兰救援公司SMIT负责派船拖带"威望"轮。"威望"轮在拖轮的拖带下经受6天的恶劣海况，最终于11月19日在距西班牙约175海里处断裂、沉没，船载63,000吨石油倾泄入海，造成了非常严重的油污灾难。[①]"威望"轮与"达飞"轮一样，为在海上遇难、申请进港避难的船舶，西班牙政府拒绝提供避难所，采取不负责任的态度将船舶拖至远海区域，最终酿成悲剧。相反，我国政府对前来避难的"达飞"轮进行人道主义援救，最终避免了一场悲剧的发生。如前文所述，"威望"轮只是因一个油舱破损导致装载弯矩不符合要求，而"达飞"轮

[①] 参见中国船东互保协会咨询平台《"威望"号油污案件梳理与评析——以"CLC 92"、"FUND 92"及协会条款为视角》，见航运界网（http://www.ship.sh/column_article.php?id=4122），2019年7月8日发布。

受损后船舶总纵强度余量不多、船舶装载弯距亦不符合要求，可见"达飞"轮在事发时的危急状态并不亚于"威望"轮。但人们往往只是关注结果，而忽视两起事故的共性，对避免油污灾难的清防污单位、救助单位的辛勤付出视而不见，"达飞"轮案原审判决亦然。原审判决以"达飞"轮被救援后脱离险情的结果反推"达飞"轮不属于遇难船舶，显然不妥。对上述案例的分析，使得遇难船舶的认定这一法律问题充分暴露。因此，必须以法律明确规定遇难船舶的范畴，从而避免各地法院滥用自由裁量权、随意作出认定。笔者注意到，《1989年国际救助公约》第11条有如下表述：A State Party shall, whenever regulating or deciding upon matters relating to salvage operations such as admittance to ports of vessels in distress or the provision of facilities to salvors, take into account the need for co-operation between salvors, other interested parties and public authorities in order to ensure the efficient and successful performance of salvage operations for the purpose of saving life or property in danger as well as preventing damage to the environment in general.（在对诸如允许遇难船舶进港或向救助人提供便利等有关救助作业的事项作出规定或决定时，缔约国应考虑救助人、其他利益方同公共当局之间合作的需要，以保证为拯救处于危险中的生命或财产及为防止对总体环境造成损害而进行的救助作业得以有效、成功地实施。）笔者认为，据此可以判断，处于人命或财产、环境等多重危险中的船舶即为遇难船舶（vessel in distress）。此处所指的危险并不要求达到直接、紧迫的状态。

（3）救助、清污行为的界定问题。

在船舶遇难后，经常同时存在救助和清污两种行动。根据《1989年国际救助公约》第一条第（a）款规定的"救助作业系指可航水域或其他任何水域中援救处于危险中的船舶或任何其他财产的行为或活动"，判断是否构成救助有三个条件：①事故是否发生在可航水域；②船舶是否处于危险中；③救助标的是否属于船舶或船上财产。其中，条件①没有争议，《1989年国际救助公约》第十一条已对条件②予以规范，但条件③存在一定迷惑性。在前面列举的"达飞"轮案例中，原审判决将交通运输部上海打捞局的行为界定为清防污行为的重要原因是该局行为具有清防污目的。笔者认为，在公共当局指示、控制的救助作业，因公权力的介入，其必然带有保护公共利益的性质（譬如保护海上交通安全、海洋环境）。虽然救助标的仅限于船舶及船上财产，但防止海洋环境污染、维护海上交通安全、避免人员伤亡等也是救助的应有之意，两者相互依存、不可分割。况且,根据《海商法》第一百七十七条第二款"救助人须以应有的谨慎防止或减少环境污染损害",清防污属于救助人的法定义务。鉴于上述原因,笔者建议通过立法予以明确,救助单位采取系列清防污措施防止油污扩大化不影响救助关系的成立,相关救助报酬不受赔偿责任限制的约束,除非是纯粹为了防污清污,与船舶的安全、救助无关。

5. 其他问题

关于船舶油污赔偿基金的地位问题是一个全新的法律问题。我国设立的船舶油污损害赔偿基金是由我国境内接收从海上运输持久性烃类矿物油的货物所有人或其代理人所缴款项筹集而成。从基金的由来可知,基金属于货物所有人或其代理人对油污风险的责任承担方式。所以,笔者偏向于认为船舶油污赔偿基金并非政府性的补偿方式,其本质上应属于货物所有人或其代理人对油污责任的补充,属补充赔偿责任性质。因此,船舶油污赔偿基金是可以被诉的。

三、结 语

随着保护海洋环境的呼吁声日益响亮,海洋环境污染问题空前瞩目。《海商法》自1993年施行以来,至今未经修改,在船舶污染损害赔偿领域凸显出许多法律问题。只有以立法的方式对上述法律争议进行明确,方能止纷息争。因此,修订《海商法》迫在眉睫。笔者从实务案例出发,分析法理,提出对船舶污染损害赔偿实务、法律问题的分析和建议,以期为法律的进一步完善贡献绵薄之力。

"桑吉"轮案油污损害相关法律问题分析

杨耀龙* 杨运福** 林翠珠***

摘要:"桑吉"轮装载的货油和机舱燃油适用的法律不同,其责任限制额也不同。如何区分或吸收货油损害和燃油损害是本案争议处理的难点之一。清污费和油污染损害应由"桑吉"轮方先赔偿,之后再根据碰撞责任比例向"长峰水晶"轮方追偿。海事局组织的清污,海事局和清污单位均应有权索赔。船舶油污造成的海洋自然资源与生态环境恢复费用和恢复期间损失,应由有资质的鉴定评估机构依据相关鉴定评估技术规范作出鉴定意见。《海商法》修订时新增加"船舶污染损害赔偿责任"章非常必要。

关键词:"桑吉"案 油污损害 责任限制 《海商法》修订

Legal Analysis on the Damage of Oil Pollution of MV "Sanchi"

Yang Yaolong, Yang Yunfu, Lin Cuizhu

Abstract:The cargo oil and engine fuel loaded on MV "Sanchi" apply different laws, and enjoy different limitations of liability. One of the difficulty in handling this dispute is to distinguish the damage of cargo oil from fuel oil or how to absorb such damage. The cost of pollution clearance and oil pollution damage should be compensated by Sanchi in the first place, then be recovered against MV "CF Crystal" in accordance with collision liability on a pro rata basis. Regarding

---

* 杨耀龙:伦敦城市大学国际海商法专业硕士研究生。
** 杨运福:广东恒福律师事务所副主任、执行和高级合伙人,全国律师协会海商海事专业委员会副主任,第十、十一届广东省律师协会海事海商物流法律专业委员会主任,华南师范大学国际航运法律与政策研究中心兼职研究员。
*** 林翠珠:全国律师协会"涉外律师领军人才"、"广州十大涉外大律师",广东恒福律师事务所主任、高级合伙人,法学博士、工商管理博士,第十二届广东省律师协会海事海商物流法律专业委员会主任,华南师范大学国际航运法律与政策研究中心兼职研究员。

the pollution clearance organized by the MSA, both MSA and the executing units are entitled to claim for compensation. The recovery charge caused by ship oil pollution and loss occurred during the recovery period to the marine natural resources and ecological environment should be authenticated by qualified appraisal agency in accordance with technical specification and standard for appraisal and evaluation. It is necessary to add a chapter of "Liability to damages of ship pollution" to the *Maritime Code of P. R. C.* when it was amended.

Key words: Sanchi; oil pollution; limitation of liability; the *Maritime Code of P. R. C.* revision

引 言

2018 年 1 月，在长江口以东约 160 海里海域发生了"桑吉"（Sanchi）轮与"长峰水晶"（CF Crystal）轮碰撞事故，造成"桑吉"轮燃烧、爆炸和沉没。该事故是 2018 年全球发生的重大海难事件之一，在国际航运界引起了广泛的关注。

"桑吉"轮的燃烧、爆炸和沉没造成了严重污染。该轮装载的货油凝析油（天然汽油）是非持久性油类，与该轮机舱持久性燃油泄漏造成的污染适用的法律不同，责任限额亦不同。

该事故发生后，我国海商法司法界、学术界、律师界等均对该事故引发的相关法律问题进行了广泛的讨论。笔者作为参与代理该案的律师之一，就相关问题进行探讨，以抛砖引玉。

一、"桑吉"轮案简况

（一）事故经过

2018 年 1 月 6 日 19 点 50 分，巴拿马籍油轮"桑吉"（载运约 11.13 万吨凝析油，从伊朗 Assaluyeh 港驶往韩国 Daesan 港）与中国香港籍货船"长峰水晶"轮（载运玉米约 6.4 万吨，从美国 Kalama 港驶往广东麻涌港）在长江口以东约 160 海里处海域（概位：北纬 30°51′1″，东经 124°57′6″）发生碰撞，碰撞导致"桑吉"轮燃烧爆炸，"长峰水晶"轮船艏严重破损。

事故发生后，上海海事局、东海救助局等单位派出多艘船抵现场进行搜救。1 艘日本海警船、2 艘韩国海警船等也先后到达事故现场。碰撞发生后，"桑吉"轮向东南方向漂移了约 151 海里，于 1 月 14 日 16 点 45 分沉没，沉没位置为北纬 28°22′，东经 125°55′。"桑吉"轮船上共 32 名船员（30 人为伊朗籍、2 人为孟加拉籍），其中 3 人死亡，29 人失踪。据国家海洋局东海分局海监飞机和船舶现场监视，在事故现场附近多次发现油污带。

笔者和广东恒福（上海）律师事务所同事代表"长峰水晶"轮船方，参与处理本案。

（二）碰撞船舶概况

"桑吉"轮船舶类型为油轮，船籍港为巴拿马，总吨 85,462，载重 164,154 吨，船舶所有人为 BRIGHT SHIPPING LIMITED，船舶管理人为伊朗国家石油公司。"长峰水晶"轮船舶类型为散货船，船籍港为中国香港，总吨 41,073，载重 75,725 吨，船舶所有人为 Changhong Group（HK）Limited，船舶管理人为上海中波国际船舶管理有限公司。

（三）诉讼情况

2018 年 1 月 9 日，"长峰水晶"轮船东在上海海事法院申请设立该轮非人身伤亡海事赔偿责任限制基金；1 月 10 日，起诉"桑吉"轮船东和经营人。2018 年 7 月 26 日，"长峰水晶"轮设立非人身伤亡海事赔偿责任限制基金，基金数额 6,477,625 SDR，折合人民币 62,145,930.40 元。

2018 年 1 月 9 日，"桑吉"轮船东在香港高等法院起诉"长峰水晶"轮船东；1 月 19 日，"桑吉"轮货主在香港高等法院起诉"长峰水晶"轮船东。"长峰水晶"轮船东向香港高等法院提出管辖权异议，提出上海海事法院为方便诉讼管辖法院。

2018 年 11 月 15 日，香港高等法院裁定其有管辖权；"长峰水晶"轮船东提起上诉。二审法院作出裁定，维持了香港高等法院有管辖权。案件进入一审实体审理后，一审法院中止诉讼，待上海海事法院受理的案件审结后再恢复审理。

"长峰水晶"轮船东在上海海事法院起诉"桑吉"轮船东和经营人案，一审对碰撞责任比例先行判决，判决"长峰水晶"轮承担 30% 责任，"桑吉"轮承担 70% 责任。双方均上诉，现仍在上海市高级人民法院二审审理之中。

"长峰水晶"轮船东设立非人身伤亡海事赔偿责任限制基金案,上海海事法院一审裁定准许设立基金,上海市高级人民法院二审维持了一审裁定。国家海洋局、上海海事局等单位对油污损害、清污费申请债权登记。上海海事法院对油污损害、清污费案裁定中止审理,待确定两船碰撞责任比例的二审判决作出后,再恢复审理。

二、油污损害适用法律

(一)我国有关船舶油污损害赔偿的法律适用

1. 国际公约

关于船舶油污染损害的国际公约主要有《1969年国际油污损害民事赔偿责任公约》(以下简称《69 CLC》)及其1992年议定书(以下简称《92 CLC》),《1971年设立国际油污损害赔偿基金国际公约》及其1984年议定书、1992年议定书和2003年议定书(以下简称《基金公约》),《2001年燃油污染损害民事责任国际公约》(以下简称《燃油公约》)。

我国于1980年1月30日加入《69 CLC》;于1999年1月5日加入《92 CLC》,《92 CLC》于2000年1月5日对我国生效。我国于2008年11月17日批准加入《燃油公约》,该公约于2009年3月9日对我国生效。我国没有加入《基金公约》。《1996年国际海上运输有毒有害物质损害责任和赔偿公约》(以下简称《1996年 HNS 公约》)尚未生效,我国亦未加入。

2. 国内法

我国没有制定关于船舶油污染损害赔偿的专门立法,涉及这方面的规定大都只是原则性和程序性的规定,且散见于不同的法律和行政法中。相关的法律、行政法规和司法解释主要有《海商法》、《海洋环境保护法》《防治船舶污染海洋环境管理条例》、《最高人民法院关于审理船舶油污损害赔偿纠纷案件若干问题的规定》(以下简称《油污司法解释》)等。

(二)"桑吉"油污案适用法律

1. 国际公约

(1)《92 CLC》。

《92 CLC》对其所适用的"油类"有着明确的定义:"任何持久性烃类矿物油,如原油、燃料油、重柴油和润滑油,不论是在船上作为货物运输还是在此种船舶的燃料舱中。"尽管该公约并未对"持久性油类"作出进一步的界定,但国际油污赔偿基金于 2000 年 6 月出版的《国际油污赔偿基金索赔手册》第一章第三条规定:"持久性油类是指那些溢入海洋环境中,由于其化学成分,通常自然分散缓慢,因而可能扩散而需要清除的油类。非持久性油类溢出后迅速蒸发而不需要清除。"《国际油污赔偿基金索赔手册》对其的定义为"持久性烃类矿物油",既可以是船舶上运输的油类货物,也可以是《92 CLC》所适用的船舶燃油,但无论是油类货物还是燃油,均必须是"持久性油类"。①

"桑吉"轮事故航次运载的是凝析油。凝析油是指从凝析气田或者油田伴生天然气凝析出来的液相组分,又称天然汽油,主要成分是 C5 至 C11 烃类的混合物,挥发性很高。因此,基本可以认定"桑吉"轮所载运的凝析油(货油)并非持久性油类,不属于《92 CLC》调整的油类范围,由此可以初步认为"桑吉"轮货油的油污责任不适用《92 CLC》。

另外,据报道,"桑吉"轮沉没时船上仍载有 1,000 多吨的燃油(重油)。"桑吉"轮除了其所载货油——凝析油的泄漏,其自用的燃油也一并泄漏。

"桑吉"轮燃油系持久性油类,符合《92 CLC》规定的油类。《92 CLC》规定,"船舶"系指为运输散装油类货物而建造或改建的任何类型的海船和海上航行器;但是,能够运输油类和其他货物的船舶,仅在其实际运输散装油类货物时,以及在此种运输之后的任何航行(已证明船上没有此种散装油类运输的残余物者除外)期间,才应视作船舶。

如果"桑吉"轮是专门运输散装油类而不运输其他货物的船舶,则"桑吉"轮是符合《92 CLC》规定的船舶,其燃油(重油)造成的污染损害应适用《92 CLC》规定。如果"桑吉"轮是运输散装油类和其他货物的船舶,根据《92 CLC》关于"船舶"的定义,"桑吉"轮事故航次并非运输持久性油类货物,而其是否曾经实际运输过该类货物,以及事故航次中是否还存有该类货物的残余物,根据目前公开的信息均不明确,因此,其燃油(重油)造成的污染损害是否适用《92 CLC》规定,现难以判断。

---

① 王大荣、蔡丽红:《"桑吉"轮东海油污损害赔偿应如何适用油污公约?》,见 https://mp. weixin. qq. com/s? __biz = MzI0NTg0MjgxNQ% 3D% 3D&idx = 1&mid = 2247484232&sn = 1345d5d2ed1faf239e2a23bf65cbe6d3。

(2)《燃油公约》。

根据《燃油公约》第一条第一款规定,"船舶"是指任何类型的海船和海上航行器;第五款规定,"燃油"是指任何用来或者拟用来操纵和推进船舶的烃类矿物油,包括润滑油以及此类油的任何残余物。该公约第四条第一款同时明确规定,公约不适用于《92 CLC》定义的船舶造成的污染损害,而不论根据《92 CLC》此种损害能否得到赔偿。可见,只有当"桑吉"轮的燃油污染损害确定不能适用《92 CLC》时,才可以且应当适用《燃油公约》。如果"桑吉"轮被查明属于《92 CLC》定义下的船舶而使得其燃油污染损害赔偿应适用《92 CLC》时,则不能适用《燃油公约》。

2. 我国法律

由于"桑吉"轮货油(凝析油)造成的污染损害不适用《92 CLC》和《燃油公约》,而《1996年HNS公约》尚未生效,因此,"桑吉"轮货油(凝析油)造成的污染损害应适用我国国内法,包括《海商法》《海洋环境保护法》《防治船舶污染海洋环境管理条例》《油污司法解释》等。

三、责任限制

(一)"桑吉"轮

1. "桑吉"轮货油(凝析油)

"桑吉"轮货油(凝析油)造成的污染损害应适用我国《海商法》,包含在《海商法》规定的该轮非人身伤亡的责任限额内。

如果韩国、日本有油污染受害方,受害方在韩国、日本或其他国家起诉"桑吉"轮船东和(或)"长峰水晶"轮船东,则"桑吉"轮货油(凝析油)所造成的污染损害责任限制问题要依据该国相关法律来裁定。

2. "桑吉"轮燃油(重油)

如果"桑吉"轮被认定为《92 CLC》规定的船舶,则该轮机舱燃油(重油)造成的污染损害应并适用《92 CLC》,适用《92 CLC》规定的责任限额;如果"桑吉"轮被认定为不是《92 CLC》规定的船舶,则该轮机舱燃油(重油)造成的污染损害不适用《92 CLC》,而应适用《燃油公约》和我国《海商法》。对于燃油污染造成的油污损害,应包含在《海商法》规定的该轮非人身伤亡的责任限额内;但对燃油污染进行清污造成的清污费用,则不包含在该轮非人身伤亡的责任限额内。因为根据《油污司法解释》第二十条规定"为避免油轮装载的非持久性燃油、非油轮装载的燃油造成油污损害,对沉没、搁浅、遇难船舶采取起浮、清除或者使之无害措施,船舶所有人对由此发生的费用主张依照海商法第十一章的规定限制赔偿责任的,人民法院不予支持"以及最高人民法院2012年再审审查的"宙斯"轮案例,对沉没船舶进行清污产生的清污费,不属于责任限制。

如果韩国、日本有油污染受害方,受害方在韩国、日本或其他国家起诉"桑吉"轮船东和(或)"长峰水晶"轮船东,则"桑吉"轮燃油造成的污染损害责任限制问题要依据该国法律的规定。

3. 货油污染和燃油污染损害的区分

因本案"桑吉"轮燃烧爆炸沉没,既有货油(凝析油)污染,又有燃油的污染,故其造成的对海洋渔业资源等的损害不容易进行区分,而清污费用可能相对容易进行区分。如果货油(凝析油)污染适用《海商法》规定的该轮非人身伤亡的责任限制而燃油造成的损害适用《92 CLC》的责任限制,损害又无法合理区分,应如何处理?

从目前相关国际公约和我国法律规定来看,似均无明确规定。我国司法实践未见有相关判例,故此问题很可能将成为处理本案的重要法律争点。笔者认为,对此问题的处理可能有吸收原则和比例原则两种方式可以考虑。

如果按吸收原则,那么是货油吸收燃油,即整体按货油适用的《海商法》规定的非人身伤亡的责任限额?还是燃油吸收货油,即整体适用"桑吉"轮燃油适用的《92 CLC》责任限额?鉴于凝析油黏度低、挥发性很高,加之与海水不相溶,在水面残余较少,对海水造成的污染不会很严重,而燃油由于黏度大、挥发性差,泄漏后会在水面漂浮形成大面积溢油污染,本案中采用燃油吸收货油处理方法的可能性较大。[①]

如果能对货油和燃油造成的损害进行区分,则可以采用比例原则,即根据货油和燃油的泄漏所造成的各自实际损害情况来适用各自应适用的公约或法律,适用不同的责任限额,这样更为合理。

4. "桑吉"轮责任限额

"桑吉"轮的总吨为85,462,按照我国《海商法》之规定,"桑吉"

---

① 张希舟:《"2018.1.6"东海船舶碰撞油污事件中桑吉轮的法律责任等问题》,见https://mp.weixin.qq.com/s/41uRJOZB-ODOt9vwkbDXBw。

轮的非人身伤亡海事赔偿责任限额（汇率按事故发生时 1 SDR = 1.44 美元计算）为：167,000 + 167 × 29,500 + 125 × 40,000 + 83 × 15,462 = 11,376,846 SDR = 16,382,658.24 美元。

根据香港自 2017 年 12 月 4 日起实施的新限额（《1976 年海事赔偿责任限制公约之 1996 年议定书》2012 年修正案）之规定，"桑吉"轮的非人身伤亡海事赔偿责任限额为：1,510,000 + 604 ×（30,000 - 2,000）+ 453 ×（70,000 - 30,000）+ 302 ×（85,462 - 70,000）= 41,211,524 SDR = 59,344,594.56 美元。

根据《92 CLC》2000 年修正案之规定，"桑吉"轮的油污责任限额为：4,510,000 + 631 ×（85,462 - 5,000）= 55,281,522 SDR = 79,605,391.68 美元。

（二）"长峰水晶"轮

"桑吉"轮货油和燃油造成的损害，对发生碰撞的"长峰水晶"轮而言，均属于"长峰水晶"轮非人身伤亡责任限制。

"长峰水晶"轮总吨为 41,073，按照我国《海商法》第十一章规定，非人身伤亡海事赔偿责任限额为 6,477,625 SDR，折合人民币 62,145,930.40 元；而根据香港自 2017 年 12 月 4 日起实施的新限额（《1976 年海事赔偿责任限制公约之 1996 年议定书》2012 年修正案）之规定，该轮的非人身伤亡海事赔偿责任限额为：15,100,00 + 604 ×（30,000 - 2,000）+ 453 ×（41,073 - 30,000）= 23,438,069 SDR。该轮香港规定的责任限额大约为内地规定的 3.6 倍。

四、油污责任承担方式和责任主体

本案"桑吉"轮与"长峰水晶"轮发生碰撞，造成"桑吉"轮燃烧爆炸沉没，导致货油和燃油泄漏污染，"长峰水晶"轮燃油没有泄漏。

《油污司法解释》第四条规定："船舶互有过失碰撞引起油类泄漏造成污染损害的，受损害人可以请求泄漏油船舶所有人承担全部赔偿责任。"该规定采用的措辞是"可以"而非"应"。通常的理解应是由漏油船承担。根据《92 CLC》第四条规定，船舶污染损害，应由漏油船船舶所有人承担。根据《燃油公约》第三条规定，船舶燃油污染损害，应由漏油船船舶承担。

因此，本案碰撞事故造成的油污损害和清污费用，应由"桑吉"轮船东先赔偿，赔偿之后，再根据碰撞责任比例向"长峰水晶"轮船东追偿。

《中华人民共和国海事诉讼法》第九十七条第一款规定："对船舶造成油污损害的赔偿请求，受损害人可以向造成油污损害的船舶所有人提出，也可以直接向承担船舶所有人油污损害责任的保险人或者提供财务保证的其他人提出。"因此，本案清污费和油污损害，可以直诉"桑吉"轮保赔协会。

五、清污费的索赔主体和计算标准

（一）索赔主体

1. 海事局强制清污的法律依据

《海洋环境保护法》第七十一条第一款规定："船舶发生海难事故，造成或者可能造成海洋环境重大污染损害的，国家海事行政主管部门有权强制采取避免或者减少污染损害的措施。"《防治船舶污染海洋环境管理条例》第四十二条规定："发生船舶污染事故，海事管理机构可以采取清除、打捞、拖航、引航、过驳等必要措施，减轻污染损害。相关费用由造成海洋环境污染的船舶、有关作业单位承担。需要承担前款规定费用的船舶，应当在开航前缴清相关费用或者提供相应的财务担保。"

2. 清污费索赔主体

（1）海事局。

对海事局组织的清污防污产生的费用，海事局有权作为原告来索赔。我国海事法院和二审法院基本上支持此观点。

（2）清污单位。

对海事局组织的清污防污产生的费用，清污单位能否作为原告来索赔，争议比较大。湖北省高级人民法院（2018）鄂民终664号民事判决书、厦门海事法院（2018）闽72民初176号民事裁定书均认定清污公司无权直接向船东或油污责任保险人索赔。

笔者认为，海事局组织清污单位进行清防污，实际产生的费用属于清污单位的费用，即使海事局申请索赔，索赔后亦应支付给清污单位。为了鼓励清污，应允许清污单位直接向船东或油污责任保险人索赔。

（二）计算标准

1.《油污司法解释》

《油污司法解释》第十条规定："对预防措施费用以及预防措施造成的进一步灭失或者损害，人民法院应当结合污染范围、污染程度、油类泄漏量、预防措施的合理性、参与清除油污人员及投入使用设备的费用等因素合理认定。"

2. 计算标准

实务中，清污费用有如下计算标准：①租用合同所约定的费用，包括租船、租车、租用设备。如"宙斯"案[①]。②"船舶污染清除协议"所约定的收费标准和费率。③应急清污的标准。如《珠江口区域海上船舶溢油应急计划》规定的标准。④船东互保协会特别补偿条款标准，即SCOPIC（最新为2017版）规定的费率。⑤我国油污基金标准，即《船舶油污损害赔偿基金理赔导则》（2018年修订版）规定的费率。⑥清污公司自己制定、报物价局备案的标准。如"金玫瑰"案中，烟台碧海公司自己制定、报烟台市物价局备案的标准。

六、海洋自然资源与生态环境损失

"桑吉"轮机舱燃油泄漏和货油凝析油泄漏，造成了海域严重污染以及严重的海洋自然资源与生态环境损失。"桑吉"轮船舶所有人应承担赔偿责任。

根据《最高人民法院关于审理海洋自然资源与生态环境损害赔偿纠纷案件若干问题的规定》第七条规定，海洋自然资源与生态环境损失赔偿范围包括预防措施费用、恢复费用、恢复期间损失和调查评估费用。其中，恢复费用和恢复期间损失，可以根据有资格的鉴定评估机构依据相关鉴定评估技术规范作出鉴定意见予以确定，但当事人有相反证据足以反驳的除外。

[①] 参见最高人民法院"新韩投资有限公司与江门海事局船舶污染损害赔偿纠纷再审案"，(2012) 民申字第212号判决书。

七、《海商法》修订有必要增加"船舶污染损害赔偿责任"章

由于《1996 年 HNS 公约》没有生效,我国亦未加入,"桑吉"轮载运的凝析油造成的污染损害不适用《92 CLC》,责任限制只能适用我国《海商法》规定的非人身伤亡责任限制。而《海商法》规定的非人身伤亡责任限额比较低。

2017 年,我国重新启动了《海商法》的修订工作。经过《海商法》修订课题组和相关部门的努力,2018 年 11 月 5 日交通运输部向全社会公布的《海商法》修订征求意见稿新增加了"船舶污染损害赔偿责任"章。该章内容既包括了《92 CLC》《燃油公约》规定的油类损害,也包括了其他有毒有害物质造成的损害赔偿。"桑吉"轮载运的凝析油,属于有毒有害物质。因此,《海商法》修订时新增加"船舶污染损害赔偿责任"章,是非常有必要的。

八、结 论

"桑吉"轮案造成了重油污染,因该轮装载的货油为非持久性油类,与该轮机舱持久性燃油泄漏造成的污染损害,适用的法律不同,责任限额亦不同;如何区分或吸收货油损害和燃油损害,成为本案争议的难点之一。清污费和油污染损害,应由"桑吉"轮方先赔偿,赔偿之后再根据碰撞责任比例向"长峰水晶"轮方追偿。对于海事局组织的清污,海事局和清污单位均应有权索赔。船舶油污造成的海洋自然资源与生态环境恢复费用和恢复期间损失,除法规另有规定外,应由有资格的鉴定评估机构依据相关鉴定评估技术规范作出鉴定意见。"桑吉"轮案表明,《海商法》修订时新增加"船舶污染损害赔偿责任"章,是非常有必要的。

中英两国船舶油污损害赔偿制度比较研究

黄　晖* 黄倩欣**

摘要：中英两国在船舶油污泄漏事故后的防污清污作业主体以及船舶油污损害赔偿的法律依据、赔偿主体及赔偿基金制度等方面既有相同点，也有较大差别。两国均规定由政府主管机关/部门主导防污清污作业，且船舶所有人应对其造成的油污损害承担无过错责任。在中国法下，对于国家海事主管机关主导的防污清污作业的性质、索赔主体的确定仍存在一定争议。而在英国法下，船舶所有人的赔偿额限制在根据油轮总吨位而确定的数额之内，超过此限额的部分，由国际油污赔偿基金组织（IOPC 基金）承担。通过比较分析可以发现，我国现行国内法下船舶油污损害赔偿基金制度尚未完善，仍存在一些不足之处，而英国法下关于油污损害赔偿的相关规定对我国具有一定的借鉴意义。

关键词：油污损害赔偿　防污清污作业　中国船舶油污损害赔偿基金　国际油污赔偿基金组织

Comparative Study on Compensation Regime for Oil Pollution Damage from Ships in China and the United Kingdom

Huang Hui，Huang Qianxin

Abstract：This paper studies similarities and differences between China and the United Kingdom on anti-pollution and cleanup operations entities, the legal basis for compensation for oil pollution damage from ships, and subjects of compensation and compensation funds. As to the anti-pollution and cleanup

---

* 黄晖：广东恒运律师事务所高级合伙人，广州市律师协会海事海商与航空法律专业委员会主任，司法部"国家涉外律师千人库"入库律师，广东省"涉外律师领军人才"，"广州十大涉外大律师"，华南师范大学国际航运法律与政策研究中心兼职研究员。

** 黄倩欣：广东恒运律师事务所合伙人助理。

operations, both countries stipulate that the operations shall be governed by government authorities/departments while the ship owners bear no-fault liability for the pollution they caused. However, in Chinese law there are some controversies on determining the claimant and nature of the anti-pollution and cleanup operations governed by national maritime authority. In the UK, the compensation by the ship owners is limited to the amount determined by the total tonnage of the tanker. The amount beyond the limitation shall be borne by International Oil Pollution Compensation Fund (IOPC Fund). In comparison with the IOPC Fund, China's Oil Pollution Compensation Fund is deficient and needs to be improved.

Key words: compensation for oil pollution damage; anti-pollution and cleanup operations; China's Oil Pollution Compensation Fund; IOPC Funds

一、国内船舶油污损害的处理与赔偿

20世纪以来，各国及有关国际组织对海上船舶油污污染高度重视，亦采取了相应的措施，例如，提高油轮建造技术及建造标准、完善相应立法、提高船员专业技能、建立相关应急机制等，大大降低了船舶油污泄漏的概率。我国近十年来经济贸易快速发展，货物运输包括油类运输总量不断增加，船舶一旦碰撞或搁浅受损就有油污泄漏的可能，船舶油污泄漏事故高发。因此，近年来，各地海事法院受理的船舶油污损害赔偿案件增多，在审判实务中亦出现了一些争议和不少热点、难点问题。

（一）国家海事主管机关主导的防污清污作业的性质及索赔主体的确定

涉及社会公益、相关法律及行政立法规定由海事主管机关主导船源油污的清除作业，[①] 由此引起的核心问题为清污费用的承担、性质及发生纠纷时索赔主体的确定等，此属于明显的公私法竞合。海事主管机关时而参与行政法律关系，为公法下的行政强制实施者、监督者；时而为民事法律关系的主体，以海事请求人身份，在私法下就相关费用请求赔偿。而综合

---

① 《海商法》第六条、《海洋环境保护法》第五条及第三十七条、《防治船舶污染海洋环境管理条例》第四条等。

相关判例,各地法院或同一法院的不同时期对该核心问题的认定亦不尽相同,目前主要有以下几种观点。

(1)防污清污作业属于一般民事行为,由海事主管机关向责任人主张费用。根据支持此观点的判例,① 船舶所有人一般会对海事主管机关的原告资格提出质疑。根据《宪法》《民法典》《海域使用管理法》,海域属于国家所有,此时,海事主管机关作为油污损害赔偿请求人,有权代表国家就该油污损害请求船舶所有人进行赔偿(该赔偿包含防污清污费用)。根据《第二次全国涉外商事海事审判工作会议纪要》第 145 条,国家海事行政主管部门或其他企事业单位为防止或减轻油污损害而支出的费用,包括清污费用,可直接向油污责任人提起诉讼。从此纪要可得出,为防止或减轻油污损害而产生的费用受民事法律法规规制,索赔主体既可以是海事主管机关,也可以为第三方清污单位。

(2)海事主管机关从事的防污清污作业属于行政行为,由海事主管机关向责任人主张费用。根据《海洋环境保护法》第七十一条,"船舶发生海难事故,造成或者可能造成海洋环境重大污染损害的,国家海事行政主管部门有权强制采取避免或者减少污染损害的措施"。前述"措施"可包括与具有资质的第三方签订合同,以避免或减少污染损害、保护海洋生态环境。根据《防治船舶污染海洋环境管理条例》(2018 年修订)第四十一条,"发生船舶污染事故,海事管理机构可以采取清除、打捞、拖航、引航、过驳等必要措施,减轻污染损害"。海事主管机关主导的防污清污作业是基于履行防止船舶污染海域职责的行为,无论船舶所有人是否具有实际清污能力、是否开始参与清污作业或是否委托海事主管机关进行防污清污,海事主管机关均有权视情况直接实施防污清污作业。根据《中华人民共和国海事局关于印发〈中华人民共和国海事行政强制实施程序规定〉的通知》第十五条,此类行为应被认定为海事行政强制措施。②

另外,防污清污作业亦可被理解为行政机关代履行的行政行为。根据《行政强制法》第五十条、《中华人民共和国海事局关于印发〈中华人民共和国海事行政强制实施程序规定〉的通知》第十七条,船舶所有人不履行、无能力履行或怠于履行防污清污的义务,其后果已经或者将造成环境

---

① 参见(2008)青海法海事初字第 15 号、(2010)广海法初字第 201 号、(2013)厦海法事初字第 55 号、(2017)浙民终 582 号、(2003)津海法事初字第 183 号等民事判决书。

② 参见(2005)广海法初字第 182 号民事判决书。

污染或者破坏自然资源的，海事主管机关可以代履行，或者委托没有利害关系的第三人代履行。第三方清污单位与漏油船所有人之间不存在民事法律关系，从而无法提起民事赔偿。若漏油船所有人拒绝履行损害赔偿的给付义务，相应的海事主管机关可依据《行政强制法》实施行政强制执行或申请法院强制执行，待海事主管部门收取相关费用后再将该费用转交其委托的第三方。①

（3）防污清污作业属于一般的民事行为，由被指派/委托的第三方清污单位直接向责任人主张费用。此情形下，海事主管机关并非防污清污协议当事人，其更多地行使海事行政监督的职能。根据《防治船舶污染海洋环境管理条例》（2018年修正）第三十三条，"载运散装液体污染危害性货物的船舶和1万总吨以上的其他船舶，其经营人应当在作业前或者进出港口前与符合国家有关技术规范的污染清除作业单位签订污染清除作业协议，明确双方在发生船舶污染事故后污染清除的权利和义务"。由此，船舶所有人有权事先确定协议清污单位，另外，此情形同样受上述《海洋环境保护法》第七十一条的规制。在事故发生后，海事主管机关通知、组织或指挥具有防污清污资质的第三方公司参与清污行动、喷洒消油剂、回收海面溢油等，以防止污染扩大，保护海洋生态环境，此同样属于《海洋环境保护法》第七十一条所述的"采取避免或者减少污染损害的措施"之一。因此，此情况下海事主管机关虽非合同相对人，但仍有权依法对第三方与责任人之间协议的履行进行监督及协助。②

（二）我国已参加的与油污损害赔偿相关的国际公约及其适用范围

我国目前已参加《1992年民事责任公约》（*The 1992 Civil Liability*

---

① 参见（2018）鄂民终664号、（2013）厦海法事初字第55号、（2012）闽民终字第205号等民事判决书。
② 参见（2014）沪海法海初字第46号、（2017）浙民终579号、（2014）沪海法商初字第931号、（2015）甬海法商初字第451号等民事判决书。

Convention，以下简称《1992 CLC》)① 及其 2000 年议定书和《2001 年燃油污染损害民事责任国际公约》（International Convention on Civil Liability for Bunker Oil Pollution Damage，以下简称《2001 燃油公约》)②。

根据《民事诉讼法》第二百六十七条以及《海商法》第二百六十八条，除我国声明保留的条款外，若我国民事法律与已缔结的国际公约有不同规定，适用国际公约的规定。由于上述规定出现在《海商法》关于涉外关系的法律适用章节，且根据《最高人民法院关于非航行国际航线的我国船舶在我国海域造成油污损害的民事赔偿责任适用法律问题的请示的答复》，在国内与涉外船舶有关的油污损害赔偿案件适用我国所缔结的国际公约之相关规定。对于有关国际公约没有规定的事项，应当适用《海商法》《民法典》等国内法及有关司法解释的规定。③ 对于不具有涉外因素之案件，各地法院倾向于认为不适用我国所缔结的国际公约。④

关于船舶污染事故的赔偿限额，根据 2018 年《防治船舶污染海洋环境管理条例》，原则上依照《海商法》关于海事赔偿责任限制的规定执行。但是，船舶载运的散装持久性油类物质（任何持久性烃类矿物油）造成污染的，无论是否具有涉外因素，赔偿限额皆依照我国参加的国际公约规定执行。

（三）海上油污损害赔偿责任主体

1. 油污损害系因漏油船故意/过错导致

此情形下，无论是否有涉外因素，根据国内法、《1992 CLC》及《2001 燃油公约》，引起油污损害船舶（漏油船）的所有人为责任主体。

---

① 《1992 CLC》为船舶油污损害提供第一级赔偿保障，即船东对油污泄漏造成的任何污染损害承担无过错责任。但是，船东通常可以将其责任限制在以船舶总吨位确定的赔偿金额内。这笔款项由船东的保险公司担保。International Oil Pollution Compensation Funds（IOPC Funds）："The 1992 Civil Liability Convention", https：//www.iopcfunds.org/about-us/legal-framework/1992-civil-liability-convention。

② UK Government："International Convention on Civil Liability for Bunker Oil Pollution Damage", https：//assets.publishing.service.gov.uk/government/uploads/system/uploads/attachment_data/file/273257/6693.pdf。

③ 参见最高人民法院"上海晟敏投资集团有限公司、普罗旺斯船东 2008-1 有限公司申请设立海事赔偿责任限制基金再审案"，（2018）最高法民再 370 号民事判决书。

④ 参见最高人民法院"烟台海上救助打捞局与山东荣成龙须岛渔业总公司船舶油污损害赔偿纠纷案"，（2002）民四提字第 3 号民事判决书。

2. 在两船/多船互有过错造成一船漏油

对于有涉外因素的案件，根据《1992 CLC》第三条第一款①及《2001燃油公约》第三条第一款②，事故发生时的船舶所有人应当对船舶因该事故造成的任何污染损害负责。此两公约仅规定漏油过错方的责任，而通篇均未规定非漏油过错方是否应当承担责任，但亦未排除漏油船所有人向受损方赔偿后，向其他非漏油过错方追偿的权利。③根据《1992 CLC》第四条第四款④及《2001燃油公约》第三条第五款⑤，受损方索赔公约下的污染损害⑥赔偿的，只能向漏油船所有人索赔。

此外，根据上述两公约第五条⑦，涉及两船/多船事故造成油污损害，又无法区分责任比例的，各方对该损害负连带责任。

对于无涉外因素的案件，根据《民法典》第一千二百三十三条⑧、《最高人民法院关于审理船舶油污损害赔偿纠纷案件若干问题的规定》第四

---

① 《1992 CLC》第三条第一款："除本条第二款和第三款规定者外，在事故发生时的船舶所有人，或者，如果该事故系由一系列事件构成，则第一个此种事件发生时的船舶所有人，应对船舶因该事故而造成的任何污染损害负责。"

② 《2001燃油公约》第三条第一款："除第三款和四款所规定者外，事故发生时的船舶所有人应对由船上或源自船舶的任何燃油造成的污染损害负责，但如某一事故由具有同一起源的系列事件构成，则该责任应由此系列事件的首次事件发生时的船舶所有人承担。"

③ 《2001燃油公约》第三条第六款："本公约中的任何规定均不应损害独立于本公约的船舶所有人的任何追索权。"

④ 《1992 CLC》第四条第四款："除非符合本公约，否则不得向所有人提出污染损害的赔偿要求。"

⑤ 《2001燃油公约》第三条第五款："除非按照本公约，否则不得向船舶所有人提出任何污染损害赔偿。"

⑥ "污染损害（pollution damage）"系指：（a）从船体任何部位可能逸出或排出的燃油事故，从而造成船体外部水域的环境损失或损害。环境损害的赔偿应只限于使环境得以恢复所实际采取的或将要采取的合理措施，而不是此种损害的利润损失。（b）预防措施的费用和由预防措施造成的进一步损失或损害。

⑦ 《2001燃油公约》第五条："当发生涉及两艘或更多船舶的事故并引起污染损害时，所有有关船舶的船舶所有人，除根据第三条被免除者外，应对不能合理分开的所有此种损害负连带责任。"《1992 CLC》第五条："当发生涉及两艘或更多船舶的事故并造成污染损害时，所有有关船舶的所有人，除按第三条被豁免者外，应对所有无法合理区分的此种损害负连带责任。"

⑧ 《民法典》第一千二百三十三条："因第三人的过错污染环境、破坏生态的，被侵权人可以向侵权人请求赔偿，也可以向第三人请求赔偿。侵权人赔偿后，有权向第三人追偿。"

条①及《最高人民法院关于审理环境侵权责任纠纷案件适用法律若干问题的解释》第五条②，受损方有权请求漏油过错方承担全部赔偿，亦可向非漏油过错方请求赔偿，非漏油过错方根据其过错程度承担其相应的赔偿责任。漏油过错方赔偿后，可向非漏油过错方追偿。

3. 因非漏油船故意/过错导致油污损害

对于有涉外因素的案件，依据《2001 燃油公约》第三条第三款③，非漏油方故意导致油污损害的，漏油船所有人不承担相关损害赔偿责任。

对于无涉外因素的案件，根据《中华人民共和国海洋环境保护法》第八十九条第一款④，若油污损害完全由于非漏油过错方造成，由其承担赔偿责任。

（四）油污损害赔偿的计算

海上油污损害事故发生后，根据《海上交通安全法》第四十条，漏油船所有人、经营人有义务在限定时间内清除污染物，降低油污对环境的影响。否则，主管机关有权采取措施强制对油污进行清除以减轻污染损害，由此产生的全部费用由漏油船的所有人、经营人承担。

防污清污作业过程中及作业完成后，漏油船所有人一般指出主管机关所主张的各项防污清污费用事先没有得到其确认，且该费用过高，计算没有依据，因而不合理。根据对多个案例的分析，防污清污费用一般包括进行作业船舶的费用（特殊情况下还包括为其靠、离泊位提供拖带助航的船舶的费用）、油污水处理费、参与作业的人员费用、清防污物资费、污染

---

① 《最高人民法院关于审理船舶油污损害赔偿纠纷案件若干问题的规定》第四条："船舶互有过失碰撞引起油类泄漏造成油污损害的，受损害人可以请求泄漏油船舶所有人承担全部赔偿责任。"

② 《最高人民法院关于审理环境侵权责任纠纷案件适用法律若干问题的解释》第五条："被侵权人根据侵权责任法第六十八条规定分别或者同时起诉污染者、第三人的，人民法院应予受理。被侵权人请求第三人承担赔偿责任的，人民法院应当根据第三人的过错程度确定其相应赔偿责任。污染者以第三人的过错污染环境造成损害为由主张不承担责任或者减轻责任的，人民法院不予支持。"

③ 《2001 燃油公约》第三条第三款："如船舶所有人做出如下证明，则该船舶所有人不应承担污染损害责任：……（b）完全是由第三方故意造成损害的行为或不为所引起的损害；……"

④ 《海洋环境保护法》第八十九条第一款："造成海洋环境污染损害的责任者，应当排除危害，并赔偿损失；完全由于第三者的故意或者过失，造成海洋环境污染损害的，由第三者排除危害，并承担赔偿责任。"

物处置费、对涉案船舶受损后进港安全性以及溢油可能性的评估费及监控费等。关于油污对受污染海域渔业资源的损害，还有可能产生恢复天然渔业资源费用、渔业资源损害评估鉴定费等费用。[1]

如各方当事人对防污清污费用的计算存有异议，法院通常会委托经各方当事人一致选定的具有相关专业资质的独立第三方机构，结合案件材料并综合考量暂行费率标准及事发时的市场情况，对清防污费用进行评估鉴定。[2] 若各方当事人未能达成一致就涉案清防污费用共同委托独立的第三方进行评估鉴定，则由法院综合考量各种因素，酌情确定清防污费用。[3]

（五）中国船舶油污损害赔偿基金

为了解决船舶所有人不能足额承担全部油污损害赔偿或无法确定漏油事故责任人等问题，切实保障受损方的利益，我国于 2012 年 7 月 1 日设立了中国船舶油污损害赔偿基金（以下简称"中国赔偿基金"），[4] 相应地，中国船舶油污损害理赔事务中心（以下简称"理赔事务中心"）及中国船舶油污损害赔偿基金管理委员会（以下简称"基金管委会"）也于 2015 年 6 月 18 日成立。

中国赔偿基金进行赔付的条件之一是法院裁判或者仲裁裁决对相关事实的认定，[5] 且该基金需按照既定顺序赔偿，赔偿范围按顺序为应急处置费用、清污费用、对渔业旅游业等造成的直接经济损失、已采取的恢复海洋生态和天然渔业资源等措施所产生的费用、船舶油污损害赔偿基金管理委员会实施监视监测发生的费用及经国务院批准的其他费用。不足以赔偿同一顺序损失的，则按比例受偿。[6] 如今，该基金的赔付流程一般是由理赔事务中心接受索赔申请，然后由基金管委会作出理赔决定。基金的赔偿

---

[1] 参见（2015）甬海法事初字第 36 号民事判决书。
[2] 参见上海海事法院"上海东安水上污染防治中心有限公司与邢玉林船舶污染损害责任纠纷"一审案，（2014）沪海法海初字第 46 号民事判决书。
[3] 参见浙江省高级人民法院"上海鑫安船务有限公司、普罗旺斯船东 2008 – 1 有限公司、法国达飞轮船有限公司等海难救助合同纠纷"二审案，（2017）浙民终 579 号民事判决书。
[4] 中国互联网新闻中心：《中国将开征船舶油污损害赔偿基金》，见 http://finance.china.com.cn/industry/energy/sytrq/20120528/756262.shtml。
[5] 参见《船舶油污损害赔偿基金理赔导则（2018 年修订版）》第一章的"二、基金赔偿或者补偿"的情形。
[6] 参见《船舶油污损害赔偿基金征收使用管理办法》第十七条。

限额为人民币 3,000 万元。①

二、英国法下船舶油污损害处理与赔偿

（一）负责处理船舶油污损害的政府机关

针对船舶油污损害，英国政府设有特定的应急计划，以应对船舶和近海设施造成的海洋污染。②英国政府提倡根据油污损害案件的范围、特点、类型及现实状况，从当地政府、区域性政府及国家层面来组织不同的部门介入案件的处理。参与应对海洋污染事件的政府部门主要有运输部（Department for Transport，DfT）③，商业、能源和工业战略部（Department for Business, Energy & Industrial Strategy，BEIS）④，海事和海岸警卫机关（Maritime & Coastguard Agency，MCA，为运输部的执行机关）⑤，国务卿代表（Secretary of State's Representative，SOSREP）及中央政府等。在苏格兰、北爱尔兰及威尔士地区，亦有当地的部门机关如苏格兰海洋理事会（Marine Scotland）及威尔士政府的海洋和渔业部门（Marine and Fisheries Division）⑥ 等来应对海洋油污污染。

在英国，关于特定船舶油污损害事件的应对策略，具体负责实施各类决策的单位有五个：①发生重大油污泄漏时，由 MCA 设立的海洋应急中心（Marine Response Centre，MRC）负责考虑并实施最适当的手段来控制、

---

① 参见《船舶油污损害赔偿基金征收使用管理办法》第十八条。
② Maritime and Coastguard Agency："The National Contingency Plan — A Strategic Overview for Responses to Marine Pollution from Shipping and Offshore Installations"，见 https://assets.publishing.service.gov.uk/government/uploads/system/uploads/attachment_data/file/638623/170817_NCP.pdf。
③ UK Government："Department for Transport"，见 https://www.gov.uk/government/organisations/department-for-transport。
④ UK Government："Department for Business, Energy & Industrial Strategy"，见 https://www.gov.uk/government/organisations/department-for-business-energy-and-industrial-strategy。
⑤ UK Government："Maritime & Coastguard Agency"，见 https://www.gov.uk/government/organisations/maritime-and-coastguard-agency。
⑥ UK Cabinet Office："Chapter 11 Wales — Revision to Emergency Preparedness"，见 https://assets.publishing.service.gov.uk/government/uploads/system/uploads/attachment_data/file/61034/Chapter-11-Wales-amends-10112011.pdf。

分散和清除污染物。① 作为国家主管机关，MCA 负责选任及与应对污染的承包商和其他商业服务提供商签订合同②。发生不太严重的油污泄漏时，由海洋管理组织（Marine Management Organisation，MMO）来管理上述事务。②由 SOSREP 设立的海上救助管理单位（Salvage Control Unit），负责监控海上救助作业和所有与此有关的行动，并确保这些行动不会对安全和环境产生不利影响。③由 SOSREP 设立的行动管理单位（Operations Control Unit），针对近海的事故，负责监控近海应急污染控制行动，并确保这些行动不会对安全和环境产生不利影响。④如果某海上污染事件对陆地造成严重恶劣的影响，则需要成立战略协调小组（Strategic Co-ordinating Group，SCG），以协调多个负责陆上及海上应急措施的单位/机构。③ ⑤对于旷日持久的海岸线污染清理行动，则会设立环境恢复协调小组（Recovery Co-ordinating Group，RCG），负责长期的环境恢复工作。

（二）海上油污损害赔偿责任主体及赔偿额

英国是《1992 CLC》的缔约国，并通过《1995 年英国商船航运法》（*Merchant Shipping Act* 1995）将其转化为国内法④。海上油污污染的处理大多是时间长且费用高昂的。此类油污防污清污措施的费用，在前述英国法下，损害赔偿一般由导致该污染的主体（即漏油方）承担。漏油事件发生后，相关费用一般会由船舶所有人、其保险公司及英国所加入的国际油污赔偿基金（International Oil Pollution Compensation Funds，以下简称"IOPC 基金"）⑤ 来承担。对于商业油轮所造成的污染事件，具体的处理方式可分为四类（下述赔偿不仅指油污防污清污费用，还包含相应的财产/经济损失赔偿及环境损害赔偿）。

---

① 参见 https：//www.gov.uk/government/uploads/system/uploads/attachment_data/file/338789/130802_Marine_Response_Centre.pdf 。

② UK Government："Maritime & Coastguard Agency"，见 https：//www.gov.uk/government/organisations/maritime-and-coastguard-agency。

③ UK Cabinet Office："Responding To Emergencies—The UK Central Government Response"，见 https：//assets.publishing.service.gov.uk/government/uploads/system/uploads/attachment_data/file/192425/CONOPs_incl_revised_chapter_24_Apr-13.pdf 。

④ 司玉琢、吴煦：《"谁漏油谁赔偿原则"的历史考证及其在碰撞事故中的运用》，载《中国海商法研究》2022 年第 1 期，第 3-14 页。

⑤ International Oil Pollution Compensation Funds（IOPC Funds）："Funds Overview"，见 https：//www.iopcfunds.org/about-us/。

（1）对于装有低挥发性、持久性油类（例如原油、重质燃料油等）的油轮造成的污染，根据 IOPC 基金所设立的国际赔偿制度，包括《1992 CLC》①、1992 年《设立国际油污损害赔偿基金公约》（*The International Convention on the Establishment of an International Fund for Compensation for Oil Pollution Damage* 1992，以下简称《1992 Fund Convention》)②及 2003 年《补充协议》（*The Protocol of 2003 to the International Convention on the Establishment of an International Fund for Compensation for Oil Pollution Damage*，1992；英国于 2006 年签署该协议，以下简称《2003 Supplementary Protocol》)③，针对油轮所有人或其保险公司/保赔协会承担后仍然不足的部分（其赔偿数额取决于该油轮的总吨位），污染受害方及防污清污单位目前最高可获得由 IOPC 基金提供的英镑约 7.3 亿（折合人民币约 63.53 亿元）的赔偿补偿。在该机制下，油轮所有人对防污清污费用负有无过错责任。《1992 CLC》主要规定由漏油船所有人/其保险人对油污损害承担赔偿责任，亦不限制其后续向其他过错方追偿；《1992 Fund Convention》则规定，当赔偿数额超过漏油船舶所有人/保险人的责任限额时，由基金进行赔偿；而当《1992 Fund Convention》所设基金亦不足以赔偿所造成的的损失时，则需根据《2003 Supplementary Protocol》由其规定的补充基金进行赔偿。《1992 Fund Convention》与《2003 Supplementary Protocol》共同构成了 IOPC 基金。

油轮所有人一般有权将赔偿责任限制在根据油轮总吨位而确定的数额之内。一般而言，小型油轮（总吨 5,000 吨以下）的赔偿额限制在约 430 万英镑（折合人民币约 3,746.4 万元）；超大型油轮（总吨超过 140,000

---

① 《1992 CLC》为船舶油污损害提供第一级赔偿保障，即船东对油污泄漏造成的任何污染损害承担无过错责任。但是，船东通常可以将其责任限制在以船舶总吨位确定的赔偿金额内。这笔款项由船东的保险公司担保。International Oil Pollution Compensation Funds（IOPC Funds）："The 1992 Civil Liability Convention"，见 https://www.iopcfunds.org/about-us/legal-framework/1992-civil-liability-convention/。

② 《1992 Fund Convention》为船舶油污损害提供第二级赔偿保障，该赔偿由 1992 年基金会会员国（1992 Fund Member States）的石油接收人提供。额外的第三级保障由加入《2003 Supplementary Protocol》的会员国提供。

③ 《2003 Supplementary Protocol》规定在某油污泄漏事件造成的损害总额超过《1992 Fund Convention》内约定的赔偿限额（即 2.03 亿特别提款权）时，为相关损害提供额外赔偿。International Oil Pollution Compensation Funds（IOPC Funds）："The 1992 Fund Convention"，见 https://www.iopcfunds.org/about-us/legal-framework/1992-fund-convention-and-supplementary-fund-protocol/。

吨）的赔偿额限制在约 8,625 万英镑（折合人民币约 7.5 亿元）。油轮所有人必须为其所有的、载货量在 2,000 吨以上的油轮购买保险，而大多数油轮主会通过保赔协会购买保险。《1992 CLC》规定索赔方有权直接向保险人提出索赔。①

（2）对于运输持久性燃料油（persistent bunker fuel）的油轮造成的污染，同样适用上述国际赔偿机制。只要油轮运输持久性燃料油或持久性燃料油残留物的，针对油轮所有人或其保险公司/保赔协会承担后仍然不足的部分，最高可以获得由 IOPC 基金提供的约 7.3 亿英镑的赔偿。

（3）对于所运输的货物不是持久性燃料油，但因油轮上作为燃料的持久性燃料油泄漏造成的污染，或因非持久性燃油（non-persistent bunker fuel）泄漏造成的污染，适用《2001 燃油公约》②的相关规定。该公约规定，船舶所有人应对船舶造成的油污损害负严格的无过错赔偿责任，赔偿数额取决于油轮的总吨位。1,000 总吨或以上船舶的船东必须购买油污损害赔偿保险。发生涉及两艘以上船舶的事故并造成污染损害的，除根据《2001 燃油公约》第三条免除赔偿外，有关船舶的船东应对不能厘清责任的损害承担连带责任。

（4）对于由运输非持久性燃油或其他污染物、有毒危害物质的船舶造成的污染，其赔偿数额取决于根据英国普通法提起的索赔。此情形仅受经 1996 年议定书（LLMC 1996）修正的 1976 年《海事索赔责任限制公约》（*The Convention on Limitation of Liability for Maritime Claims*，1976）的约束，赔偿数额取决于船舶的总吨位。

（5）对于油轮以外的商业船舶（如集装箱船、游轮等）所造成的船用燃料油污染，根据《1992 CLC》《2001 燃油公约》来决定赔偿数额、责任限制、赔偿主体及赔偿责任分担。关于《1992 CLC》下的赔偿责任限制，根据《1992 CLC》第五条，5,000 吨以下的船舶赔偿限额为 4,510,000 SDR，超过 5,000 吨的，每吨增加 631 SDR，但总金额不超过 89,770,000 SDR。

---

① UK Government:"Liability and Compensation For Pollution Damage"，见 https：//www.gov.uk/government/uploads/system/uploads/attachment_data/file/338799/130802_Liability_and_Compensation_for_Pollution_Damage.pdf。

② UK Government："International Convention on Civil Liability for Bunker Oil Pollution Damage"，见 https：//assets.publishing.service.gov.uk/government/uploads/system/uploads/attachment_data/file/273257/6693.pdf。

(三) IOPC 基金制度

国际油污赔偿（IOPC）基金组织为政府间组织，已运营超过 40 年，其由石油行业资助并由政府进行管理。该组织的理事会由各会员国组成，每年举行两次会议，就薪酬支付、政策事项和预算事项（包括会费的数额等）作出决定。其为会员国因船舶溢漏持久性油类而造成的油污损害提供经济补偿，以应对船舶溢油事故造成的损害。

根据上述国际公约，一般而言，船舶油污损害的责任人是漏油船舶所有人。但在油污损害范围广、持续时间长、影响大且难以控制的情况下，部分漏油船舶所有人未必能完全承担起为恢复环境而投入的高昂的人力物力成本及因此产生的间接损失。此时，IOPC 基金组织会在该船舶所有人不能清偿的范围内为其承担各项赔偿/费用。另外，在某些特殊情况下，如索赔人无法确定漏油船所有人的身份的，或者漏油船所有人未投保且无偿债能力的，基金组织甚至会支付所有赔偿。

为此，该基金组织制定了一系列标准来确定索赔方是否有资格获得赔偿。在防污清污作业过程中，政府或其他公共机构决定采取某些防污清污措施并不必然意味着 IOPC 基金组织定会就这些措施所产生的费用提供赔偿。

一般而言，IOPC 基金组织的赔偿标准有如下几个方面：
(1) 对应措施所产生的费用应与漏油事件的规模相适应；
(2) 对应措施所产生的费用应与所取得的成果/成效相称；
(3) 所采取的措施应是恰当的，并有较高可能实现防污清污目的。[①]

此外，IOPC 基金组织与国际保赔协会集团有着紧密的合作关系，双方还签订了《谅解备忘录》和相关协议，以快速、高效地解决油污损害的赔偿问题。[②] 油污泄漏事故发生后，IOPC 基金组织和国际保赔协会集团将合作开展有关的事故理赔工作，如此，受损方便不需要重复提交文件材料。为了使受损方尽快获得赔偿款，IOPC 基金组织与国际保赔协会集团根据所签订的协议，可以相互为对方垫付资金，随后再给予垫付方补偿。

---

① International Oil Pollution Compensation Funds（IOPC Funds）："Claims Manual"，见 https：//www.iopcfunds.org/uploads/tx_iopcpublications/2019_Claims_Manual_e.pdf。
② International Oil Pollution Compensation Funds（IOPC Funds）："Cooperation With P&I Clubs"，见 https：//documentservices.iopcfunds.org/fr/documents-des-reunions/download/docs/4232/lang/en/。

(四) 油污防污清污赔偿费用的计算

关于清污材料，MMO 旨在收到申请后的一小时内批准或拒绝授权使用清污产品，其还可就最适合处理特定漏油事故的清污产品类型提供建议。① 一般油污的防污清污费用包括人员成本、设备或材料的租用/购买费、清洁或修理设备的费用以及行动中所消耗的材料费用等。如果有关部门/机构购买了设备用于某次漏油事件，该设备在防污清污作业结束时仍有使用价值的，则保险公司和 IOPC 基金组织在赔偿时可以扣除该剩余使用价值。

防污清污赔偿还可包括专家提供环境咨询及建议所产生的费用。在此情况下，出具该环境咨询及建议的目的必须是协助防污清污工作的顺利进行。例如，帮助清污组织/机构确定在特定情况下最适合采取的技术措施。此外，防污清污赔偿亦包括在防污清污作业结束后对环境影响进行评估所产生的费用。

另外，在可能对环境产生严重和紧迫威胁的情况下，即便没有溢油事件，亦可就此情形下的预防措施申请防污清污赔偿。例如，在恶劣天气下转移清理设施设备到搁浅于岩石群海岸线上的油轮所产生的费用，即使后续的打捞作业防止了石油泄漏事故，亦可申请赔偿。②

三、我国相关制度之不足及完善建议

(一) 我国赔偿基金制度尚未成熟

在英国（以及另外一百多个国家）所加入的 IOPC 基金下，《1992 Fund Convention》和《2003 Supplementary Protocol》是《1992 CLC》的补充，国际海事组织（International Maritime Orgnization，IMO）通过将《1992 CLC》《1992 Fund Convention》和《2003 Supplementary Protocol》相结合，形成一

---

① UK Government："How we respond to marine pollution incidents"，见 https://www.gov.uk/guidance/how-we-respond-to-marine-pollution-incidents。

② UK Government："Liability and Compensation For Pollution Damage"，见 https://www.gov.uk/government/uploads/system/uploads/attachment_data/file/338799/130802_Liability_and_Compensation_for_Pollution_Damage.pdf。

套规范海洋污染民事责任的国际制度。① 受损方可就因油污泄漏而产生的多种费用/损失，在船舶所有人因各种原因不能支付所有赔偿时，由 IOPC 基金在最高赔偿限额内进行赔付。

目前，我国尚未加入 IOPC 基金公约体系，《1992 Fund Convention》仅适用于中国香港特别行政区。而中国赔偿基金制度尚处于执行初期，相比起较为成熟的 IOPC 基金的相关制度，仍有一些不足及需要继续完善的地方。通过对比上述 IOPC 基金制度与中国赔偿基金制度，可以发现中国赔偿基金在国内尚处于初期探索阶段，尚未建立成熟的制度体系，特别是如下问题亟待关注与改善。

1. 基金使用缺乏透明度，监督机制尚未完善

截至 2019 年 10 月 17 日，中国赔偿基金累计征收总额为人民币 8.26 亿元。② 但截至 2019 年 1 月，基金已赔付和正在处理的油污事故共 11 起，仅支付金额约 2600 万元。③ 与 IOPC 基金的赔付规模相比，中国赔偿基金的赔偿金额相对较低，与征收总额差距较大。且被征收对象难以得知/了解资金的使用情况，公开资料难以查询基金多年来的赔付项目及相关细节，无法得知基金管委会的赔付依据及赔付金额是否合理，中间存在着较大的信息不透明问题。相关法律法规仅规定了基金应当接受财政、审计部门的监督检查，并未明确详细的监督方式、监督流程等各项细节，导致有效监督未必能落到实处。

2. 基金的赔偿、追偿应当属于民事法律行为，但基金管委会却是交通运输部所属正处级行政机关④

根据《船舶油污损害赔偿基金征收使用管理办法》第三条，该基金的性质属于政府性基金，系公权力主体为专项用途而在一定期限内向公民、

---

① 参见雅各布森《漫谈海洋污染的民事责任和刑事责任》，载《中国海商法年刊》2009 年第 C1 期，第 1 页。
② 参见中国交通新闻网《绿色发展 呵护碧水蓝天》，见 http：//www.zgjtb.com/zhuanti/2019 - 10/17/content_230786.htm。
③ 参见帅月新《国际油污赔偿基金运作机制的借鉴与思考》，载《中国海商法研究》2019 年第 1 期，第 89 页。
④ 参见中央政府门户网站《中国船舶油污损害赔偿基金管委会正式成立》，见 http：//www.gov.cn/xinwen/2015 - 06/19/content_2881883.htm。

法人和其他组织无偿征收,具有一定的强制性。① 由此可见,该基金的属性决定其审批、管理、使用等都要遵循政府性基金的相关规定,要经过不同单位批准、审核等各项流程,此必然导致理赔程序烦琐耗时。② 相比之下,IPOC基金为具有独立地位的主体,可独立决定并对外根据民事法律相关制度进行理赔。中国赔偿基金的具有公权力色彩的性质导致其无法在民事法律框架内进行索赔与理赔。

3. 赔付效率尚须提高

从已知的公开信息可知,基金的赔付效率依然有待提高。例如,2012年12月31日发生的"山宏12"轮废油溢出事故,清污单位至2017年7月方从中国赔偿基金获得相应赔偿,距离事故发生已时隔五年之久。③ 又如,外籍"安娜"轮于2014年在福建福州水域发生倾覆溢油事故,至2018年方获得中国赔偿基金理赔。④

油污泄漏事故发生后,应急单位往往需要先行垫付应急处置费。一旦发生重大的船舶油污泄漏损害事故,应急单位可能出现无力垫付高额的应急费用的情况,进而影响应急措施的及时进行,污染问题难以尽快解决。从保护环境、维护受损方利益的角度出发,解决赔付效率低下的问题十分重要。

4. 有关规定的法律效力层级较低,对判决/裁决的影响有限

目前,与中国赔偿基金有关的法律法规规章及其他规范性文件主要有《海洋环境保护法》《防治船舶污染海洋环境管理条例》《船舶油污损害赔偿基金征收使用管理办法》《船舶油污损害赔偿基金征收和使用管理办法实施细则》《船舶油污损害赔偿基金理赔导则》等。其中,《海洋环境保护法》第六十六条只简要提及国家应建立船舶油污保险、油污损害赔偿基金制度。由此可知,规范中国赔偿基金有关制度的文件的法律效力层级相对

---

① 《政府性基金管理暂行办法》第二条:"本办法所称政府性基金,是指各级人民政府及其所属部门根据法律、行政法规和中共中央、国务院文件规定,为支持特定公共基础设施建设和公共事业发展,向公民、法人和其他组织无偿征收的具有专项用途的财政资金。"

② 参见董宇《政府性基金法律问题研究——从定位划分不明进行思考》,载《河南财政税务高等专科学校学报》2019年第1期,第47页。

③ 参见新民网《沪崇明滩涂遭沉船油污污染 3家清理单位获赔1508万元创新高》,见 http://shanghai.xinmin.cn/msrx/2017/07/07/31136587.html。

④ 参见人民网《七家单位获船舶油污基金赔偿 最高赔偿约865万》,见 http://legal.people.com.cn/n1/2018/0629/c42510-30096135.html。

较低，不利于中国赔偿基金制度的实施与推行。

(二) 我国油污损害赔偿法律适用不甚明确

关于油污损害赔偿的法律适用，现国际上主要存在"两大体系"和"三种模式"。"两大体系"指由《1992 CLC》及《1992 Fund Convention》所组成的公约体系（英国现适用此体系）和美国所采用的《1990 油污染法》(*Oil Pollution Act* 1990)；而"三种模式"主要指单独运行 CLC/FUND 公约的模式或同时运行 CLC/FUND 公约、国内法的模式（即双轨制），以及独立运行国内法的模式。第一种模式为国际上大多数国家所运行，第二种模式以加拿大为代表，第三种模式以美国为典型代表。① 就英国而言，其通过国内的《1995 年商船航运法》将国际公约内容纳入其国家航运法体系，以便上述国际公约能够适用于国内案件。

而我国对于船舶油污损害赔偿案件适用国内法还是国际公约的问题，特别是针对无涉外因素的案件，则规定得不甚明确和具体。我国目前没有专门的针对船舶污染损害赔偿制度的立法，有关船舶油污损害赔偿制度的内容主要分散地体现在《海商法》《海洋环境保护法》《防治船舶污染海洋环境管理条例》等法律法规之中。另外，我国加入了《1992 CLC》及《2001 燃油公约》等国际公约，这些公约在某些情况下也可以成为我国法院审理船舶油污损害赔偿案件的依据。正是法律表现形式的多元化，导致实务中法院在审理船舶油污案件时出现了适用法律不一致的情况。在实务中，我国不同法院对于案情相似的案件就曾出现过"同案不同判"的情况。② 在司法实践出现矛盾的情况下，2011 年 1 月《最高人民法院关于审理船舶油污损害赔偿纠纷案件若干问题的规定》中依然未对该法律适用问题进行落实。

(三) 对我国船舶油污损害赔偿制度的相关建议

1. 加强国内关于油污损害赔偿的相关立法

作为特别法，《海商法》在涉及船舶油污损害等纠纷时应优先适用。

---

① 参见蒋琳《船舶油污损害的国际法研究》，华东政法大学 2014 年博士学位论文。
② 详见最高人民法院"恒冠36"轮案（〔2018〕民四他字第20号）及广州海事法院"闽燃供2"轮案（"闽燃供2"轮所有人申请根据《1969 CLC》设立赔偿限制基金，珠海市环境保护局、广东省海洋与水产厅均提出异议）。两案均无涉外因素，且同样是船舶碰撞导致漏油并对环境造成了较严重的损害，"闽燃供2"轮案适用《1969 CLC》，而"恒冠36"轮案则不适用国际公约。

为避免出现前文提及的法律适用不一致的情况,建议我国在修订《海商法》时,对不同情形下所应适用的国际公约或者法律法规进行落实与明确,以解决国内法与国际公约的关系及效力问题,特别是对于无涉外因素案件的法律适用问题。一般而言,国际公约以案件的涉外性为其适用前提。① 但在我国的相关司法判例、各级规定②中,对于无涉外因素案件中油污损害赔偿的法律适用依旧未确立统一的标准。

因国际交流增加、各国合作更加紧密,许多国家经过多轮协商共同制定出一套通用的规则以适应国际经济贸易发展。基于这一立法初衷,国际条约应仅适用于涉外案件。且根据《民事诉讼法》(2021 修正)第二百六十七条,国际条约优先适用的规定位于第四编涉外民事诉讼程序的特别规定之下,进一步说明了国际条约仅应适用于涉外性案件。另外,由于我国国内存在独有的国情、经济及政治情况,非涉外性的案件适用因地制宜的国内立法更为适宜。

此外,应在《海商法》中进一步增加更多与船舶油污损害赔偿相关的具体规定,如主张损害赔偿的权利主体和义务主体、损害赔偿的范围、损害赔偿的计算方式等。

2. 更重视与环境修复相关的赔偿

长期的"重发展、轻环保"理念导致国内立法与英国等传统航运国家的立法仍有较大差距,唯一一部相关法律《海洋环境保护法》仅在第八章确立了关于船舶油污损害赔偿责任制度的基本精神和基本原则。再者,我国未加入任何诸如《1971 年设立国际油污损害赔偿基金公约》等国际油污防治公约,在此方面未与国际接轨。行政法规(如《船舶油污损害赔偿基金征收使用管理办法》)规定的船舶油污损害赔偿基金征收标准较低,赔偿的范围及标准不明确。③ 而且,船舶油污损害赔偿基金管委会也缺乏法律法规的支撑和强有力的管控手段。

---

① 详见《最高人民法院关于非航行国际航线的我国船舶在我国海域造成油污损害的民事赔偿责任适用法律问题的请示的答复》。

② 详见《防治船舶污染海洋环境管理条例》(2018 修订)第十条及第五十条、《最高人民法院关于审理船舶油污损害赔偿纠纷案件若干问题的规定》(2020 修正)、《最高人民法院关于非航行国际航线的我国船舶在我国海域造成油污损害的民事赔偿责任适用法律问题的请示的答复》等。

③ 参见张耀元《船舶污染环境损害赔偿范围的不足与反思——兼论完全赔偿之可能》,载《国际经济法学刊》2022 年第 2 期,第 140 – 156 页。

《海洋环境保护法》第八十九条①对环境损害赔偿的具体范围的规定较为模糊。另外，从过往获赔的案例可看出，船舶油污损害赔偿基金赔付的费用领域主要集中在应急处置费及清污费等，极少赔付用于环境修复及整治海洋污染的费用等。为了航运业和经济的可持续发展，建议在经济发展与环境保护之间取得平衡，不可过度重视经济发展及市场价值而忽视了自然资源保护，应逐步加大对环境损害赔偿的力度。

3. 积极完善我国船舶油污损害赔偿基金制度

相比 IOPC 基金，我国船舶油污损害赔偿基金起步晚、发展迟，除了上述提到的问题，基金的赔偿责任限额一直未根据实际情况变化进行相应修改，导致赔偿额在某些案件中严重不足，打击了受害人的索赔积极性。建议应与时俱进，提高效率，及时改进相关制度。另外，受害人/申请人对基金理赔决定不服的救济程序仍为基金管理委员会复核，异议流程并未涉及第三方，建议救济程序引入第三方机构对基金的理赔决定进行审查。

---

① 《海洋环境保护法》第八十九条："造成海洋环境污染损害的责任者，应当排除危害，并赔偿损失；完全由于第三者的故意或者过失，造成海洋环境污染损害的，由第三者排除危害，并承担赔偿责任。对破坏海洋生态、海洋水产资源、海洋保护区，给国家造成重大损失的，由依照本法规定行使海洋环境监督管理权的部门代表国家对责任者提出损害赔偿要求。"

韩国油污损害赔偿保障法研究及其给中国的启示

郝会娟*

摘要：我国海商法正在修改中，其中加入"船舶油污染损害"这一章节得到了大部分专家、学者和从业人员的支持。但对于该章节包含的内容以及部分条文还存在很大争议，尤其是船舶互有过失碰撞而致一船漏油案件中的非漏油船责任问题。韩国不仅加入了国际油污损害赔偿公约，而且制定了本国专门的《油污染损害赔偿保障法》，并根据实践不断进行修订完善，尤其是在油污损害赔偿的举证责任、船舶碰撞中的油污赔偿责任以及强制责任保险和责任限制程序方面的规定都已比较成熟，其相关规定可以给我国在船舶油污染损害赔偿法律制度方面提供相应启示。

关键词：油污损害　船舶碰撞　举证责任　强制责任保险　责任限制基金

A Study on Legal Regime of Compensation for Vessel-source Oil Pollution Damage in South Korea and its Enlightenment to China

Hao Huijuan

Abstract: China's Maritime Law is under revision, in which the inclusion of the chapter of "Ship Oil Pollution Damage" has been agreed by most experts, scholars and practitioners. However, there is still a great controversy about the content of this chapter and some of its provisions. In particular, the issue of

---

* 郝会娟：宁波大学东海战略研究院海洋治理研究中心研究员，韩国海洋大学海商法博士，研究方向：船舶油污损害赔偿、海洋法、海洋权益争端解决等。本文为国家社会科学基金青年项目"中日韩岛屿与海洋权益争端解决机制"（20CGJ035）阶段性成果。

liability of non-oil spill ships in ship collision cases is more controversial in practice. South Korea, which also faces a high risk of oil pollution damage, has not only joined the international oil pollution damage compensation system, but also formulated its own special *Oil Pollution Damage Compensation Protection Act*, which has been continuously revised according to practice. In particular, the provisions on the burden of proof for oil pollution damage compensation, the liability for oil pollution compensation in ship collision, as well as the compulsory liability insurance and liability limitation procedures have been more mature, and its relevant provisions can provide corresponding inspiration to China in the legal system of ship oil pollution damage compensation.

Key words: oil pollution damage; ship collision; burden of proof; compulsory liability insurance; limitation of liability fund

前 言

韩国由于自身地理位置、能源和经济发展的需要，船舶油污损害的风险非常高。因此，韩国除了积极加入国际油类污染损害相关国际公约，还制定了适合本国国情的油污染损害赔偿法，并且根据国际公约的变化不断修订，在内容上基本与国际接轨。韩国《油污染损害赔偿保障法》[①]（以下简称《油赔法》）共 5 章 64 个条文。第 1～4 条为第一章总则部分，主要对该法制定的目的、用语定义、适用范围及船舶吨位做了具体规定。第二章针对油轮的损害赔偿分为五节：第 5～13 条为第一节，规定了油轮的油污损害赔偿责任；第 14～20 条为第二节，主要是对油污损害赔偿保障合同（即关于强制责任保险）的相关规定；第 21～29 条为第三节，规定了对国际基金的请求和摊款；第 30～31 条为第四节，为对补充基金的请求和摊款；第 32～41 条为第五节，是对责任限制程序的规定。第三章规定了除油轮外的其他船舶和燃油造成的污染损害的损害赔偿责任及合同规定。第四章主要对船舶优先权、油污损害鉴定和相关检查报告及委托管理等做了补充规定。第五章规定了相关的罚则，主要包括相关触及受贿罪或者行政处罚规定的罚款及刑罚等。

---

① 韩国《油赔法》制定于 1992 年 12 月 8 日，生效于 1993 年 1 月 1 日，最新修订于 2020 年 2 月 18 日，[韩] 法律第 17051 号。

我国除香港特别行政区外并未加入国际基金相关的条约，而且处罚体系与韩国法律有所不同，尤其是我国关于刑罚已经在《中华人民共和国刑法》（以下简称《刑法》）中明确规定，不另外在相关民商法中规定。因此，本文主要针对目前实践中关注和争议较多的部分内容进行探讨。

一、韩国《油赔法》制定的背景和沿革

在韩国制定专门的《油赔法》之前，主要适用韩国《商法》的相关规定。随着海上油污染的增加，油污事故的风险不断增大。韩国政府相关部门希望通过将国际公约纳入国内法律的形式，保障油污受害者能够顺利获得赔偿，以促进海上油类运输的发展。因此，在1991年韩国《商法》修订时，以制定特别法为前提，将油类污染损害赔偿方面单独立法。

韩国于1978年12月18日就加入了1969年《国际油污损害民事责任公约》（以下简称"1969年《民事责任公约》"），并于1992年12月8日加入了1971年《国际油污损害赔偿基金国际公约》（以下简称"1971年《基金公约》"），因此，《油赔法》的条款主要适用国际公约的相关规定，并明确了无过错责任原则、责任限额、强制责任保险及赔偿和基金摊款等规定，并于1993年1月1日正式生效。《油赔法》是韩国商法的特别法，当其与国际公约相关条款冲突时，以《油赔法》优先。韩国在颁布《油赔法》的同时，宣布加入1971年《基金公约》的1976年议定书。①

在1993年以前，韩国的油污染引起的损害赔偿基本上依附于货主自发组成的民间形式的《油轮船东自愿承担油污责任协定》（TOVALOP）和《1971年油轮油污责任暂行补充协定》（CRISTAL）这两个组织。但是，加入这些组织的主要是一些大型的船舶和燃油公司，小型的轮船遭遇油类污染损害事故却得不到充分的保障。

随着《1992年国际油污损害民事责任公约》（以下简称"1992年《民事责任公约》"）的发行和生效，韩国也适应国际公约的发展，在1997年5月16日加入了1992年《民事责任公约》和《1992年设立国际油污损害赔偿基金国际公约》（以下简称"1992年《基金公约》"），一年后生效，并

---

① 韩国《油赔法》附则规定，该协定于1993年3月8日起对韩国发生效力。

且于 1997 年 1 月 13 日重新修订《油赔法》。① 修订主要是为了适应新加入的《民事责任公约》和《基金公约》对责任限额的规定，将韩国国内造成油污事故的船舶所有人的赔偿责任限额由最高不超过 1,400 万 SDR 提高到了 5,970 万 SDR，将国际基金的补偿限额从 0.6 亿 SDR 上调到了最高 1.35 亿 SDR，并对适用范围等做了相关修改。此后从 1997 年至今，根据其他相关法律的变化以及海运事业的发展变化，韩国对《油赔法》修订了 14 次，重点对相关用语、责任限额、诉讼理赔程序等方面进行了修订。最新一次修订是在 2020 年 2 月 18 日，对部分用语进行修订以更适应韩国的法律习惯。

2007 年韩国"河北精神"号油污事故②发生后，2008 年 3 月 14 日，韩国国民议会制定了专门法，即《支持河北精神号油污事故受害居民的特别扶持政策及海洋环境恢复等的特别法》（以下简称《"河北精神"号特别法》），受该事故影响地区的当地居民能够以迅速和适当的方式获得补偿；并于 2017 年 7 月 26 日根据具体实施情况制定了《"河北精神"号特别法》实施令，专门用于补偿"河北精神"号的巨大损失。根据《"河北精神"号特别法》，韩国设立油污事件特别委员会，特别委员会由总理担任主席，用于讨论和决定有关受害者赔偿问题；讨论和协调有关海洋环境恢复的问题；做出支持受油污影响地区的决定；"河北精神"号遭受损失的居民可以设立受害群体，同时他们必须通知当地政府。受害者小组可以出席特别委员会的会议并提出其意见。③

该事故发生后，韩国意识到加入《1992 年设立国际油污损害赔偿基金国际公约的 2003 年议定书》（以下简称"2003 年《补充基金公约》"）的

---

① 韩国《油赔法》的初次修订，主要依据为 1969 年《民事责任公约》和 1971 年《基金公约》的相关规定，尤其是根据韩国加入的《联合国海洋法公约》，将地理范围方面，扩大到了专属经济区。在后来的修订中，主要参照了 1992 年《民事责任公约》和 1992 年《基金公约》以及后来加入的 2003 年《补充基金公约》的规定。

② "河北精神"（Hebei Spirit）号溢油事件是一个重大的溢油事件，由一艘驳船在韩国忠清南道泰安郡大山港撞到"河北精神"号而起。在韩国当天（2007 年 12 月 7 日）本地时间上午七点半，一首驳船与河北精神号在黄海海面相撞，漏出大约 10,000 吨原油。《韩国时报》称它是韩国最严重的漏油事件，超越发生在 1995 年的溢漏事件。由于此事件发生在寒冷的冬季，因此最初专家相信溢油的面积不会扩大。然而异常的天气，加上强大的海浪和意料不到的风向，使得漏油的扩展面积及蔓延速度超出了原先的预测，并污染了海岸的蚝田。

③ 参见［韩］南智源《河北精神号油污损害后续问题》，载《人权和正义》2008 年第 387 号，第 25 页。

重要性，于 2010 年加入 2003 年《补充基金公约》。①

如表 1 所示，从体系上来看，韩国不仅制定了本国在油污损害赔偿保障方面的专门法律，而且积极加入国际油污损害赔偿制度中的公约，这意味着当韩国遭遇油污损害事故时，可以获得双重保障。

表 1　韩国加入国际油污损害赔偿相关公约的情况（截至 2022 年）

国际条约名称	韩国生效年份
1969 年《民事责任公约》	1979
1971 年《基金公约》	1993
《民事责任公约》1976 年议定书	1993
《基金公约》1976 年议定书	1993
1992 年《民事责任公约》	1998
1992 年《基金公约》	1998
2001 年《燃油公约》	2009
2003 年《补充基金公约》	2010

二、韩国《油赔法》的主要内容

韩国《油赔法》的内容不仅涉及一般的规定，而且包括对船舶油污损害的相关规定、船舶燃油污染损害的规定，以及对油污损害赔偿保障合同、对国际油污基金的请求和摊款以及罚则等。但鉴于中国与韩国法律规范的不同，中国内地也并未加入《基金公约》，因此，本文仅对在我国案例实践中涉及纠纷最多的相关用语、油污损害赔偿责任、赔偿范围和责任限制，以及强制责任保险等内容在韩国《油赔法》中的规定进行分析。

（一）用语定义

1. 关于船舶

与 1992 年《民事责任公约》和 1992 年《基金公约》中船舶的定义不

---

① 参见［韩］穆镇勇《改编国际油类污染损失补偿体制的韩国应付方案的研究》，载《韩国海洋水产开发院》2005 年，第 39 页。

同，韩国《油赔法》除第二章对为运输散装油类货物而建造或改建的任何类型的海船和海上航行器作了相关规定，还对浮动式海上结构和设施以及其他一般船舶作了相关规定。

2. 关于责任主体

1992年《民事责任公约》对登记为船舶所有人的责任进行了集中的分析①，这个协议的特色是责任的主体限制在登记为船舶所有人的人。根据1992年《民事责任公约》主体规定，《油赔法》在第2条第2款规定，事故发生时的船舶所有人，如果该事故系由一系列事件构成，则第一个导致事件发生时的船舶所有人，应对船舶因该事故而造成的任何污染损害负责。当发生涉及两艘或更多油轮碰撞的事故并造成污染损害时，所有油轮的所有人，应对所有无法合理区分的此种损害负连带责任。

在韩国《油赔法》中，船舶所有人作为责任主体主要包括两种。

一是登记为船舶所有人的人。在《油赔法》中，船舶所有人包括韩国《船舶法》第8条第1款中以及其他国家法令中规定的登记为船舶所有人的人，以及未实际登记，但实际为油轮的船舶所有人的人。但是，在船舶所有人是其他国家的政府的情况下，船舶所有人即为该国政府中作为油轮的经营人而登记的公司或者团体或者其他法律规定能够作为船舶所有人对象的人。另外，在油类污染损害是由一系列事故导致的情况下，责任人主要是指在最初事件发生时，导致油污损害发生的油轮的船舶所有人。上述法律规定的船舶油污损害的唯一的责任主体是船舶所有人，但是，与船舶所有人有关系的船舶租赁人、船舶经营人以及与船舶所有人构成相关的有其他内部关系的人，并不在船舶所有人的范围内。而且在这一规定中，《油赔法》也采用无过错责任原则。

二是韩国国民租用外国登记的油轮或一般船舶时，把注册为船舶所有者的人和船体承租人都视为《油赔法》的船舶所有者。② 根据《油赔法》第4条第1款规定，在适用无过失责任原则的情况下，不管是否存在过失，造成油类污染事故的船舶所有人都应承担赔偿损失的责任。因此，在韩国

---

① 参见[韩]裴炳泰《1969年油污损害赔偿民事责任公约研究》，载《海洋韩国》1974年第4期，第45页。

② 在《油赔法》第2条第4款中，对于国籍为其他国家，但是船舶所有人属于韩国国民的船舶租赁人的情况，登记为油轮船舶所有人的人以及船舶租赁人都是该法中规定的船舶所有人。因为拥有其他国籍的韩国国民，作为船舶租赁人，与规定的建造中的船舶所有人不同，其实际掌控该船舶，所以应当被作为船舶所有人。

国民租用外国登记的油轮或船舶时，登记为船舶所有人的人和承租人需要承担损害赔偿责任。韩国将韩国国民整体租用外国船舶时，注册为船舶所有者的人和光船租赁人作为责任主体的对象，是为了更好和更迅速地对损害进行赔偿，这是一项具有进步性的法律上和政策上的立法。[①]另外，韩国的国民和船舶租赁的承租人都作为责任主体会相应减少二者在保险方面的负担，可谓一举两得。

1992年《民事责任公约》将船舶所有者的使用人和代理人均排除在责任主体范围外，但韩国《油赔法》在韩国国民租用外国登记的油轮或一般船舶时，将这两个对象规定在了损害赔偿范围内，其故意或者过失造成的损害赔偿不能按照一般的过失责任主体来处理，而应该按照损害赔偿对象来规定，这也是《油赔法》与1992年《民事责任公约》的不同之处。

对于第二种韩国国民租用在外国登记船舶的情况，韩国认为，在韩国船舶运营和所有的实践中，主要是因为受到船舶吨位、法人等条件的限制，导致所有权取得困难，才被迫在国外登记，通过租赁契约的方式对船舶进行实际控制，并提供资金支持具体运营。在这种情况下虽然名义上是船舶租赁人，但因为实际掌控船舶，应该被视为船舶所有人。

虽然《油赔法》在责任主体方面规定了不能向船舶所有人以外的船舶租赁人（包括光船租赁人）请求赔偿，但是，作为韩国国民的光船租赁人具有责任主体的性质，所以也作为责任主体被认定。韩国的这种规定，实际上是为了将具有争议的涉外情况进行明确，使之更加适用韩国国内法，以便于受害人取得相关赔偿。而且，《油赔法》第5条第4款对此专门进行解释，如果污染损害是由韩国国民租用的外国登记的船舶造成的，则该船舶所有人和承租人应对此承担连带责任。

3. 关于油类

关于油类的定义体现在《油赔法》第2条第5款和第6款中。不仅包括了1992年《民事责任公约》中的油类定义，而且为了对应《油赔法》第三章关于燃料油的污染损害规定，也包括了2001年《燃油公约》关于燃油的定义。即不仅适用"任何持久性烃类矿物油，如原油、燃料油、重柴油和润滑油，不论是在船上作为货物运输还是在此种船舶的燃料舱中"，而且适用燃油"指用于或拟用于船舶运行或推进的包括润滑油在内的任何烃类矿物油，以及此类油的任何残余物"。

---

① 参见［韩］郑英锡《油类污染损害赔偿法》，釜山多顺出版社2017年版，第30页。

(二) 油污损害的责任

船舶所有人承担损害赔偿责任,必须有油污损害行为的发生。《油赔法》第 2 条第 7 款对油轮发生的油污损害进行了规定。油污损害责任的成立需要有油轮造成油类泄漏或者流出的事实。为了防止损害的发生而采取的预防措施和防止损害发生的费用也包含在内。也就是说,事故的发生与油污损害之间具有因果关系。①

在这里争议最多的是船舶碰撞导致油污损害的责任承担问题。在国际油污损害赔偿制度下,漏油船承担严格责任,非漏油船则不适用。但当发生涉及两艘或两艘以上油轮碰撞事件时,如果不确定是由哪艘船舶溢油或排放造成油污损害的,所有油轮的船舶所有人都应当承担连带责任。②

当然,如果能够确定是哪艘油轮产生的油类的泄漏,则可根据泄漏的事实和损害发生的情况,按照比例来承担责任。当油污损害需要各个油轮船舶所有人承担连带责任时,责任主体就扩大了。这时,责任主体需要举证因果关系责任,必须证明损害的发生是油类的泄漏导致的,而非船舶碰撞导致的。

(三) 赔偿范围

根据《民事责任公约》《基金公约》《燃油公约》等国际油污损害赔偿公约中对油污损害赔偿范围与损失的认定,赔偿范围主要分为五类:①清污等预防措施的费用及损失;②有形财产的损失;③由有形财产损害所引起的间接损失;④纯经济损失 (pure economic losses);⑤环境损害。

对于预防措施,《油赔法》规定,为了防止海洋污染损害的发生,在重大或者紧迫的损害事件发生时,只要采取积极性的措施,无论造成的结果如何,都在防止损害发生的预防措施范围内。对于预防措施费用,根据韩国海洋环境管理法,国家的行政性的防治措施费用也包含在内。③ 而关于有形财产的损失和环境损害,《油赔法》第 2 条第 7 款明确规定环境损害不包括该损害的利润损害的赔偿,仅限于为恢复环境而采取或将采取的

---

① 《油赔法》第 2 条第 8 款中规定,"事件"一词系指任何发生或一系列具有同一起源的事件,造成油污损害或造成此类损害的严重和迫在眉睫的威胁。
② 《油赔法》第 5 条第 2 款。
③ 参见 [韩] 尹小英《油污损害赔偿责任成立要件》,载《安岩法学志》2019 年第 16 号,第 152–154 页。

措施费用。

在韩国国内油污案件中,争议最大的是纯经济损失的赔偿问题。[①] 在此以 2001 年 5 月 8 日首尔高等法院判决的关于"新村渔村等 36 人诉油类污染损害赔偿保障韩国基金会关于油污损害赔偿金"纠纷上诉的 99 乙 14633 号 (서울고등법원 2001. 5. 8, 선고, 99 나 14633, 판결: 상고) 案件[②]为例进行说明。针对案件的三个主要争议点是:①关于因果关系的举证责任;②因油污造成的中长期经济损失是否在赔偿范围内;③对于非法从事的养殖渔业行为,因油污事故造成的损失是否可以向基金提出赔偿。

韩国首尔高等法院对上述争议进行了分析,并认为:

(1) 在一般的由不法行为引起的索赔案件中,侵权行为与损害之间的因果关系举证责任由受害人承担。但是,在油污染造成的环境损害赔偿诉讼中,因部分损失属于间接损害,还有些部分用现代的科学技术无法进行衡量。因此,让受害人从科学上证明这种因果关系比较困难。那么,只要排放的油类和为清污而使用的物质达到损害的程度,只要泄漏者无法证明其无害,就需要承担责任。

(2) 对于油污染造成的中长期经济损失的赔偿问题,属于纯经济损失的部分。对于纯经济损失,英美法系与大陆法系没有统一的法理。在没有制定关于该赔偿的国际标准或范围的情况下,应综合考虑各国的立法惯例及国际法上的案例处理情况。尤其是从 1992 年《民事责任公约》、1992 年《基金公约》对赔偿范围的解释和国际油污损害赔偿基金会的赔偿来看,对纯经济损失的赔偿,需要证明其损害与油污直接的因果关系。而且根据韩国《油赔法》第 2 条第 4 款,油污损害赔偿范围只包括经济上和财产上的损失。至于可能在将来造成的不可估量的进一步损失损害,并没有具体规定。因此,本案对于油污损害可能造成的中长期的经济损失不予支持。

(3) 对因行使违法行为而获得的收益,虽不能将之作为计算日损失额的基础,但这并不意味着将所有损失一律视为违法所得,而应该综合该法规的立法宗旨和对法律行为的可指责性程度,特别是对其违法行为所具有的违法性强度等,进行具体判断。尤其是对于违反韩国《水产业法》规定从事养殖、采集等行业的从业者,即使因为油污造成了相关损失,但在没

---

① "纯经济损失"并没有统一的概念,各国的"纯经济损失"表达的范畴也不同。在韩国主要指那些不依赖于物的损坏或身体健康损害而发生的损失。

② 原审为首尔地方法院于 1999 年 1 月 26 日作出判决。

有特殊理由的情况下，其违法所得不能包含在日损失额的计算中。但其直接经济损失根据《油赔法》和国际油污损害赔偿制度的规定，在赔偿范围内，可以主张赔偿。

由此可见，韩国《油赔法》在赔偿范围的规定上与 1992 年《民事责任公约》及 1992 年《基金公约》的规定基本相同。在纯经济损失赔偿上，韩国也采纳国际基金的立场，在承认合理的因果关系的情况下，承担部分纯经济损失的补偿，但对于可能造成的不可估量的中长期经济损失则采取不支持的态度。

（四）关于责任限制和强制责任保险

关于责任限制的相关规定，《油赔法》基本秉承了国际油污损害赔偿公约的精神，责任限制的规定以及限制金额基本与公约保持一致。而对于强制责任保险，《油赔法》要求油轮的注册所有人或者光船承租人提供保险或其他财务保障。该保险是指强制性责任保险。通过禁止没有强制性保险的船只进入韩国港口，上述法律制度得到了有效实施。《油赔法》第 14 条第 4 款和第 5 款规定受害人有权对涉及石油污染事故的船只的责任保险人采取直接行动。《油赔法》和 1992 年《民事责任公约》之间最显著的差异是强制性保险的门槛吨位。《油赔法》下，对于散装油类，批量运输超过 200 吨油的船舶应按照《油赔法》第 14 条加入强制责任保险。而在 1992 年《民事责任公约》中，批量运载超过 2,000 吨石油的船只才应该加入强制责任保险。此外，受害人有权依照国际公约的规定，在韩国法院行使在 1992 年《基金公约》和 2003 年《补充基金公约》中享有的合法权利。

根据《油赔法》第 16 条，船舶所有人的损害赔偿责任发生时，受害人可以直接向船舶所有人的保险人等进行直接的损害赔偿请求。但是，如果是船舶所有人故意导致损害发生的，则不能向保险人等进行直接请求。

（五）责任限制程序

当油污事故造成的损失金额超过 1992 年《民事责任公约》规定的限制时，船舶所有人应遵守《油赔法》第 41 条规定的责任限制程序。《油赔法》第 43 条允许索赔人因石油污染而对有争议的船只行使船舶留置权。而这种船舶留置权在 1992 年《民事责任公约》中并没有相关的规定。根据韩国法律，责任限制是维护海运各方权利平衡的重要方式。因此，《油赔法》有意向受害者提供一种对有权限制其责任的注册所有者的保护措施。除《油赔法》外，韩国还有一个单独的法案称为《责任限制诉讼法》。

与国际公约相比不同的是，韩国注册为船舶所有者的人有权限制其责任。其限制级别与1992年《民事责任公约》相同。如果证明污染损害是由其个人行为或不行为造成的，意图造成此类损害，或者罔顾后果地知道这种损害可能会发生的，船东就无权限制其责任。

而且《油赔法》第43条关于船舶优先权的规定，对油污损失有求偿权的债权人对发生事故的船舶及运费等享有船舶优先权。但是，当这种债权的优先特权与韩国《商法》中的船舶优先权产生竞合时，后发生的债权优先于先发生的债权。同一事故产生的债权则视为同时产生。这是1992年《基金公约》没有的规定。为了让受害人的权利更好地得到保障，《油赔法》对船舶优先权进行了认证。因此，在韩国，船舶所有人即使没有加入保险，且无力赔偿，仍然可以依据《油赔法》对油类造成的损失提出索赔。但根据1992年《基金公约》的赔偿规定，如果没有加入强制责任保险，船舶优先权就无法体现。这也是《油赔法》与国际公约的不同之处。

在责任限制程序的规定方面，《油赔法》内容主要包括管辖、移送、公托命令、国际基金参加等方面。具体的程序要遵守船舶所有人等的责任限制程序法（以下简称"责任限制程序法"）的相关规定。当登记为船舶所有者的人试图援引限制其责任的权利时，应当向处于案情的法院在另一法院申请限制程序。为此，韩国此项法律又被称为"船东的责任限制程序法"。《油赔法》有几项特别规定，供船东援引其责任。如果法院承认开始限制的申请是合理的，法庭允许申请人在14天内以现金存款方式存入等值的债券。

关于责任限制程序的申请时间。根据《油赔法》，具备责任限制条件的船舶所有人，对债权人的责任限制额超过的请求金额申请免除的时候，要在收到书面请求之日起6个月以内开启责任限制程序。

另外，油类污染损害发生地对责任限制事具有专属管辖权。韩国领土内以及专属经济区内发生的损害件、预防和防治，其领土以及专属经济区独特性的管辖主要为了受害人在遭遇油污损害事故后，能够在最大范围内得到迅速的处理。

《油赔法》的责任限制程序一般从责任人提出申请时起算。但是，在责任限制认定时，如果责任限制金额超过了《油赔法》第35条国际基金的赔偿限额，责任限制程序则在申请人根据法院委托保管命令提供委托保管证书后才正式开始。

韩国是1992年《基金公约》的成员。因此，可以直接将1992年《基金公约》作为在韩国诉讼的索赔依据，国际基金有权参与限制程序。任何从油轮商接收石油的人，在一个日历年内收到的摊款油量超过15万吨时，应向国际石油公司基金缴纳摊款。韩国加入2003年《补充基金公约》后，作为其成员，也遵守补充协定的相关规定，这也体现在《油赔法》中。

三、对中国的启示

中国同韩国一样，石油进口量大，并且基本都属于海路运输，面临较高的漏油风险，但两国在国内法规定以及对国际公约的接受程度上具有较大差异。在我国《海商法》修订之际，望能从韩国《油赔法》的相关规定中获得一些启示。

（一）关于我国船舶油污损害赔偿制度的内容

我国现行《海商法》中并未对船舶油污损害赔偿制度进行相关规定。船舶油污损害赔偿的案例依据基本散见在《民法典》《海洋环境保护法》《水污染防治法》等相关规定中。随着国民经济的快速发展，我国参与的国际油类运输活动不断增多，我国海域污染的风险也不断增大，亟须健全船舶污染损害赔偿制度。2018年，《海商法》修订征求意见稿将"船舶油污损害赔偿"作为第十三章纳入了《海商法》的规定范围。

对于增加船舶污染损害赔偿的章节，大多数专家、学者表示赞同。但也有专家认为，我国现有的《海洋环境保护法》和《水污染防治法》已经对船舶污染海洋和水域的法律做了规范，因而形成了法律重复的问题。

但是，从韩国专门制定《油赔法》以及国际上大多数国家对油污单独进行立法来看，目前中国内地尚未加入1992年《基金公约》，在1992年《民事责任公约》的适用问题上也出现不同法院有不同判决的情况。而且油污损害赔偿范围以及责任限制金额和程序与其他污染损害有很大不同。因此，笔者仍然建议增加"船舶油污损害赔偿"章节。

另外，《海商法》征求意见稿将有毒有害物质纳入"船舶油污损害赔偿"章节也引起了广泛讨论。目前，大多数专家建议将有毒有害物质的规定排除在该章节之外。因为我国尚未参加《有毒有害物质公约》，草案将我国政府尚未参加的国际公约作为渊源嵌入该章节，有违法理，也有违

《民法总则》第十条确立的法律适用原则。① 而韩国《油赔法》也未将有毒有害物质的损害纳入该法案。所以，笔者认为，我国在《海商法》修订时，不宜将关于有毒有害物质的损害纳入"船舶油污损害赔偿"章节。

而关于韩国《油赔法》的章节体系内容，笔者认为法律过于烦琐。有关罚则在《刑法》《民法典》等法律中已有法可依，再依据该法单独作出罚则，有重复之嫌。另外，关于强制责任保险的内容也如罚则一样，在海上保险章节中既然有所规定，就不宜在法律中再多加相关条文。关于对国际油污损害赔偿基金的相关规定，我国并未加入该基金，目前也没有必要加入。但随着我国经济的发展以及油污损害风险的增加，我国很可能加入1992 年《基金公约》，届时可以吸取相关的经验及教训。因此，对于目前的《海商法》修订意见稿，笔者认为只包括"一般规定""船舶油类污染损害赔偿""船舶燃油污染损害赔偿"和"船舶油污损害赔偿基金"即可。

（二）关于船舶碰撞导致一船漏油问题

目前，国内争议最大的是涉及两艘及以上船舶的油污事故造成的污染损害的责任问题。根据韩国《油赔法》第 5 条的解释，当油轮与一般船舶碰撞并造成油污损害时，假如碰撞责任 100%来自一般船舶，根据过失责任原则，该一般船舶按照韩国《商法》规定的过失责任原则承担相关责任。但是，一般这种船舶受吨位以及责任限制的影响，无法对受害人给予充分的补偿。因此，漏油方油轮所有人必须根据无过错责任原则在船舶吨数的责任限额范围内承担责任。对于责任承担方式，比较具有代表性的案例是 2007 年韩国发生的"河北精神"号特大油污事件，责任主体分别按照无过错责任原则和相关的过失责任注意原则承担责任。②

根据韩国《油赔法》，如果能够确定产生油类泄漏的油轮，则根据泄漏的事实和损害发生的情况，按照比例来承担责任。当油污损害的发生需要各个油轮船舶所有人承担连带责任时，责任主体就扩大了，需要举证因果关系，必须证明损害的发生是油类泄漏导致的，而非船舶碰撞导致。

笔者认为，在我国《海商法》修订征求意见稿中，关于两船碰撞的责

---

① 参见王沐昕《关于修改〈海商法〉的意见和建议》，见中国对外贸易经济合作企业协会微信公众号（https://mp.weixin.qq.com/s/yHpDEndIcrHxD_5v5xOYTw），2017 年 11 月 21 日发布。

② 参见郝会娟、Li Jiaxin《对韩国法院"河北精神号漏油事故"的主要争议点的判决分析及启示》，载《中华海洋法学评论》2019 年第 3 期。

任,认为"谁漏油,谁先赔",受损方无权直接向非漏油船索赔,只能由漏油船承担责任后向非漏油船追赔,是错误理解了国际油污损害赔偿制度下的责任问题。1992 年《民事责任公约》第 3 条第 1 款①的规定的目的在于增强对受害人索赔权的保护,并没有规定两船碰撞下的责任承担问题。韩国《油赔法》中的责任规定也是源于国际公约。其国内在处理"河北精神"号案例问题时,具有碰撞责任的非漏油船依过失责任注意原则依法承担了相应责任。国际上也没有任何判例说明在碰撞关系中,漏油船先赔付,受损方无权向有碰撞责任的非漏油船索赔。公约仅规定漏油方应承担全部责任,并没有规定非漏油的第三人的责任,也未阻断受损方向非漏油方直接索赔的权利,更未说非漏油方仅在被追赔时才承担责任。《海商法》修订征求意见稿中对于船舶碰撞的责任,剥夺了受损方向非漏油方直接索赔的权利,与公约保护油污受损方的立法本意背道而驰。②

当然,1992 年《民事责任公约》、2001 年《燃油公约》以及韩国的《油赔法》都规定,当发生涉及两艘或更多船舶的事故并造成污染损害时,所有有关船舶的所有人,除第 3 条被豁免者外(比如战争),应对所有无法合理分开的此种损害负连带责任。

我国关于油污损害的其他相关法律对船舶碰撞造成的油污染损害也有相关规定,比如,《侵权责任法》第六十八条规定:"因第三人的过错污染环境造成损害的,被侵权人可以向污染者请求赔偿,也可以向第三人请求赔偿。"《最高人民法院关于审理环境侵权责任纠纷案件适用法律若干问题的解释》(以下简称《环境侵权司法解释》)第五条规定:"被侵权人根据侵权责任法第六十八条规定分别或者同时起诉污染者、第三人的,人民法院应予受理。被侵权人请求第三人承担赔偿责任的,人民法院应当根据第三人的过错程度确定其相应赔偿责任。"新出台的《民法典》第一千二百三十三条规定:"因第三人的过错污染环境、破坏生态的,被侵权人可以向侵权人请求赔偿,也可以向第三人请求赔偿。侵权人赔偿后,有权向第三人追偿。"《海洋环境保护法》第八十九条第一款,"完全由于第三者的故意或者过失,造成海洋环境污染损害的,由第三者排除危害,并承担赔

---

① 1992 年《民事责任公约》第 3 条第 1 款:除本条第 2 款和第 3 款另有规定外,在事件发生时,或如事件包括一系列事故,则在此种事故第一次发生时,船舶所有人应对该事故引起的漏油或排油所造成的污染损害负责。

② 参见许光玉《关于〈中华人民共和国海商法(修改送审稿)〉的修改意见》,见广州海事法院网(https://www.gzhsfy.gov.cn/hsmh/web/content?gid=92335),2020 年 11 月 10 日发布。

偿责任"。2005年12月《第二次涉外商事海事审判工作纪要》第149条规定:"对于不受1992年油污公约调整的油污损害赔偿纠纷,因船舶碰撞造成油污损害的,由碰撞船舶所有人承担连带责任,但不影响油污损害赔偿责任人之间的追偿。"以上所指的"第三人""第三者"应为承担碰撞责任的非漏油船。根据上述规定,被侵权人有权直接向非漏油船索赔。可见,"漏油船先赔"的观点与侵权责任的基本规则、国内立法冲突。

当然,也有人针对2011年《最高人民法院关于审理船舶油污损害赔偿纠纷案件若干问题的规定》第四条"船舶互有过失碰撞引起油类泄漏造成油污损害的,受害人可以请求漏油船舶所有人承担全部赔偿责任"中"可以"二字专门提出质疑,得到的答复理解为"应当",因此认定为"漏油船先赔"的观点。在实践中也有案例判决为漏油船舶所有人负责,比如,2009年"闽龙渔2802"轮与"顺凯1号"轮碰撞案件、2010年"厦港拖3"拖船与"千和12"轮碰撞案件等。但1999年"闽燃供2"轮与"东海209"轮碰撞案二审,2013年"泰联达轮"与"宁东湖689"轮、"宁连海606"轮碰撞清污案等均判决两船按照过失比例进行负责。在洋山港海事局诉普罗旺斯船东2008-1有限公司、法国达飞轮船有限公司和罗克韦尔航运有限公司船舶污染损害责任纠纷案[1]中,最高院判决漏油船承担100%责任,非漏油船承担50%的责任。

从韩国的实践来看,根据《油赔法》,对漏油船实行严格责任,而非漏油船则不适用。因漏油船都有强制责任保险,基于直诉制度,受害人都是直接起诉漏油方的保险人,不足部分向油污基金进行追偿。目前并未查询到受害人直接向非漏油船起诉的案例。而且韩国要求大于200吨的油轮都需要加入强制责任保险,也排除了漏油船无力偿还的情况。

但在我国实践中,漏油船方船沉人亡、无能力赔偿的情况大量存在。例如,在"德航298"轮和"BOW CECIL"轮碰撞案中,"德航298"轮漏油造成污染。但"德航298"轮是内河小油船,并未加入强制责任保险,没有任何赔偿能力。如果按照"谁漏油,谁先赔",受损方只能向"德航298"轮索赔,由于"德航298"轮本身无力赔偿,不存在赔付后再追赔的可能性。同理,在"HAMBURG BRIDGE"轮和"ORIENTAL SUNRISE"轮碰撞案中,"ORIENTAL SUNRISE"轮船沉人亡,虽然加入了保险,但其船舶保险人破产,无法赔偿。因此,如果我国实施"谁漏油,谁先赔"

---

[1] 参见最高人民法院(2018)最高法民再369号民事判决书。

制度，可能会导致污染责任方逃避责任，严重损害污染受害方的合法权益，不利于海洋环境的保护。

虽然我国建立了船舶油污损害赔偿基金，但并未规定受害人可以向基金直接诉讼的权利。因此，在立法时应当参考2019年最高人民法院对"达飞"轮污染损害案再审判决对赔偿责任的认定，并考虑上述《侵权责任法》《环境侵权司法解释》的规定，确立"漏油船全责，非漏油船按碰撞责任比例承担赔偿责任"的制度。

（三）关于强制责任保险

目前，中国在油污损害强制责任保险方面还存在着现有责任保险承保机构的承保范围过小和第三人的利益得不到保障等问题。

韩国《油赔法》规定："200吨以上载运散装油类货物的具有韩国国籍的船舶所有人应当签订油污损害赔偿保障合同，否则将被终止航行。200吨以上的外籍油轮出入韩国港口或者使用韩国港口的系泊设施的油轮所有人应当签订保障合同，否则将被拒绝进出韩国港口或者不被允许使用韩国港口系泊设施。"根据这一规定，中国200吨以上的油轮出入韩国港口或使用港口的系泊设施，如果没有强制责任保险或其他财务担保证书就需要签订保障合同，否则将被禁止驶入港口。但是，根据中国《防治船舶污染海洋环境管理条例》第五十一条，在中国海域范围内航行的油轮都必须投保船舶油污民事损害强制责任保险，同时将非油轮的船舶强制责任保险的门槛下移至1,000总吨。虽然这基本包含且超越了1992年《民事责任公约》及2001年《燃油公约》的范围，但中国目前的情况是，1,000吨以下的小型船舶仍然占绝大多数，而且是发生漏油事故的主体。

因此，建议针对吨位在1,000吨以下的船舶和内河运输的船舶设立相应的强制责任保险制度，将强制责任保险制度逐步覆盖所有船舶。对于具体的保险金额，应当在船东的承受能力、保险公司的可接受性、赔偿的实际要求中寻找一个适当的平衡点，分清层次，循序渐进，逐步与国际接轨。

（四）责任限制程序方面

中国责任限制程序面临着实践与法律不符的尴尬境地。根据《海事诉讼特别程序法》第一百零一条第三款的规定，设立海事赔偿责任限制基金的案件可以分为两类，一类是诉前提出申请，另一类是诉讼中提出申请。

但是提出申请不等于设立。按照中国法律规定，法院需要在裁定前，进行实体审查，而从提出申请到最终裁定至少需要 2 个月以上的时间。[①] 这么长的时间，对船东来说是非常不利的。[②] 所以，在实践中，船东往往采取及时提供海事担保的办法。由此可见，诉前申请责任赔偿限制基金，缺乏在实践中的现实性。

另外，在中国，诉讼中申请责任限制基金，也很难行得通。因为在实践中，基金并不能涵盖所有的诉讼请求，即便基金已经设立，但法院为了谨慎行事，一般拒绝释放船舶或担保。中国虽然规定了责任人申请设立基金的程序，但是没有规定海事赔偿责任限制诉讼的程序。

在《海商法》修订意见稿关于责任限制基金设立的问题中，船舶碰撞漏油，设立基金是程序性权利，但船舶所有人是否有权享受责任限制是实体问题，而且经过判决确认是否有权限制责任需要较长的时间，可能经历一审、二审甚至再审。如果需要在确定"船舶所有人有权限制其赔偿责任"后，污染受害人才不能对船舶所有人的财产行使权利，那么换言之，在设立基金后、判决确认有权限制责任前，受害人还可以扣船，也就是说基金"白设"了。

在实务中，会存在设立基金需时较长的情况，为了避免船舶被扣押，船东可能会通过协商向索赔人提供担保，之后船东继续设立基金。那么，是否在设立基金后，担保就必须返还给船东？

笔者建议参照韩国，尽量缩短油污损害赔偿责任限制程序的审查时间，以 6 个月为限。首先应看合同如何约定；其次，船东设立基金不等于其必然享受责任限制，受害方拿着担保有利于保护受害方的权益。总之，是否退还担保不应由法律强制规定申请步骤。同时，也可以参照韩国，在责任限制程序上根据：①申请和管辖；②初步审查和受理；③法院通知；④异议和开庭；⑤判决和上诉；⑥设立基金和其他程序的中止；⑦登记债权和债权清偿等步骤，按照程序进行。

[①] 关正义：《关于设立海事赔偿责任限制基金程序的有关问题》，见《中国海商法年刊》2002 年卷，大连海事大学出版社 2003 年版，第 308 页。

[②] 因为，如果船舶所有人选择诉前申请责任限制基金的方式来防止或者解除他的船舶或者其他财产扣押，可能出现的结果是：①虽然船舶未被扣押，但是船舶至少两个月不能再在被扣押的港口上岸，船舶航行区域和时间受到严重限制；②船舶已经被扣押，则需要至少两个月时间才能获许设立基金。这两种结果对船东都非常不利。

四、结　语

中韩两国每年都有大量的石油运输活动，都面临着油污染的高风险。韩国较早加入国际油污损害赔偿相关公约，并根据国际公约的相关规定，制定了本国的专门法律。韩国《油赔法》已制定近 30 年，并结合实践不断修订，在油污染损害赔偿方面的经验与做法值得中国借鉴。

自我国《海商法》修订意见稿发布以来，各方已开设了多场研讨会，但目前对于不少问题仍然争议较大，尤其是关于船舶碰撞中油污损害赔偿责任问题。因此，笔者借韩国《油赔法》的相关规定，并根据国际公约的相关内容，为《海商法》修订意见稿中的关于体系内容、举证责任、船舶碰撞中非漏油船的责任以及强制责任保险和责任限制程序等条款提出以下建议：关于体系内容，不宜加入有毒有害物质损害赔偿的相关内容；对于船舶碰撞中一船漏油的情况，建议根据我国实践，确立漏油船全责、非漏油船按碰撞责任比例承担赔偿责任的制度；对于船舶油污造成的污染损害，被害人无需承担举证责任，只有非船舶油污造成的损害，受损方才需要按照一般侵权行为承担举证责任；关于强制责任保险，建议针对吨位在 1,000 吨以下的船舶和内河运输的船舶设立相应的强制责任保险制度；而对于责任限制程序，应尽量缩短油污损害赔偿责任限制程序的审查时间，以 6 个月为限；在基金设置方面，可设置相应的应急基金用于特别情况。

专题二　海事电子证据

论海事电子证据的认证

——以技治主义证据观的可行性为视角

徐春龙[*] 孙 阳[**]

摘要：电子证据是由数字代码转化为数据，且经由数据输入、传输、输出、转化、接收等一系列复杂的技术过程。电子证据的真实性、关联性和合法性的认定是理论和实务界的难点。通过对典型海事判决的整理和研究，可以发现当前阶段海事法院对电子证据的认证更倾向于保守的传统主义，而对于技治主义关切不足。基于电子证据的特性以及目前的理论及实践条件，海事诉讼电子证据认证规则可分为远期进路和即期进路。远期的理想进路是以客观化认证为核心的技治主义，尽量排除人为的主观判断，让技术实现自证，实现法律事实与客观事实的尽量同一；即期的现实进路则是发挥海事法院对电子证据认可度较高的实践优势，综合考量电子证据自证技术的成熟性、当事人的举证成本、司法审判的效率、"高度可能性"的认证标准，努力寻求传统主义与技治主义证据观之间的平衡点。如此则既为可实现电子证据自证的区块链等创新技术预留空间，又能结合电子证据虚拟性、系统性、交互性等特性，通过适度引入专业技术力量以及合理运用自由心证原则，做好印证证明模式下海事诉讼电子证据的认证，为电子证据司法认证积累经验。

关键词：电子证据 传统主义 技治主义 客观印证 自由心证

---

[*] 徐春龙：广州海事法院珠海法庭负责人。
[**] 孙阳：广州海事法院海商庭法官助理。

A Study on the Certification of Electronic Evidence in Maritime Litigation
—From the Perspective of the Feasibility of Evidence Technocraticism

Xu Chunlong, Sun Yang

Abstract: Electronic evidence is converted from digital code to data through a series of complex technical processes such as data input, transmission, output, transformation, and reception. The certification of the authenticity, relevance and legitimacy of electronic evidence are difficult points in theory and judicial practice. Through the analysis and research of typical maritime judgments, this paper points out that the certification of electronic evidence by the maritime courts at the current stage is more inclined to conservative traditionalism, and less concerned about technocraticism. Based on the characteristics of electronic evidence and the current theoretical and practical conditions, the maritime litigation electronic evidence certification rules can be divided into long-term approach and immediate approach. The ideal long-term approach is to apply the technocraticism with objective certification as the core, try to exclude human subjective judgments, allow technology to realize self-certification, and achieve the identity of legal facts and objective facts as much as possible. The immediate practical approach is to give full play to the practical advantage of the maritime court's high recognition of electronic evidence, and comprehensively consider the maturity of the self-evidence technology of electronic evidence, the cost of proof for the parties, the efficiency of judicial trials, and " high probability " certification standards, striving to find a balance between traditionalism and technocraticism, not only to reserve space for innovative technologies such as blockchain that can realize self-certification of electronic evidence, but also to combine the virtual, systematic and interactive features of electronic evidence. Through the appropriate introduction of professional technical strength and the rational use of the principle of free testimony, we will make progress in the certification of electronic evidence in maritime litigation under the mode of verification and certification, and accumulate experience for judicial certification of electronic evidence.

Key words: electronic evidence; evidence traditionalism; evidence technocraticism; objective verification; inner conviction

前 言

随着科学技术的不断发展,电子数据与人类各方面的生活息息相关,人们的行为伴生并依赖大量的电子数据。就航海活动而言,各方参与主体的商业行为与电子信息密切关联。班轮公司的电子提单、无纸化运输合同,港口经营人的集装箱和货物电子管理系统,物流公司的网上交易平台,货主和货运代理人通过电子邮件、微信等即时通信工具处理合同订立和履行相关事务,海运行政管理部门的线上申报系统、线上监管系统等都离不开电子数据。海事诉讼中,电子证据对于法律关系的认定、权利义务的判定起着越来越重要的作用。如何在电子数据时代合法、合理、准确运用证据认证规则,确定个案的法律事实,已经成为一个新时代的课题,具有探究之必要。

一、海事诉讼电子证据认证的现状分析
——"传统主义"证据观占主导地位

2012年我国在对民事诉讼法进行修改时,将电子数据与传统的书证、物证等并列成为民事诉讼证据类型。根据2015年《最高人民法院关于适用〈中华人民共和国民事诉讼法〉的解释》(以下简称《民诉法解释》)第一百一十六条的规定,民事诉讼中的电子数据是指通过电子邮件、电子数据交换、网上聊天记录、博客、微博客、手机短信、电子签名、域名等形成或者存储在电子介质中的信息。有学者认为,电子证据是指以电子形式存在的、用作证据使用的一切材料及其派生物;或者说,借助电子技术或电子设备而形成的一切证据。[1] 还有学者将电子数据与电子证据进行了区分,认为电子数据是以电子、光学、磁学或其他相似形式创造、转换或存储的数据信息,其只是一种电子形式的材料,由"0"和"1"构成,以各种形式呈现;而电子证据则能够被用于证明某个案件事实的电子数据。[2]

---

[1] 参见何家弘《电子证据法研究》,法律出版社2002年版,第5页。
[2] 参见汪闽燕《电子证据的形成与真实性认定》,载《法学》2017年第6期,第184页。

虽然电子证据是电子数据在进入诉讼程序中的特定化指称，但鉴于学界与实务界对电子数据与电子证据多作同义理解与使用，且本文探讨的是已经进入诉讼程序的电子数据，故本文对电子数据与电子证据作同义使用，不再另行区分。

（一）海事诉讼中电子证据的认证简况

为了解电子证据在民商事领域尤其是海事诉讼领域的认证情况，笔者分别以电子证据、电子数据以及常见的几种电子证据类型（电子邮件、微信、QQ 聊天记录、手机短信）作为搜索关键词[①]，对中国裁判文书网截至 2019 年 3 月 25 日公开的 15,223,803 份民事判决书进行了检索，电子数据使用情况的基本数据见表 1。

表 1　电子数据使用情况统计

单位：份

法院	电子证据	电子数据	电子邮件	微信	QQ聊天记录	手机短信
最高人民法院（涉海事法院）	1（0）	4（0）	100（19）	26（0）	16（3）	53（1）
高级人民法院（涉海事法院）	231（17）	279（32）	2,165（517）	1,109（60）	1,085（125）	1,654（110）
中级人民法院（涉海事法院）	3,155（37）	3,716（81）	29,919（1,546）	63,975（295）	15,038（519）	78,679（377）
基层人民法院	131	15,677	75,602	232,264	65,247	272,742
总数（涉海事法院）	3,518（54）	19,676（113）	107,786（2,082）	297,374（355）	81,386（647）	353,128（488）

注：本次数据统计不排除同一份判决书中出现多份电子数据，如微信与 QQ 聊天记录同时出现。

资料来源：中国裁判文书网。

---

① 以"海事法院"作为关键词检索涉海事诉讼的情况。

（二）以地方法院为参照系的差异性与同质性

通过对判决的初步梳理，以地方法院为参照系，可初步发现海事法院与地方法院在电子数据采信方面既存在差异性，也存在同质性。

在差异性方面，一是海事法院涉及电子证据的判决多于地方法院。综合判决所涉电子证据、一审法院和海事法院数量、法院审理案件数量，海事法院判决涉及的电子证据远多于地方法院，尤其是电子邮件和QQ聊天记录两项电子证据。二是海事法院对电子证据采信比例较高，缺席审判时采信比例更高。有学者曾在2017年对裁判文书网的8,095份（其中民事裁判文书2,702份）裁判文书关于电子证据的采信情况进行调研。结果表明，绝大多数情况下法院对电子证据未明确作出是否采信的判断，其占比为92.8%；明确作出采信判断的只是少数，占比仅为7.2%。① 相比前述较低比例的电子证据采信率，海事法院审理的案件中对电子邮件、微信、QQ聊天记录、手机短信等电子证据采纳与采信的比例较高。② 而在缺席判决中，采纳与采信比例更高。随机抽取的判决书中有近70%的电子证据获

---

① 参见刘品新《印证与概率：电子证据的客观化》，载《环球法律评论》2017年第4期，第110页。

② 因涉及裁判文书较多，相关裁判文书不涉及当事人（下同）。根据随机抽查的情况，采纳并采信电子证据的判决主要有（2013）广海法初字第449号、（2017）浙民终817号、（2016）粤03民终22881号、（2017）鄂民终706号、（2017）浙民终813号、（2015）辽三终字第26号、（2014）粤高法民四终字第160号、（2016）粤民终1092号、（2016）浙民终609号、（2016）粤72民初316号、（2016）浙72民初84号、（2017）鄂72民初1633号、（2017）鄂72民初1111号、（2015）津海法商初字第86号、（2015）厦海法商初字第1149号、（2016）沪72民初11号、（2017）沪72民初3517号、（2017）浙72民初1008号、（2016）津72民初564号、（2015）武海法商字第00077号、（2015）甬海法商初字第1217号等。而笔者于2014年至2018年在广州海事法院深圳法庭担任法官时，主审或参与审理的涉及海上货物运输合同纠纷或者海上货运代理合同纠纷的案件中，对于电子邮件、微信、QQ聊天记录予以采信的案件占比超过90%。这得益于案件大部分当事人均为深圳市律师代理，且深圳法庭就诚信诉讼等相关问题每年与深圳市律师协会进行沟通交流，故当事人整体对电子证据的认可度较高。涉及不认可电子证据的主要判决书有（2016）最高法民再16号、（2016）最高法民申1397号、（2015）粤高法民三终字第305号、（2013）粤高法民三终字第486号、（2013）沪高民四（海）终字第105号、（2017）鄂民终3146号、（2016）闽民终966号、（2014）沪高民四（海）终字第46号、（2015）沪高民四（海）终字第142号、（2016）浙72民初2828号等。从整体比例来看，海事法院对电子证据的采信程度远超地方法院。

采信。①

在同质性方面，有学者认为我国法官对采信电子证据信心不足，这突出表现为普遍地不给出明确采信理由，或者不说理，或者说理过程无法令人信服。② 此点在海事电子证据采信上亦有体现，表现在以下三方面：① 说理简单化。仅以可相互认证，或者已做公证认证即予采信，未能根据电子证据特性予以展开论证，在缺席判决时尤为明显。③ ② 在举证责任一致之时，对于同类举证的电子证据，认证结论存在差异甚至完全相反的情形。有的判决对电子邮件的截图予以确认④，有的判决对电脑存储的邮件的真实性则不予确认⑤；有的认为电子证据真实性的确认应以公证认证为要件⑥，有的则认为电子证据无需公证，只需展示原件或者与其他证据印证即可⑦。③ 电子证据采用的认证标准不一。有的采取的是高度盖然性或优势证据原则⑧，而有的则坚持完整证据链（排除合理性怀疑原则）认证原则⑨。

---

① 具体判决书可参见：涉及手机短信的有（2018）粤72民初171号、（2015）津海法商初字第106号、（2016）津72民初1102号、（2016）浙72民初222号；涉及微信的有（2017）沪72民初819号、（2016）鄂72民初1770号、（2018）闽72民初396号、（2017）桂72民初403号、（2017）鄂72民初1240号、（2018）闽72民初186号等；涉及电子邮件的有（2014）沪海法商初字第1219号、（2013）津海法商初字第383号、（2013）广海法初字第973号、（2016）鄂72民初257号、（2016）沪72民初1658号、（2017）桂72民初209号、（2017）闽72民初1294号、（2016）粤72民初789号、（2016）辽72民初539号等。

② 参见刘品新《印证与概率：电子证据的客观化》，载《环球法律评论》2017年第4期，第110-111页。

③ 具体判决书可参见（2013）津海法商初字第383号、（2013）广海法初字第973号、（2014）沪海法商初字第1219号、（2016）津72民初1102号、（2016）鲁72民初1525号、（2016）浙72民初222号、（2016）鄂72民初1770号、（2016）鄂72民初257号、（2017）桂72民初209号、（2016）粤72民初539号、（2017）沪72民初819号、（2018）粤72民初171号等。由于缺席审判，前述案件所涉电子证据是否展示过原始存储载体等无法确定。

④ 具体判决书参见（2017）桂民初209号民事判决书。

⑤ 具体判决书参见（2016）浙72民初2828号民事判决书。

⑥ 具体判决书可参见（2013）沪高民四（海）终字第105号、（2014）沪高民四（海）终字第46号、（2016）沪72民初3329号、（2016）浙72民初1502号等。

⑦ 具体判决书可参见（2016）浙72民初222号、（2016）津72民初1102号、（2016）鄂72民初1770号、（2018）粤72民初171号等。

⑧ 具体判决书参见（2016）粤72民初961号民事判决书、（2016）浙民终609号民事判决书。

⑨ 具体判决书参见（2013）广海法初字第973号民事判决书、（2016）鄂72民初1770号民事判决书。

（三）海事法院与地方法院差异性与同质性的原因浅析

在差异性层面上，海事法院审理的案件中，海上货物运输合同以及海上货运代理合同纠纷是多发性案件。此类案件中，基于效率考量，在合同的订立、变更、履行以及后续的索赔过程中，电子邮件以及 QQ 聊天等即时通信工具因其快捷性成为当事人之间较为常见的沟通方式。因此，相较于地方法院，海事判决中所涉的电子证据更多。而采信度较高的原因有两方面：一方面是当事人对电子交易的习惯较为尊重；另一方面，基于部分案件的代理律师的专业背景、人际关系等因素[①]，对电子邮件的接受度和认可度较高。

在同质性层面上，集中表现为固守传统主义证据观。传统主义证据观是指将"证据"视为以诉讼法体系为规范蓝本的证据体系。口供、客观证据、国家公信以及举证责任分配等证据要件成为证据法发挥法律事实认定功能的主要保障。其中，国家公信被赋予无比强大的证明力，用于提升口供、客观证据的实际证明力。[②] 而电子证据的专业性同当代证据采信原则存在着天然冲突。电子证据具有隐藏性、非直观性、系统性等特征，"眼所见"者未必为"最初所是"者。在缺乏当事人确认之时，提交电子证据显示载体的一方所展示的数据电文既可能是自形成始未经修改，也可能是已经修改的。[③] 由于专业技术的缺乏，法官在面对电子证据之时，通常并无足够的专业知识或经验进行采信电子证据。由此导致法院对电子证据的认证仍遵循传统书证、物证套路和体系，而且尤其依赖国家权力背书（公

[①] 比如广州海事法院深圳法庭每年处理大量的海上货运代理合同纠纷，而很多当事人的委托诉讼代理律师相互之间较为熟悉，而有部分律师具有航运界从业经历，对于电子邮件或者 QQ 聊天等形式接受程度较高，且一般会在开庭前与当事人进行核实。故在庭审质证阶段，并不拘泥于必须看看电子邮件的现场展示以确认其真实性。对于未经展示的电子证据，如已与当事人核实过基本事实，也不会直接对其证据能力予以否认。

[②] 参见张玉洁《区块链技术的司法适用、体系难题与证据法革新》，载《东方法学》2019 年第 3 期。

[③] 2012 年司法部组织全国司法鉴定机构开展能力认证时，曾要求对一封"加快进度指示"的电子邮件鉴定真假，该电子邮件能满足单方显示电子数据的完整性。经鉴定，由于该邮件存在一封备份邮件、该邮件与备份邮件的附件存在不一致的情形、该邮件的流属性信息显示的字节数与实际的字节数不一致、360 杀毒软件日志中还发现了该邮件被调用的记录等反常点，该邮件被认定为经过篡改。参见司法部司法鉴定科学技术研究所《2012 年司法鉴定能力验证鉴定文书评析》，科学出版社 2013 年版，第 508－520 页。

证或认证行为)①,而没有结合电子证据的特性,从电子证据技术层面自证的可能性与现实性展开论证。

二、电子证据认证的远期理想进路
——客观认证的"技治主义"

电子证据时代的到来,客观上要求法院必须遵循认识论的客观规律,尊重电子证据本身特有的属性,构建真正属于这一新生事物的证据规则。② 从裁判主体来讲,要求所有法官都精通电子证据的专业理论与实践操作显然不具现实性。那么,法官如何在面临采信科学证据是做"力所不能及"的裁判的情境下③输出合法、合理的裁判结果,是司法必须面对的一项重要挑战。

从本质来讲,电子证据在证明事实上与传统证据并无差别,特殊之处在于电子证据自身的特性使裁判者在认证时需面对陌生领域的技术难题。随着人工智能和大数据的发展,电子数据广泛存在于优盘等存储介质空间、还存在于计算机空间、手机空间、摄像机空间、网络空间、服务器空间、云空间等虚拟空间或数字空间,并通过计算机系统、操作系统、应用文件系统、网络系统、存储系统、手机系统、GPS 系统、云系统等肉眼无法觉察的系统生成、存储、传输、转化。区别于传统书证或物证处在物理空间,电子证据处在由 0 和 1 数字信号量、电子脉冲等形成的无形空间。④ 以电子邮件为例,电子邮件的生成,涉及邮件用户代理(Mail User Agent,

---

① 相当一部分判决中不认可电子证据的理由是,电子证据未做公证或认证。具体判决书可参见(2012)甬海法商初字第 592 号、(2015)沪海法商初字第 3081 号、(2016)粤 72 民初 961 号、(2016)沪 72 民初 1658 号、(2017)鄂 72 民初 684 号等。当然,前述判决项下的电子证据本身亦不存在当事人已通过其他方式展示原件或者通过某中立的科技公司的某种鉴定予以确定真实性的情形。在具体认证上,前述判决的认定均无可质疑之处,但在理念上,仍体现着对公证认证手段的依赖。

② 参见樊崇义、李思远《论电子证据时代的到来》,载《苏州大学学报》2016 年第 2 期,第 106 页。

③ [美]约翰·W. 斯特龙、麦考密克:《麦考密克论证据》,汤维建等译,中国政法大学出版社 2004 版,第 400 页。

④ 参见刘品新《电子证据的基础理论》,载《国家检察官学报》2017 年第 1 期,第 152 - 153 页。

MUA）和邮件传输代理（Mail Transfer Agent，MTA）两个系统[①]。电子邮件系统组件还包括邮件投递代理（Mail Delivery Agent，MDA）、邮件提交代理（Mail Submission Agent，MSA）和邮件访问代理（Mail Access Agent，MAA）等。在一封由不同的人发出和接收的邮件的投递过程中至少应当包含两个邮件用户代理、一个邮件传输代理、一个邮件投递代理。[②]而电子邮件在前述系统或代理人之间存储、传输、转化、接收、展示的过程中，在留有数据痕迹的同时，也有被篡改、修改的可能。基于此，即使某封邮件可通过计算机或手机展示给审判人员，该展示的内容与真正的原件（最初生成的内容）是否一致，仍然极难判断。

裁判者必须面对电子证据的采信问题，如何通过证据的审查规则与采信标准的完善，努力在司法裁判中达致法律与科学的完美结合[③]，弥补法官不擅长信息科学的劣势，使电子证据的采信结果达到类似于科学结论的可重复检验，将是电子证据认证的努力方向。综合电子证据生成、传输、转化、展现环境的复杂性，最理想的进路是将电子证据的证明力的有无及大小交由相对客观化的标准体系或者技术工具去评断。理想化状态下，应能出现某种客观、中立的科学技术系统，通过稳定、安全的算法和技术功能来判断当事人提交电子证据的证明力问题。裁判者只需经由某种技术工具，判定某份电子数据或者直接输出内容自生成之日起经过技术系统和虚拟空间的传递，是否发生实质改变（真实性）；电子证据生成、传输过程以及展示的内容是否与诉争标的主体（发送或接收主体）、时间（诉争标的相关事实存续时间段）、空间（虚拟空间的地址，如IP地址等）、事物（诉争标的所涉权利义务关联内容）建立可靠性的联系（关联性）；该电子数据提取过程是否违反法律规定或者严重侵害相关方利益（合法性）。此种状态下，对电子证据的认定显然摒弃了目前传统主义证据观的传统范式，而变成由技术的科学性和自证性来认定证据的技治主义证据观。虽然基于科技系统自身的设计问题或者他人的恶意攻击，新科技也会面临各种

[①] 参见Andrew S. Tanenbaum《计算机网络（第4版）》，潘爱民译，清华大学出版社2011年版。转引自卢启萌《常见电子邮件篡改及其鉴别研究》，华东政法大学2013年硕士学位论文，第6页。

[②] 参见卢启萌《常见电子邮件篡改及其鉴别研究》，华东政法大学2013年硕士学位论文，第7页。

[③] 参见何家弘《证据的采纳和采信———从两个"证据规定"的语言问题说起》，载《法学研究》2011年第3期，第156页。

痛点。① 但不可否认的是，以客观中立的科技手段验证和认证电子证据，构建客观化认证体系仍是未来值得期许的进路。

就当下科技发展而言，区块链技术值得重视。区块链是一种以不可复制、不可篡改性、去中心化、去信任、非对称加密以及时间戳为主要特征的数据信息运载技术。通过数据加密，区块链得以将特定的数据信息存储于众多网络计算机之上，实现数据信息的共享，进而消除单一存储模式下数据丢失难题。② 所有涉及记录和验证的领域，包括司法过程中的证据保存、提交和验证，都可以借助区块链技术来完成。③ 2018 年 6 月，杭州互联网法院在一起信息网络传播权益案中首度有限认可了区块链存证技术。该案中，杭州互联网法院将区块链证据的法律性质界定为"数据电文"。由于缺乏对区块链证据的认定经验，杭州互联网法院对区块链证据的可采信性采取了相对审慎的态度，并没有单纯依据区块链技术足以自证电子证据真实的技术特性认定涉案电子证据的证明力，而是从"区块链的法律性质""存证平台的资质审查""取证手段的可信度审查"以及"区块链证据的完整性审查"四个方面，对涉案区块链证据的有效性进行论证。同时，又通过审查公证文书与审查区块链存证的双重印证方式，确认了数据电文的证明力。④ 杭州互联网法院的做法体现了裁判者在面临传统主义与技治主义之间的困惑，仍然按照"证据链+国家公证"的传统印证模式来认定区块链证据的有效性，似乎间接否认了区块链证据的独立证明力，悖反了《最高人民法院关于互联网法院审理案件若干问题的规定》第十一条⑤的规定。但不可否认的是，杭州互联网法院的开创性行为，为电子证

---

① 目前的云存储服务，虽然由世界上较为知名的科技公司开发，但仍会因为系统的软、硬件故障导致数据丢失或泄露，也会因为他人的恶意攻击发生技术性故障。比如，Google 公司的 Gmail 邮箱爆发全球性故障；微软云计算平台 Azure 停止运行约 22 小时；苹果的"iCloud"系统发生过泄密事件，导致 22 万用户账号密码泄露；等等。参见查雅行《云存储环境下数据完整性验证技术研究》，北京邮电大学 2018 年博士学位论文，第 1 页。

② See Riley T. Svikhart. Blockchain's Big Hurdle. 70 Stanford Law Review Online, 2017, pp. 100 – 111. 转引自张玉洁《区块链技术的司法适用、体系难题与证据法革新》，载《东方法学》2019 年第 3 期。

③ 参见郑戈《区块链与未来法治》，载《东方法学》2018 年第 3 期，第 83 页。

④ 参见童丰《公证介入区块链技术司法运用体系初探——从杭州互联网法院区块链存证第一案谈起》，载《中国公证》2018 年第 9 期，第 61 页。

⑤ 该条文规定如下：当事人提交的电子数据，通过电子签名、可信时间戳、哈希值校验、区块链等证据收集、固定和防篡改的技术手段或者通过电子取证存证平台认证，能够证明其真实性的，互联网法院应当确认。

据认定的技治主义开辟了未来可期待的空间。也许在区块链证据的推动下，证据法将迈向传统主义与技治主义互动的新型证据法治形态，进而分化出"线上证据审查认定规则"与"线下证据审查认定规则"两种证据规则。①

三、电子证据认证的即期现实选择
——引入技治主义证据观合理要素

虽然未来已来，但从客观上讲，相较于迅速发展的科学技术，民事包括海事诉讼领域的司法裁判者并未做好足够的心理准备来应对技治时代的到来。我们认为，以下几个原因仍在综合发生作用，使技治主义在短期内只是选项之一而不是必选项。第一，传统主义证据观仍占主导地位，积习多年的证据认证惯性很难在短期内改变。第二，技术自证技术的大前提下，需要保证技术的真正客观性、中立性，而这本身并不是裁判者所熟悉的领域。杭州互联网法院对于区块链存证技术的"补强式信任"恰恰体现了此种心态。第三，民商事领域与刑事领域电子证据的认证规则不同决定了技治主义的刚需并不那么强烈。技治主义在刑事证据认证领域可以帮助司法裁判者确认足以排除合理怀疑的罪与非罪证据，而在民商事领域由于高度可能性原则的主导地位，裁判认定的法律事实与客观事实即便不完全一致，也可能不影响裁判程序的正当性与裁判结果的合法性。第四，诉讼成本。有学者曾界定，成本维度是司法正义三个维度之一。投入民事程序中的资源越多，则高质量判决的获得概率越大，然而资源的有限性决定了需要在二者之间实现平衡。② 如果要求每一份民事裁决中的电子证据均需满足技术上的求真性，不但会耗时过久，案件的整体诉讼成本也极为昂贵。第五，诉讼效率问题。一味追求电子证据的真实性，在面临大量电子证据的案件中，将可能导致诉讼效率大幅度下降。

笔者认为，虽然技治主义具有理想化的可取性，但综合目前的技术、实践、理念等情况，当下阶段海事法院在电子证据认证上尚不能完全采取

---

① 参见张玉洁《区块链技术的司法适用、体系难题与证据法革新》，载《东方法学》2019年第3期。

② 参见［英］阿德里安 A. S. 朱克曼《危机中的民事司法》，傅郁林等译，中国政法大学出版社2003年版，第4-10页。

技治主义证据观。海事法院可以充分利用其接触电子证据多、认可电子证据比例高、电子证据审判经验较为丰富的有利条件，构建一条平衡传统主义证据观与技治主义证据观的中间道路；尝试引入技治主义证据观的合理元素，围绕电子证据的真实性、关联性以及合法性层面，以印证证明主义为中心，准确适用自由心证，合理分配举证责任，探索电子证据认证新规则。如时机适当，还可借海事诉讼法修改之机，将相关电子证据认定的成果转化为国家立法，供民商事裁判其他领域参考借鉴。[①]

（一）真实性认证层面

1. 接纳区块链等经过验证的新技术，为技治主义预留空间，减少主观误差

当下，虽然可信时间戳、区块链、哈希值校验等技术社会认知度并不高[②]，但前述技术已经相对成熟，海事法院可在杭州互联网法院的基础上做深度尝试[③]，主动接受这些相对完善的电子证据存证、认证、自证技术，将认证重点从电子证据所依托的科技载体的可信度转移至科技载体承载的内容。最高人民法院也可充分考虑海事法院体量小、电子证据使用量多的特性，充分利用互联网等相关信息技术，在最高人民法院主导下，探索在海事法院与微信、电子邮件、微博、短信、QQ聊天记录等电子证据服务商（如阿里巴巴、腾讯、百度、网易等）建立融合互联网证据存证、认证、保全等功能的电子证据认证平台。

2. 引入中立第三方力量

电子证据真实性的判断，一方面依赖于当事人之间的确认，另一方面则依赖于技术自证（比如区块链技术）或者技术旁证（比如电子证据的鉴定、电子证据专家的专业意见）。当事人对电子证据存在较大争议时，可根据案件审理情况引入专家辅助人。可以要求当事人派出技术人员，以专家辅助人的身份出席庭审，就技术问题做出阐述和说明，积极引导专家辅助人和当事人达成技术共识，通过多回合的证据攻防，解决电子证据真实

[①] 海事诉讼中的行为保全、外国仲裁前或诉讼前的海事请求保全、海事强制令、海事送达等创新性制度，已为民事诉讼法的修改提供了丰富的法律基础及实践来源。

[②] 徐卓斌：《民事诉讼中电子证据的运用》，载《人民法院报》2018年10月10日，第7版。

[③] 杭州互联网法院在华泰一媒案中，只是有限认可了区块链技术认证和存证技术，并没有单独赋予依据具有不可篡改、可追溯、时间戳、去中心化和共同验证技术特性的区块链技术取得的证据以证明力，仍然系以国家公证为背书。

性问题。如果仍无法确信的，可以通过技术鉴定程序予以解决。① 司法实践中，2018 年 7 月 18 日，广州市南沙区人民法院公布了广东省首个《互联网电子数据证据举证、认证规程（试行）》。该规程对采信各类型电子证据真实性的认证过程做出了指引，指引当事人通过公证、鉴证等方式证明电子证据的真实性；对于没有进行公证、鉴证或者公证、鉴证内容尚不足以证实证据真实性的情况，主要通过电子数据证据中当事人的身份真实性、通讯内容的完整性来对证据进行认证。② 海事法院也可采取类似的做法，积极指引和鼓励当事人通过专业鉴定机构确认电子证据的真实性。对于专业鉴定机构根据相关技术标准③做出的鉴定结论，组织当事人之间质证确认。如当事人仍无法确认的，则综合全案的整体证据情况对裁判依据的事实作出认定。

3. 坚持全面性审查

任何电子证据都不是孤立存在的，而是由一系列命令或程序遵循一定技术规则的海量电子数据的融合物。电子证据的产生、出现、变化都不是孤立的，而是由若干元素组成的系统整体。④ 电子证据通常是主文件与痕迹文件、内容文件与附属信息、节点文件之间的统一，其中蕴含大量的隐蔽性信息。⑤ 因此，无论采取鉴证法、对比法、专家辅助法亦或综合分析法，对电子证据真实性的判断均应坚持全面审查的原则。电子证据的真伪判断离不开技术支持。目前，常用的电子证据真实性鉴定技术包括数据恢复技术、数据对比技术、数据挖掘技术、数据扫描技术以及文件指纹特征分析技术。还有辅助电子证据真实性鉴定的数字签名和数字时间戳技术、加解密技术、电子认证技术、信息隐藏技术以及数字摘要技术等事后判断

---

① 参见徐卓斌《民事诉讼中电子证据的运用》，载《人民法院报》2018 年 10 月 10 日，第 7 版。
② 参见章宁旦、夏江丽《广州南沙法院出台首个电子数据证据规程》，见 http：//www.legaldaily.com.cn/index/content/2018 - 07/18/content - 7596800.htm？node = 20908。
③ 截至 2016 年 4 月，我国的电子证据司法鉴定技术标准包括 4 项国家标准、22 项公共安全行业标准、9 项司法部标准、8 项最高人民检察院标准。具体标准可参见刘品新《电子证据的关联性》，载《法学研究》2016 年第 6 期，第 188 页。
④ 参见刘品新《论电子证据的定案规则》，载《人民检察》2009 年第 6 期，第 37 - 40 页。
⑤ 参见刘品新《印证与概率：电子证据的客观化采信》，载《环球法律评论》2017 年第 4 期，第 117 页。

电子证据真实性的保障性技术。① 海事法官对前述涉及电子证据的基本技术应有所涉猎，并在指引当事人质证时进行适当引导。

（二）关联性认证层面

电子证据离不开由电子设备和信息技术营造的特殊环境，集中表现为虚拟空间性。② 由此决定了在证明案件事实时，电子证据必须满足内容与载体的双重关联性。③ 载体的关联性在虚拟空间中有不同维度的表现，电子证据因人而生，因事而起，与事相关，通过某种系统生成、传输、转化、展现。由此，电子证据载体的关联性由虚拟空间的主体、行为、介质（系统）、时间、空间统合而成。基于电子证据的特性，虚拟空间载体的关联性是内容关联性的基础，如果载体无法证明关联，即使内容相关，可能举证者也无法证明其诉讼主张。在涉及电子证据关联性的认证时，对于电子证据载体的关联性审查至关重要。

1. 主体关联性

在虚拟空间，人的行事身份主要表现为各种电子账号，④ 网络行为须与身处物理空间的当事人或其关联主体相互关联印证且保证两者归一，才能满足关联性。这实际上是虚拟空间"如何证明你我他"的问题，即证明当事人或其他诉讼参与人就是虚拟空间中以某个特定身份行事之人。如果当事人的举证无法达到此程度，则其须承担由此而产生的相关风险。⑤

2. 行为关联性

主要判断在相关电子介质中展示的文字内容与争讼标的的关联性，比如是否存在短信发送行为、是否存在接收邮件行为、是否就涉案争议发送相关音视频等。

---

① 参见倪晶《民事诉讼中电子证据的真实性认定》，载《北京航空航天大学学报（社会科学版）》2016年第2期，第60页。
② 参见何家弘《刑事诉讼中科学证据的审查规则与采信标准》，中国人民公安大学出版社2014年版，第167页。
③ 参见刘品新《电子证据的关联性》，载《法学研究》2016年第6期，第178页。
④ 参见刘品新《电子证据的关联性》，载《法学研究》2016年第6期，第180页。
⑤ 从查询到的海事判决书来看，很多当事人的举证因无法证明主体关联性而使该份电子证据不具有证明力。具体判决书可参见（2016）浙72民初1502号、（2016）浙72民初2172号、（2016）沪72民初11号、（2016）沪72民初30号、（2016）沪72民初3193号、（2016）沪72民初3196号、（2017）辽72民初75号、（2017）鄂72民初1579号、（2018）桂72民初80号等。

3. 介质关联性

介质关联性主要判断用以承载电子证据的电子介质（包括但不限于硬盘、U 盘、光盘、闪存卡等）与当事人之间的关系是所有关系还是占有关系，抑或临时使用关系。

4. 时间关联性

时间关联性主要判断机器时间同物理时间是否一致。诸如电子日志的形成时间、数码照片的拍摄时间、办公文档的修改时间、电子邮件的发送时间等。①

5. 空间的关联性

虚拟空间有着独特的地址概念，如 IP 地址、MAC 地址、GPS 地址、手机基站定位以及文件存储位置等。许多电子证据产生后都带有内置或外置的地址信息。在审查电子证据载体的关联性时，需要确认虚拟地址信息是否归当事人所有或所用，是否存在着共有、共用或者被冒用等情况。②

（三）合法性认证层面

《民诉法解释》第一百零六条规定："对以严重侵害他人合法权益、违反法律禁止性规定或者严重违背公序良俗的方法形成或者获取的证据，不得作为认定案件事实的根据。"该条文是关于非法民事证据判断标准的规定。电子证据本身肇始于科技创新，也依赖于科技创新。涉及民事证据的取得过程可能会利用对方当事人不可知的一些技术，而这些技术的运用可能会侵害他人的合法权益（比如知情权或者技术系统的控制使用权）。无论基于还原客观事实还是基于查明法律事实的需求，对电子证据的取得（无论是当事人自行取得还是委托第三方取得）均应保持一定的宽容。只要不"严重"侵害他人合法权益、不违反法律禁止性规定、不严重违背公序良俗，均应采信。

（四）坚持印证证明，准确适用自由心证

有学者将我国的刑事证据制度称为"印证证明模式"，即单个证据必

---

① 参见刘品新《电子证据的关联性》，载《法学研究》2016 年第 6 期，第 182 页。
② 参见刘品新《电子证据的关联性》，载《法学研究》2016 年第 6 期，第 183 页。

须得到其他证据的印证，据以认定案件事实的全部证据必须相互印证。①印证强调非同一来源的证据的彼此支撑，强调多份证据经过"概率叠列"可达致具有同一性的信息可靠性结果。②虽然海事诉讼证据认证以及事实证明的标准与刑事领域并不一致，但是，印证证明的概率叠列仍然可适用海事诉讼领域。因为电子证据处于虚拟空间，其印证证明应在两个维度展开。

第一个维度：虚拟空间电子证据之间的印证证明。应以电子证据的特性为基础进行判断。不仅要判断电子证据中记载法律关系发生、变更与灭失的数据电文，还须判断数据电文生成、存储、传递、修改、增删而引起的记录，如电子系统的日志记录、电子文件的属性信息等。数据电文主要用于证明法律关系或待证事实；属性信息主要用于证明数据电文来源的真实可靠，即证明某一电子数据是由哪一计算机系统在何时生成的、由哪一计算机系统在何时存储在何种介质上、由哪一计算机系统或 IP 地址在何时发送的，以及后来又经过哪一计算机系统或 IP 地址发出的指令而进行过修改或增删等。③从某种意义上讲，电子证据的属性信息类似于一名尽职的证据保管员，经过其保管，使每一份数据电文自形成直到获取、最后到被提交法庭，每一个环节都是有据可查的，也构成一个证据保管链条。④ 在判断电子证据相互之间的印证证明程度时，还可从电子证据是否为孤证、是否存在相互印证的节点信息、是否可事后补强属性痕迹等方面用以判断电子证据之间能否相互印证。

第二个维度：虚拟空间电子证据与物理空间传统证据的印证证明。如法院不确认电子证据具有自证力，则此时对于电子证据是否具有证明力以及证明力的大小，须由传统证据加以印证证明。法官应根据《民诉法解

---

① 参见龙宗智《印证与自由心证——我国刑事诉讼证明模式》，载《法学研究》2004 年第 2 期。
② 参见栗峥《印证的证明原理与理论塑造》，载《中国法学》2019 年第 1 期。
③ 参见刘品新《电子证据的定案规则》，载《人民检察》2009 年第 6 期。
④ 参见张凯《电子证据研究》，中国政法大学 2006 年博士学位论文，第 45 页。

释》第一百零五条①规定的自由心证原则予以判断。② 有德国学者曾以刻度盘为例描述了可能性,他认为,75%～99% 为非常可能,100% 为绝对肯定。③ 民事诉讼的证明标准宜确定在75%～99% 之间;电子证据也须与其他证据的印证证明概率达到75% 以上,方能形成高度可能性,进而使该份电子证据具有证明力。而此种判断属于法官自由心证范畴,很难量化操作。需要法官从个案出发,并结合日常生活经验(包括但不限于双方之间是否存在交易习惯、某一行业的惯常做法、数据电文载明内容与传统证据载明内容在时间、空间、权利义务层面的关联性、电子证据无法自证真实的原因等)予以综合判断。④

四、结 语

当前,虽然电子证据逐渐成为证明案件事实的一种主要证据,但由于对电子证据认证所需相关技术的智识不足以及传统主义证据观的惯性影响,司法实践中大多数法官倾向于选择认证逻辑相对自洽、有国家公权力背书的电子证据认证规则,而对于技治主义证据观的技术自证的可能性与现实性保持怀疑、警惕以及不自信。因此,在当下推行技治主义认证规则的理论条件和现实土壤均有不足。但是,面对未来,消极等待更不足取。海事法院具有电子证据认证的良好实践基础,可以考虑先行一步,保持对技治主义证据观的开放和包容心态,在司法实践中给技治主义自证体系一

---

① 《民诉法解释》第一百零五条规定:"人民法院应当按照法定程序,全面、客观地审核证据,依照法律规定,运用逻辑推理和日常生活经验法则,对证据有无证明力和证明力大小进行判断,并公开判断的理由和结果。"本条是判断证据原则的规定,也是法官认定法律事实自由心证的规定。可参见沈德咏《最高人民法院民事诉讼法解释理解与适用》(上册),人民法院出版社2015年版,第350-352页。

② 《民诉法解释》第一百零九条规定的几种特殊情形除外。

③ 参见[德]汉斯·普维庭《现代证明责任问题》,吴越译,法律出版社2000年版,第108-109页。

④ 以相互印证为由确认电子证据证明力的判决书主要有(2013)广海法初字第973号、(2015)津海法商初字第86号、(2015)津海法商初字第106号、(2016)津72民初1102号、(2016)浙72民初222号、(2016)鄂民初1770号、(2016)鄂72民初257号、(2016)粤72民初789号、(2017)沪72民初819号、(2018)粤72民初868号、(2014)粤高法民四终字第160号、(2016)粤民终1092号、(2016)浙民终609号等;以无法印证为由否认电子证据证明力的判决书有(2012)甬海法商初字第592号、(2015)沪海法商初字第3081号、(2016)浙72民初2828号、(2018)鄂72民初425号、(2016)最高法民申1397号。

定空间，着力探求创建虚拟空间的电子证据之间以及电子证据与物理空间的传统证据在真实性、合法性、关联性，以及印证证明体系层面的新规则，努力为民事电子证据的认证探索出一条新路，以更好地迎接电子证据时代的到来，回应时代的需求。

电子数据证据真实性认定的实证分析
——以海事案件为例

匡 浩* 孙 婕**

摘要：通过对部分海事案件裁判文书进行数据分析可以看出，海事案件中的电子数据证据真实性认证存在错误使用佐证规则、过于依赖公证的作用、未充分说明理由等问题。对问题产生的原因分析后发现，正确的路径有助于深入了解海事案件电子数据证据尤其是海事特有电子证据，掌握关于电子数据证据的特别规定，正确指引当事人举证、质证，以及结合证据特点和电子数据证据的特别规定进行真实性认证。部分海事特有电子证据均可用以上路径进行真实性认证，在对具体证据认证时应当结合证据的不同特点，适用不同的标准。

关键词：电子数据证据 真实性 认证

An Empirical Analysis of the Authenticity of Electronic Data
—Taking Maritime Cases as an Example

Kuang Hao, Sun Jie

Abstract: Based on the data analysis of the adjudication documents of some maritime cases, it can be seen that there are problems such as incorrect use of corroboration rules, excessive reliance on the role of notarization, and insufficient explanation of reasons in the authenticity certification of electronic data evidence in maritime cases. After analyzing the cause of the problem, it is found that the correct path is instrumental to have an in-depth understanding of electronic data evidence in maritime cases, especially maritime-specific electronic evidence, to mastering the special regulations on electronic data evidence, to correctly guiding

---

* 匡浩：青岛海事法院法官。
** 孙婕：青岛市黄岛区人民检察院检察官。

the parties to present evidence and cross-examination, and to combining the characteristics of evidence with electronic data evidence. The authenticity of some maritime-specific electronic evidences can be verified by the above paths. When authenticating specific evidence, different characteristics of the evidence should be combined and different standards should be applied.

Key words: electronic data evidence; authenticity; authentication

前 言

国际贸易历来是新商业模式和新商业工具的试验田,海上货物运输作为国际贸易的下游产业,也自带了创新的基因。随着科学技术尤其是计算机和网络技术的进步,电子数据也越来越频繁地被运用到海上货物运输中,电子数据证据也不可避免地出现在海事法院审理的案件中。审查认定电子数据证据的证据能力和证明力,成为海事法官必须面对的一项任务。

我国对电子数据证据进行了专门规定,《中华人民共和国电子签名法》(以下简称《电子签名法》) 规定电子数据不得被拒绝作为证据使用[1],并为电子数据证据的审查制定了具体规则。《中华人民共和国民事诉讼法》则将电子数据证据规定为证据的一种,使其成为一种独立的证据形式。[2]但是,由于海事案件的专业性、技术性较强,电子数据证据的真实性审查认定出现了一些问题。笔者利用中国裁判文书网[3]和青岛海事法院审判管理系统中的裁判文书,采用关键词搜索法和设定结案时间、结案方式的方法检索数据,通过统计、对比等方法进行数据分析,得到海事案件电子数据证据真实性认证的量化反馈,并生成图表进行直观展示,以期挖掘出隐藏的问题。在此基础上,梳理海事案件中电子数据证据的特点,探索、总结电子数据证据的真实性认证路径,以此对部分海事特有电子证据进行分析并得出标准,以期对海事案件电子数据证据的真实性认证略有裨益。

本文中的海事案件电子数据证据,是指海事法院及其上诉审法院在审理海事海商案件和海事特别程序案件中出现的的电子数据证据,不包括在

---

[1] 《中华人民共和国电子签名法》第七条,原文为"数据电文不得仅因为其是以电子、光学、磁或者类似手段生成、发送、接收或者储存的而被拒绝作为证据使用"。虽然使用的概念为数据电文,但其定义与电子数据证据基本一致,本文统一称为"电子数据证据"。
[2] 《中华人民共和国民事诉讼法》第六十三条。
[3] 案例搜索截止日期为 2019 年 3 月 3 日。

海事行政、海事刑事案件中出现的电子数据证据。在海事案件中的电子数据证据，一部分基本只会在海事法院审理的案件中出现，在地方法院和其他专门法院审理的案件中出现的机会微乎其微，例如船舶交通管理系统（vessel traffic service，VTS）、船舶自动识别系统（automatic identification system，AIS）、船载航行数据记录仪（voyage data recorder，VDR）、电子报关单、集装箱温度记录、集装箱流转记录等，本文将这些证据称为"海事特有电子证据"。除海事特有电子证据之外，在普通民商事案件中经常出现的电子数据证据，本文将之称为"普通电子证据"。

一、青岛海事法院2016—2018年海事案件电子数据证据的数据分析[①]

（一）电子数据证据的基本情况

2016年案件数量为99件，当事人举证电子数据证据的案件数量为8件；2017年案件数量为141件，当事人举证电子数据证据的案件数量为11件；2018年案件数量为95件，当事人举证电子数据证据的案件数量为14件。举证电子数据证据的案件占总案件的比例呈波动式上涨，由约8％上涨至约15％。（如图1所示）

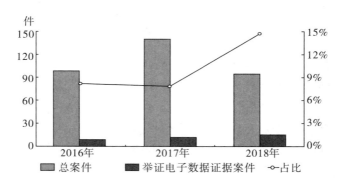

图1　2016—2018年举证电子数据案件与总案件的数量、占比

---

① 因笔者能力所限，无法对2016—2018年青岛海事法院所有案件进行分析，本文只选取2016—2018年第一季度以判决方式结案案件的数据进行分析，时间节点为每年1月1日至3月31日，以审判管理系统中申报结案的时间为准。为行文简洁，本文所称青岛海事法院的案件数均指第一季度以判决方式结案的案件。

（二）海事特有电子证据的基本情况

2016年当事人举证电子数据证据的案件数量为10件,涉及海事特有电子证据的案件数量为4件;2017年当事人举证电子数据证据的案件的案件数量为11件,涉及海事特有电子证据的案件数量为3件;2018年当事人举证电子数据证据的案件的案件数量为14件,涉及海事特有电子证据的案件数量为8件。涉及海事特有电子证据的案件占当事人举证电子数据证据的案件的比例在50%上下波动。(如图2所示)

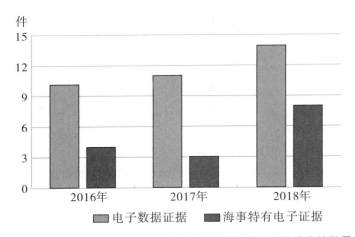

图2　2016—2018年电子数据证据与海事特有电子证据的案件数量

从案由看,涉及海事特有电子证据的案件有15件,包括海上(沿海)货物运输合同纠纷5件、货运代理合同纠纷10件。从证据种类看,出现海事特有电子证据有18份,包括电子报关单11份、集装箱流转记录5份、集装箱温度记录2份。从举证方式和认证结果看,提交打印件的证据有13份,被采信的有11份;提交公证件的有3份,全部被采信。从采信的理由看,对方有异议的证据有4份,其中,2份被采信,理由为有其他证据佐证;2份未被采信,理由为不是原件,无法证明来源。

（三）普通电子证据的基本情况

2016年案件中有普通电子证据8份,2017年有12份,2018年有8份,共计28份。从证据种类看,包括网页2份、电子邮件20份、QQ聊天记录

4份、微信聊天记录2份。从举证方式和认证结果看，提交打印件的证据有22份，被采信的有20份；提交公证件的有5份，全部被采信；现场用电脑进行核对的有1份，被采信。从采信的理由看，对方有异议的证据有10份，其中，被采信的有8份，包括7份理由为有其他证据佐证、1份理由为经核对一致（如图3所示）；2份未被采信，理由为不是原件，无法证明来源。

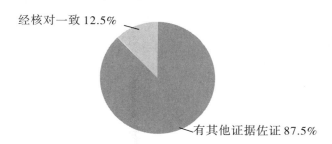

图3　普通电子证据采信理由

二、部分海事特有电子证据的数据分析

在海事特有电子证据里，VTS、AIS均保存在海事局数据库中，一般由海事法院工作人员亲自去海事局调取，海事局工作人员会将相关数据在软件中播放，并进行录屏或截图，最终在法庭中出示。因为该类证据的产生、保存、调取均由公职人员完成，在审判实践中当事人鲜有争议。集装箱流转记录，任何人均可凭集装箱号在互联网上查询，在案件纠纷产生前就已经发布，且集装箱交接由货方与承运人共同完成，当事人亦鲜有争议。本文将对审判实践中真实性较难认定的VDR、电子报关单、集装箱温度记录进行分析研究。

（一）关于VDR

VDR是一种用于记录和保存船舶航行作业过程中重要信息的智能设备，在船舶发生事故后，可通过软件回放事故过程涉及的驾驶台和甚高频（very high frequency，VHF）通信声音、雷达信号以及其他接入VDR设备的信息来分析事故原因、判定责任。VDR在因海事事故产生的案件中，对查明船舶操纵具体细节有重要作用。

笔者在中国裁判文书网以民事案件为案件类型、判决书为结案文书、海事海商纠纷为案由、VDR 为全文关键词进行搜索，共查找到 10 件案件使用了 VDR 证据，涉及两种案由，其中，船舶碰撞纠纷有 9 件，共同海损纠纷有 1 件。判决中记载举证方式的有 6 件，其中，有 2 件以截屏打印件提交，有 2 件申请法院自海事局调取，有 2 件以包含数据和播放软件的光盘提交（如图 4 所示）。判决书中载明对方当事人质证意见的有 4 件，其中 3 件无异议，1 件有异议。有 10 个案件中 VDR 均被采信，但是，只有 1 个案件对采信理由进行了说明，理由为 VDR 系船舶行驶数据。

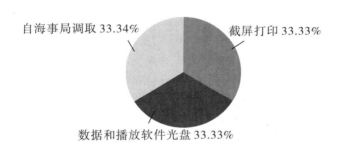

图 4　VDR 举证方式

（二）关于电子报关单

众所周知，在货物进出境前货主必须向海关进行申报。《中华人民共和国海关法》第二十五条规定，办理进出口货物的海关申报手续，应当采用纸质报关单和电子报关单的形式。目前，外贸实务中绝大多数企业采用电子报关单申报。报关单在海事案件中，对查明收发货人、报关人和货值等事实具有重要作用。

笔者在中国裁判文书网以民事案件为案件类型、判决书为结案文书、海事海商纠纷为案由、电子数据报关单和电子报关单为全文关键词进行搜索，共查找到 2 个案件使用了电子报关单为证据。因案件数量太少，难以分析，故笔者使用青岛海事法院 2016—2018 年第一季度以判决方式结案的案件进行搜索，共查找到 10 个案件使用了电子报关单为证据。此 10 个案件涉及两种案由，其中，货运代理合同纠纷有 8 件，海上（沿海）货物运输合同纠纷有 2 件。从举证方式看，均为打印件。记载了对方当事人质证意见的有8件，其中6件无异议，2件有异议（此2件证据均被采信，理由为有其他证据佐证）。

（三）关于集装箱温度记录

集装箱温度记录是温度记录仪在冷藏集装箱中对箱内温度进行测量形成的数据。集装箱温度记录在海事案件中，对查明整个运输过程的货物温度，进而断定承运人是否履行妥善管货的义务具有重要作用。

笔者在中国裁判文书网以民事案件为案件类型、判决书为结案文书、海事海商纠纷为案由、集装箱温度记录为全文关键词进行搜索，共查找到13个案件，使用了15份集装箱温度记录为证据，案由全部为海上货物运输合同纠纷。从提交方看，由货方提交的有4份，由承运人提交的有9份，共同提交的有2份。判决书中记载举证方式的有9份，其中，提交打印件的有5份，集装箱制造商、维护商技术人员现场演示的有2份，提交经过公证的打印件的有2份。判决书中载明对方当事人质证意见的有12份，其中4份无异议，8份有异议。从认证结果看，被采信的有12份，没有被采信的有3份（提交形式均为未经公证的打印件）。没有被采信的3份中，2份认证理由为没有形成和读取的证明，不能对应箱号航次；1份认证理由为该证据为打印件。被采信的12份中，对方当事人有异议的有5份，其中2份认证理由为技术人员已经对形成和读取进行了说明，2份认证理由为已经进行公证，1份认证理由为对方没有相反证据反驳。

三、海事案件电子数据证据真实性认证中存在的问题和对策

司法数据的意义不仅在于掌握数据信息本身，还在于对这些含有意义的数据进行专业化处理，发现问题，解决问题，提高司法生产力。就前述的数据进行分析，笔者发现在海事案件电子数据证据真实性认证中存在若干问题，在此提出相应对策，以期形成正确的解决问题之路径。

（一）海事案件电子数据证据真实性认证中存在的问题

1. 错误使用佐证规则

在民事诉讼证据法的范畴内，"佐证"一词出现在2001年《最高人民法院关于民事诉讼证据的若干规定》第七十条。该条规定："一方当事人

提出的下列证据，对方当事人提出异议但没有足以反驳的相反证据的，人民法院应当确认其证明力：……（三）有其他证据佐证并以合法手段取得的、无疑点的视听资料或者与视听资料核对无误的复制件；……"。该规定施行时，民事诉讼法尚未对电子数据证据进行单独分类，将电子数据证据划入视听资料从而适用该条规定是当时的唯一选择，不需多言。但从该条规定里"证明力"三字可以看出，该条要解决的问题是证明力的问题，而针对证明力进行认证的前提是证据资料具备证据能力，即真实性、合法性、关联性。换句话说，在证据资料符合了真实性、合法性、关联性的前提下，证据资料才能成为证据，法院再对其证明力进行考察。① 在真实性认证阶段，如果使用对证明力进行认证的佐证规则，就违反了证据认证先证据能力、后证明力的逻辑要求，属于跳跃式的错误认证方法。

根据上文的数据分析，在对方当事人对真实性有异议的情况下，普通电子证据的认证理由有 87.5% 为有其他证据佐证，电子报关单的认证理由有 100% 为有其他证据佐证，可见错误使用佐证规则进行真实性认证较为普遍。

2. 过于依赖公证的作用

《民事诉讼法》第六十九条规定，经过法定程序公证证明的法律事实和文书，人民法院应当作为认定事实的根据，但有相反证据足以推翻公证证明的除外。经过公证的证据，其真实性是难以撼动的。但是，对于经过公证的海事案件电子数据证据，其真实性就并不像经过公证的书证那样无懈可击。一般书证的形成过程较为明了，故公证可以直观地进行。而海事案件电子数据证据的公证，实际上是公证员对电子数据证据提取过程的相关事实进行的公证，公证员仅能对证据提取的事实予以公证。经过公证后被提交上法庭的电子数据证据，法官仍然要对该证据的形成、收集、移送、保管、展示整个认证过程进行考察，而不能以公证代替认证过程。

根据上文的数据分析，以公证件作为举证方式的电子数据证据，法院照单全收，全部采信。笔者相信法官在本文涉及的案件中对公证的信赖极大概率上是正确的，但是"公证万能论"断然不可取，否则长此以往，必然会将公证过程中的瑕疵或公证覆盖不到的事项中的不确定性引入海事案件电子数据证据真实性认证，导致错误认证。

---

① 参见沈德咏《最高人民法院民事诉讼法司法解释理解与适用》，人民法院出版社 2015 年版，第 348 页。

3. 未充分说明认证理由

从上文对裁判文书中采信理由的分析可见，有部分案件未对质证意见进行回应，未分析证据的真实性。对真实性进行了分析的案件，也只有简单分析，甚至用套话一带而过。例如，在（2013）青海法商初字第 23 号、（2015）青海终字第 150 号两案中，对方当事人对集装箱温度记录均有异议，但法院都仅以经过公证（认证）为由采信，无其他实质性分析。如此就导致质证意见得不到回应，影响判决书的权威。

同样因为认证理由不充分，从表面上看甚至出现了类似举证、质证的两案认证结果迥异的情况，例如，在（2015）青海法商初字第 7 号、（2014）青海法商初字第 731 号两案中，集装箱温度记录均以打印件举证，对方均对真实性提出异议：前一案法院认为该证据是涉案集装箱温度记录，对方虽有异议但未提出反证，故予以采信；后一案法院却以该证据为打印件为由不予采信。相信上述两案法官均是结合了全案的证据与事实对集装箱温度记录进行认证，却没有充分说明认证理由，故在表面上违反了类似案件类似处理的司法原则。

（二）原因分析

以上三点问题出现的原因也是显而易见的。一是法官不了解海事案件电子数据证据形成、保存、表现的具体过程。懂法律、懂航运、懂外语是对海事法官的三项业务要求，就懂航运来说，电子证据真实性认证则需要细致到了解航运业务的具体操作规程和设备的技术性能，但法官往往对此似懂非懂、雾里看花。二是法官不信任电子数据证据。相对书证、物证，电子数据证据的出现只是最近几十年的事情。不仅司法界对其不熟悉，而且在理论界，众多学者将电子数据证据笼统地描述为具有"脆弱性""易变性"或"易篡改性"等缺陷的证据种类，认为电子数据证据普遍容易失真且失真不易被发觉，由此对电子数据证据存有偏见。这实际上是一种以偏概全的观点，绝大多数电子数据证据具有极强的稳定性和安全性，只有少数的电子数据才易于篡改或失真。① 而且，海事案件电子数据证据，尤其是海事特有电子证据，技术性的保障较为完善，其真实性足够和传统证据媲美。三是法官对证据法中关于电子数据证据的特别规定不熟悉。就本

---

① 参见何文燕、张庆霖《电子数据类型化及其真实性判断》，载《湘潭大学学报》2013 年第 2 期，第 31 页。

文统计的判决书而言,民事诉讼法及其司法解释是对海事案件电子数据证据进行认证的规定,但以上规定仅涉及电子数据证据的定义和分类,没有其他的认证规则。其实,2004 年电子签名法对电子数据证据的认证已经做出了规定,其规定尽管较为概括,但也给出了认证的原则和方向,海事法官可以利用这一规定的指引进行真实性认证。四是法官没有掌握正确的认证标准。法官未能就电子数据证据是否具有真实性充分说明理由,原因不在于真实性认定太简单、结果太明显,不屑于浪费笔墨,而在于没有找到真实性认证的正确标准,生怕认证理由写得越多纰漏越多,就索性不写。

(三) 海事案件电子数据证据真实性认证路径

发现了问题,剖析了原因,解决方法也就呼之欲出了。笔者认为,可以从以下四个方面着手,为海事法官对电子数据证据的真实性认证提供正确路径。

1. 深入了解海事案件电子数据证据尤其是海事特有电子证据

深入了解电子数据证据的特点,是对其进行真实性认证的前提。首先,电子数据证据具有可精确复制性,使用特定的复制方法,原件与复制件在真实性上可以等价。电子数据与书证、物证等证据不同,其真实性并不主要依赖于载体是否为原件,形式主义要求不适合用于判断电子数据证据的真实性。[①] 其次,电子数据证据具有稳定性和系统性,造假更容易被发现。因为电子数据证据总是以系统的面目呈现,造假行为产生电子数据证据的同时会产生一批假的附属信息、关联痕迹,易露出马脚。[②]

而海事案件电子数据证据尤其是海事特有电子证据,除以上特点外,可基于国家外贸管理的需要 (如电子报关单),或基于船舶航行安全的需要 (如 VTS、AIS、VDR),或基于其本身固定事实的需要 (如集装箱温度记录、集装箱流转记录),使用人额外采取若干技术手段保证电子数据证据的真实性。所以,在真实性的认定上,海事案件电子数据证据没有先天缺陷,海事法官应当对其和传统证据一视同仁。

2. 掌握关于电子数据证据的特别规定

《电子签名法》第五条规定,符合下列条件的电子数据证据,视为满

---

① 参见谢勇《论电子数据的审查和判断》,载《法律适用》2013 年第 9 期,第 118 页。
② 参见刘品新《电子证据的基础理论》,载《国家检察官学院学报》2017 年第 1 期,第 158 页。

足法律、法规规定的原件形式要求：（一）能够有效地表现所载内容并可供随时调取查用；（二）能够可靠地保证自最终形成时起，内容保持完整、未被更改。《电子签名法》第八条规定，审查电子数据作为证据的真实性，应当考虑以下因素：（一）生成、储存或者传递数据电文方法的可靠性；（二）保持内容完整性方法的可靠性；（三）用以鉴别发件人方法的可靠性；（四）其他相关因素。电子签名法采用了功能等同法进行分析。书证以"原件"形式传递，能更有效地保证信息的完整性，减少被改动的可能。如果电子数据证据能保证同等程度的完整性，能够有效地表现所载内容，并能使其可供随时调取查用，那么可以认为该电子数据证据满足法律规定的原件形式要求。① 这是我国民事诉讼证据法中对电子数据证据认证的最具体的规定，按照特别法优先于一般法的法律适用原则，对电子数据证据认证时应当首先适用以上规则。

3. 正确指引当事人举证、质证

举证是证据发挥作用的第一步，举证方式决定了质证的角度和力度，进而影响认证。前文已述，电子数据证据本身在真实性方面没有缺陷，但如果采用了不完整的举证方式，则会使电子数据证据的特点无法发挥作用。打印件是表现电子数据证据内容的最常见形式，但举证时仅仅提交打印件则割裂了电子数据证据与其打印件之间的联系，使打印件被篡改成为可能。从证据的出处看，电子数据证据本身是原生证据，打印件却是派生证据。在单纯提供打印件的情况下，举证方远不能证明该打印件就是电子数据最初生成的形态。② 如果当事人举证时只将电子数据表现的载体（例如打印件）展示到法庭上，而这种载体却不能完整、准确地展现电子数据，法官应当按照关于释明权的规定，指引当事人按照电子签名法的要求进行举证。质证是举证的逆行为，质证意见能否围绕电子签名法的要求有的放矢地攻击对方的电子数据证据，将直接影响质证的质量，进而影响法官对电子数据证据的审查判断。如果质证人仅表明异议，而未说明理由、提供依据，法官也应当指引其围绕电子签名法的要求进行质证。正确指引当事人举证、质证，能为下一步的认证奠定基础。

---

① 参见安建、张穹、杨学山《中华人民共和国电子签名法释义》，见 http：//www.npc.gov.cn/npc/flsyywd/jingji/2005 - 08/05/content_353253. htm。

② 参见李学军、朱梦妮《电子数据认证问题实证研究》，载《北京社会科学》2014 年第 9 期，第 58 页。

4. 结合证据特点和电子数据证据的特别规定进行真实性认证

确立具体的方法是海事案件电子数据证据真实性认证路径的核心，前述三点均为此进行了铺垫。深入了解电子数据证据的特点，让法官能够在事实层面上对电子数据证据进行剖析；掌握认证电子数据证据的特别规定，为法官提供了法律依据；指引当事人举证、质证，目的是去除无关紧要问题的干扰，让认证中的争议点更加清晰。然后，法官就要直面证据，结合证据特点和电子数据证据的特别规定进行真实性认证。具体方法为审查电子数据证据是否为原件，如果不是，则应利用三段论式的推理，判断电子数据证据能否视为原件。

先说原件。我国传统证据的原件标准是指直接来源于案件事实或原始出处的证据，这一标准基本上为我国证据法学界所公认。以此为据，电子数据证据原件是指最初生成的电子数据及其首先被存储的各种介质。[①] 电子数据证据原件就是指硬盘、光盘、优盘等存储介质及固定其上的电子数据，原件在真实性认证上最可靠，但限制条件也非常多，例如原件毁损（包括人为或设备寿命原因）、原件在第三人处、原件过大过重等，这些限制也是电子签名法退而求其次，规定满足特定要求的非原件电子数据证据可以视为原件的原因。

再说视为原件。三段论推理的大前提即法律规定，总结电子签名法关于电子数据证据真实性认证的核心内容（第五条和第八条）：法律对视为原件的电子数据证据的要求为电子数据证据的产生、储存、复制、提交的过程可靠，足以保证电子数据证据从产生到进入法庭，电子数据证据可以随时完整地、未经篡改地表现其内容，符合这些要求，才能视为原件，进而被认定为真实。三段论推理的小前提即举证的电子数据证据的实际状况，不仅包括内容的表现（例如打印件），而且包括对产生、储存、复制、提交整个过程可靠性的陈述和证明。三段论的结论即根据大前提和小前提进行推理的结果，判断电子数据证据是否可以视为原件。需要注意的是，在真实性认证过程中，佐证规则没有适用的条件。公证的作用，也需要具体分析，如判断公证使用的方法是否足以达到可靠标准，公证的内容能否完全覆盖电子数据证据产生、储存、复制、提交的整个过程。如果公证的电子数据证据仍不能满足上述要求，则需要当事人解释说明或提供补强证据，直到达到上述要求为止。

---

① 参见刘品新《论电子证据的原件理论》，载《法律科学》2009 年第 5 期，第 120 页。

四、部分海事特有电子证据真实性认证标准

美国联邦最高法院大法官霍姆斯说过,法律的生命不在于逻辑,而在于经验。笔者利用上述路径对部分海事特有电子证据进行分析,得出具体的真实性认证标准。

(一) VDR 真实性认证标准

VDR 虽然不是助航设备,但其重要性不言而喻,是涉及海事事故调查、改进船员操作、修正海上安全规则乃至防范类似事故重复发生的重要设备。[①] 国际海事组织对 VDR 的性能要求极其严格。国际海事组织 A.861(20)决议《船载航行数据记录仪(VDR)性能标准》(1997 年 11 月 27 日通过)5.1.3.1 要求 VDR 最终记录介质在事故之后可以访问但应防止被篡改;5.2.2 规定设备应尽可能设计成不能对 VDR 所记录的数据数量、数据本身或已经记录的数据进行篡改,任何干扰数据或记录完整性的企图应予以记录;5.2.3 规定记录方式应是这样的,记录数据的每一项目都要进行完整性检查,如发现不可改正的错误则要发出报警。这些规定被国际社会广泛地认可,并得到了严格落实。故此,VDR 的产生、储存环节由于其技术特点,可靠性得到了保证。

VDR 原件是指 VDR 原始的数据存储设备及固定于其上的电子数据,如果当事人举证 VDR 原件,应审查 VDR 设备检验证书和出厂、安装资料中的铭牌号码是否能与 VDR 原件一致,如不一致,当事人能否合理地解释、说明并提供补强证据证明。当事人举证视为原件的 VDR 时,则无需审查 VDR 的产生和储存环节,应重点审查以下因素:①VDR 设备是否通过了《1974 年国际海上人命安全公约》缔约国、船级社的检查;②VDR 设备的生产商是否按照《1974 年国际海上人命安全公约》的标准进行制造;③VDR 数据复制、提交的过程是否可靠,操作 VDR 数据复制、提交的人是否是 VDR 设备生产服务者、公证人员或其他可信的人,复制、提交的方法和工具是否可靠。

---

① 参见郭冲、刘良喜《船载航行数据记录仪 PSC 检查缺陷及建议》,载《世界海运》2018 年总第 7 期,第 42 页。

(二) 电子报关单真实性认证标准

电子报关单是在货物进出境前货主必须向海关进行申报的电子报告，而电子报关单数据就储存在海关的网络系统中。电子报关单原件就是海关的数据存储系统及固定其上的电子数据，故当事人不可能举证原件，原因不赘。

当事人举证视为原件的电子报关单时，法官可以指引其提交国际贸易"单一窗口"网站的电子数据。该网站由海关总署（国家口岸管理办公室）牵头成立，是中国政府为国际贸易提供的在线办理窗口，进出口申报通过该网站即可完成。该网站上"查询统计"功能可以实现通关状态查询。当事人提交电子报关单时，应当要求其当庭登录该网站调取电子报关单进行查询、核对。核对时，应当重点审查以下因素：①使用的计算机和网络接口不能由举证方提供，以免其提前设置计算机软硬件环境，否则，应当对计算机进行清洁性检查；②举证方现场操作计算机时，质证方和法官应当对网址反复确认，以避免其提前设置模拟官网的虚假网站并在操作时进入；③如举证方以网站登录密码不能泄露为由，要求单独操作计算机时，可以要求其提前修改成一个临时密码，在操作时当庭输入临时密码，操作完成后再独自改回原始密码。以该网站山东站为例，登录后依次点击货物申报—报关数据查询—输入报关单号—点击报关单号，便可以查询电子报关单，有条件的话还可以现场打印。（如图5、图6所示）

图5 "中国（山东）国际贸易单一窗口"示例

图 6 报关数据查询示例

（三）集装箱温度记录真实性认证标准

集装箱温度记录仪分为两种，一种是由集装箱所有人安装在集装箱中的，一种是由货方安装在货物上的。虽然其性能标准没有国际公约和国内法的约束，但基于其温度管理、货损原因查明和责任追究的功能，集装箱温度记录仪的生产制造商也会为数据安全提供技术保障。例如，在某种安装在货物上的集装箱温度记录仪产品说明中有如下介绍："温度记录仪U盘插口可直接连接电脑读取数据并保存、打印；长按启动键五秒钟，开始记录数据，按下停止按钮结束数据记录，记录完成后，记录仪自动停止记录，并且无法再启动，但可以反复读取数据。"① 简言之，这种集装箱温度记录仪里是一次性使用的以只读文件保存的数据，可以使集装箱温度记录电子数据的产生、储存环节的可靠性得到保证。

集装箱温度记录原件是指集装箱温度记录仪原始的数据存储设备及固定于其上的电子数据，如果当事人举证原件，应审查设备使用说明书，判断其是否具备保证数据安全的技术从而保证数据无法被篡改、编辑，是否有能证明集装箱温度记录仪处于涉案集装箱内的补强证据。当事人举证视

---

① 参见某公司的出口运输温度记录仪的产品说明，见 http：//tongmu318.b2b168.com/shop/supply/100350115.html。

为原件的集装箱温度记录时,除了应当审查上述要素,还应审查:①集装箱温度记录数据复制、提交的过程是否可靠,所使用的软硬件是否由集装箱温度记录仪制造商或者经授权的服务商提供;②操作集装箱温度记录数据复制、提交的人是否是集装箱温度记录设备生产服务商的工作人员、公证人员或其他可信的人。

五、结　语

从中国 1994 年首次接入互联网到现在已经近三十年,从世界上第一台电子计算机诞生的 1946 年至今也不过七十余年,电子数据证据认证的历史和上千年的传统证据认证历史相比只是沧海一粟,但不可否认,计算机和网络技术的发展一日千里。电子数据作为现代科技的产物,形式多样、日新月异,并具有很强的专业性,法官难以对其做到全面了解。电子数据证据真实性认证是审判工作中的一个难点,在以专业性著称的海事审判中更是如此。在可以预见的将来,中国检验检疫相关电子证书、电子航海日志、船舶电子签证等电子数据证据必将出现在海事审判当中。如果大量的电子数据证据被错误地认定证据资格,或被不当地阐述认证理由,将会削弱其在国际贸易、海上运输等活动中的作用,提高企业运行成本,影响海事司法权威。本文分析了电子数据证据认证的特别规定,结合海事案件电子数据证据的特点,得出了海事案件电子数据证据真实性认证的路径,并以该路径对部分海事特有电子证据进行分析,得出具体的真实性认证标准。"问渠那得清如许?为有源头活水来。"面对日新月异的海事案件电子数据证据,只有持续不断地研究、实践、总结,才能掌握正确的真实性认证方法,希望本文能提供这样一种思路。

微信聊天记录证明力试析

——以海上货运代理纠纷为切入点

罗孝炳[*]

摘要：微信聊天记录属于我国民事诉讼法规定的电子数据，经依法质证查实后，可以作为证明案件事实的证据材料。影响微信聊天记录证明力的因素包括微信聊天记录的真实性、使用者的法律地位、当事人本人的出庭情况以及相关证据的证明效力。在审查微信聊天记录证明力时，可立足证据本身特性，从证据来源应当合法、证据形式应当完备、证据内容应能与其他证据相互印证、证据内容应与证明目的一致四个方面进行分析。此外，对以语音为主的微信聊天记录的审查，应以庭前证据交换与庭审当庭播放为主、借助于公证为辅。为发挥庭审功能，庭审设备应当确保实现微信聊天记录当庭从手机上拷贝到法庭电脑，为证据固定和当庭质证提供技术支持。可以探索参照互联网案件审理模式，在海事法院审理以微信聊天记录作为主要证据的海上货运代理合同纠纷时，支持法院实时导入、安全存储和合法使用涉案聊天数据。

关键词：电子数据　微信聊天记录　海上货运代理　证明力

The Study on the Probative Force of Evidenc of Records in WeChat
—Taking Disputes in Ocean Freight Forward for Example

Luo Xiaobing

Abstract：Records in WeChat belong to electronic data established by Law of Civil Procedure of the People's Republic of China, which can become evidence material to prove the facts after cross-examining by law. Factors which impact the probative force of evidenc of records in WeChat include authenticity of

---

[*] 罗孝炳：宁波海事法院审判员。

records in WeChat, litigation position of users, whether the user appears in court or not and its relationship with other evidencs. While checking the the probative force of evidence of records in WeChat, there are four sides we should focus on, firstly, source of evidence should be lawful; secondly, form of evidence should be complete; thirdly, content of evidence should be consistent with other evidence; and fourthly, proof aims should be in accord with the content of evidence. Furthermore, when records in WeChat are voices, these voices should be broadcasted within exchange evidence before trial or the trial in principle. If the voices cannot be broadcasted in the trial, the notarization then becomes necessary. In order to fix evidence and promote cross-examining in the trial, trial equipment should be connected with mobile which saves records in WeChat. We can draw on experiences of judging mode of internet cases, such as importing data in the trial, safe storage and legitimate use of data, when maritime court hears disputes in ocean freight forward whose evidences are largely records in WeChat.

Key words: electronic data; records in WeChat; ocean freight forward; the probative force of evidence

一、写作缘起：微信聊天记录为断案的关键

微信（WeChat）自 2011 年由深圳腾讯控股有限公司（Tencent Holdings Limited）推出以来，乘智能手机大范围普及之"东风"，近几年已经成为我国最热门的人际交往工具之一，自称为"一种生活方式""超过十亿人使用的手机应用"。其亦在海事诉讼尤其是海上货运代理合同纠纷中频频"亮相"，而海上货运代理合同纠纷已经成为仅次于船员劳务合同纠纷的第二大海商合同纠纷。① 在宁波海事法院近期在审或审结的若干海上货运代理合同纠纷案件中，微信记录成为判断当事人法律关系的基本依据。试举如下两例。

案例 1：C 公司系货运代理企业，其作为原告起诉 G 公司。提单、装箱单等均记载托运人系 G 公司，但 C 自认货代业务系案外人 Z 公司业务员

---

① 根据《2018 年浙江海事审判情况报告》，宁波海事法院 2018 年新收海上货运代理合同纠纷 458 件，其数量比船员劳务合同纠纷少 117 件，在所有海事海商案件中位居第二。

代表 G 公司委托，却未能提供授权证明材料，仅提供 C 公司业务员与 G 公司员工的微信聊天记录并将存有微信记录的手机带到法庭。内容非常简单：C 方发送多批次货物的船期表，G 公司方确认是公司的货物，聊天时间发生在绝大多数批次货物到港数月后。G 公司对该微信记录真实性没有异议，但认为货物所有权归属不影响委托关系，微信记录发生在货物出运后，仅能证明事后 G 公司对货物出运情况进行核实。

案例 2：自然人 K 起诉自然人 F 要求支付运费等货运代理费用，K 提交的提单记载的托运人系 K 在香港设立的一家公司，K 提交了与 F 的微信聊天记录，并将存有微信记录的手机带到法庭，用以证明货物系 F 委托 K 出运，F 确认拖欠 K 运费的事实。F 本人没有出庭应诉，其委托代理人确认微信记录中显示的账号系 F 使用，但抗辩称 F 作为法定代表人在境外设立有公司，F 确认运费的行为是职务行为，微信聊天记录没有体现 F 本人愿意承担支付运费责任，微信聊天记录可能存在删减、篡改的可能。提单显示的托运人系 K 在香港设立的公司，K 的代理出运行为应当认定为职务行为，涉案代理业务发生在两个公司之间。

从上面两则案例可见，微信聊天记录在诉讼中作为证据较为常见，在微信记录留存手机到达庭审的情况下，证据真实性往往没有争议。以单个证据能否单独证明案件主要事实作为标准，微信聊天记录可以分为直接证据和间接证据。案例 1 中微信聊天记录发生于货物出运后数月，未涉及代理关系，需要与其他证据结合才能证明案件事实，属于间接证据；案例 2 中反映货运代理委托关系产生及费用催讨过程的聊天记录，如果法院采信则构成直接证据。同时，微信聊天记录具有以自然人为聊天主体、语音聊天内容多、时间跨度不一等特点，在证据分类上主要体现了言词证据、直接证据、原始证据、本证的特征，这些证据表征为我们审查证据证明力提供了不同视角。

二、微信聊天记录的性质、特征及影响其证明力的因素分析

通俗地讲，微信聊天记录可以理解为储存在微信这一软件和使用者微信账号的过往电子信息。从目前技术上看，主要是非同时发生的文字、语音信息，而不包括视频聊天记录和同步语音通话记录这类暂时不能保存在后台或微信账号内的记录；从法律性质上看，微信聊天记录属于《中华人民共和国民事诉讼法》第六十三条规定的电子数据的范畴。该法没有对电

子数据如何审查做出具体规定。《最高人民法院关于适用〈中华人民共和国民事诉讼法〉的解释》第一百一十六条第二款规定：电子数据是指通过电子邮件、电子数据交换、网上聊天记录、博客、微博客、手机短信、电子签名、域名等形成或者存储在电子介质中的信息。微信聊天记录具有电子证据的一般特征，包括综合性（表现形式比一般的书证、物证丰富）、依赖性（需要通过专业储存设备展现）、稳定性（一旦形成不易更改，不受外部环境变化影响）、数字性（以数字化方式储存在专业设备中）、微缩性（大量数据可同时储存在同一设备）、精确复制性（复制品与原件无异，且不损害原件）。[1]

证据对于案件事实有无证明力，以及证明力的大小，取决于证据与案件事实有无联系，以及联系的紧密、强弱程度。[2] 证据证明力是指在自由心证证据模式下，证据影响法官获得心证的证据价值。[3] 具体到海上货运代理合同纠纷中，影响微信聊天记录的证据证明力的因素，主要有如下四个方面。

（一）微信聊天记录的真实性

真实性是证据的第一属性，无法查实的证据不能作为民事诉讼证据使用。使用过微信的人都知道，聊天记录可以单个清空，也可以通过重新安装客户端全部清零。如果手机出现故障无法开启，同一微信号在新的手机中使用，除非已通过数据备份保存聊天记录，否则技术上还原难度较大。[4] 如果因为客观原因无法提供当时聊天记录的原始载体，而只能提供发给第三人并由第三人的手机保存的当时聊天记录的截屏，则该截屏构成传来证据。在判断此类证据的真实性时，应综合考虑传来证据本身客观真实性、证据形成时间、截图目的等因素，需更加谨慎。

---

[1] 参见赵旭《论电子证据的认定规则》，载《法制与社会》2015 年第 32 期，第 23 页。括号内文字系笔者在该文基础上的自行概括。
[2] 参见樊崇义《证据法学（第三版）》，法律出版社 2004 年版，第 133 页。
[3] 参见罗玉珍《民事诉讼证明制度与理论》，法律出版社 2003 年版，第 25 页。
[4] 微信目前仅有故障修复功能可以尝试修复聊天记录，在确认操作前，微信平台提示"请在微信团队引导下进行，否则可能引起新的问题，需慎重使用"。平台还提示，如修复失败，则说明聊天记录已经无法找回，查不到任何数据。网上第三方提供的专业数据修复软件或服务效果如何，尚不得而知。

（二）使用者的法律地位

受我国进出口体制影响，在外贸进出口业务中，个人名义从事进出口极为少见，这种情形在货物出运环节也是如此，向船公司订舱的托运人一般是公司，而具体经办货运代理业务的主体是自然人。如案例 2 所述，K 和 F 究竟是代表本人，还是作为法定代表人（负责人）所设立的公司，从事货运代理业务的委托、受托事项？单凭微信聊天记录难以排除其一。案例 1 也有此疑问，G 公司员工在使用微信与 C 公司联系时，是以托运人、名义货主身份，还是以货运代理委托人身份？微信聊天记录没有直观反映。如果是货主身份，很可能不构成对 C 公司所称的 Z 公司业务员代表 G 公司委托其代理货运一事的追认。在案例 2 中，原告确认微信聊天记录的一方是公司员工，但认为该聊天记录是员工自行发出，未经公司确认和授权，且员工已离职。法院认为，该案原告的意见不应予以采纳，理由是聊天内容与涉案货物出运有关，且员工的微信聊天系代表公司所为，对聊天记录真实性与证明力予以确认。

（三）当事人本人的出庭情况

虽然《最高人民法院关于适用〈中华人民共和国民事诉讼法〉的解释》第一百一十条规定，必要时法院可以用传票传唤当事人本人到庭接受询问，但在实践中效果可能有限。在案例 2 中，F 因拖欠多个外贸出口商货款在义乌当地法院被诉、身负巨额债务，被法院列为失信被执行人名单，其以人在境外经商等事由不愿意出庭，法院强制其出庭客观上不大可行。在该案中，F 的委托代理人虽然确认聊天记录中的账号属于 F 使用，但是对聊天记录的形式完整性、内容真实性提出了异议。K 当庭表示希望在法庭当场播放其与 F 的语音聊天记录，未获法庭准许，法庭告知其应当公证，后 K 当庭申请撤诉。本案中，如果 F 出庭发表质证意见，提供被告方持有的储存有涉案微信聊天记录的手机，与 K 持有手机的微信聊天记录进行比对，则有两种可能：经比对确认聊天记录属实，或者经比对发现何处有删改，而一般不会出现无法核实的情形。

（四）相关证据的证明效力

从其他证据与微信聊天记录的关系来看，可分为：正向支持证据，即证据学上的本证；反向排斥证据，即证据学上的反证。最为有力的支持证据莫过于双方事后书面签署的费用确认书、结算业务单等。因此，需要认真辨别的是，此类费用确认的意思表示是谁发出的。实践中存在业务员或者关联方冒用他人名义签字盖章的行为。反向排斥证据往往不会提交到法庭，例如案例1中C公司与Z公司业务员就货运代理事宜进行的QQ、微信聊天记录，如果这些记录与C主张的货运代理关系相互印证，C公司不会作为证据提交法庭。同理，G公司抗辩其于2016年与C公司直接发生过货运代理委托关系，并签订有书面合同，C公司称没有书面合同。经法庭当庭询问，G公司表示书面合同与本案无关，不愿意提交。

三、海上货运代理纠纷中微信聊天记录证明力判断要点

我国法律和司法解释没有规定如何审查包括微信聊天记录在内的电子数据的具体规则。结合自己的办案经历，笔者就如何在海上货运代理合同纠纷案件中认定微信聊天记录的证明力，分享几点粗浅体会。

（一）证据来源应当合法

来源合法是判断证据资格的首要因素。电子数据合法性主要指其获得手段的合法性。[①] 鉴于普通用户没有技术能力对微信聊天记录进行修改，故对于当事人提供本人的微信聊天记录，可以推定来源具有合法性。法官有理由相信，只要是符合要求的系统生成的电子证据，无须烦琐的证明过程便可直接认定其证明力，只有当相反证据出现时，才需要调查计算机系统及其记录的可靠性。[②] 对于非当事人本人或公司法定代表人本人所注册使用的微信账号留存的聊天信息，属于兼具当事人陈述与证人证言属性的言词证据，除要求本人到庭接受询问外，还可以引导当事人申请微信账号注册使用者出庭作证。如因客观原因不能出庭，应当作出合理说明。

当原始微信聊天信息无法提供，只能提供与第三人的微信截图时，要综合考虑本人及第三人的微信聊天信息的背景、原因、第三人身份，以及与案件事实关联性、其他证据对应性，在此基础上就微信截图的实质真实性、关联性作出法律判断。对于涉案微信账号已经注销、微信账号未实名

[①] 参见谢勇《论电子数据的审查和判断》，载《法律适用》2014年第1期，第120页。
[②] 参见钟晨曦《涉互联网商事案件中电子证据的运用规则——以G市法院审理的部分涉互联网商事案件为主要研究范本》，载《法治论坛》2018年第3期，第212页。

且微信图像、图片、朋友圈均无涉案信息的情况，主要通过审查聊天信息发生时间、有无反映涉案货运代理及被告本人特征①的信息、对方抗辩聊天记录与本案无关的合理性、有无其他证据佐证，最终作出判断认定该微信账号是否属于被告方所有。

（二）证据形式应当完备

微信聊天记录包括文字记录和语音记录两种。文字记录的完备性②相对来说容易判断，语音记录的完备性则相对较为复杂。主要是语音的时长较短，使用者讲话习惯差别大，有的习惯于一两句话一次语音信息，有的则长篇累牍。正因如此，语音记录的当庭播放对于查明海上货运代理合同关系的建立、权利义务的履行至关重要。以案例2为例，法庭未准许其当庭播放语音记录的原因并非认为该记录真实性存疑，而是在庭前1个月左右已告知其应当办理公证，K拒不办理，而作为被告的F本人未到庭应诉，导致当庭播放效果大打折扣。因此，微信语音记录较多且法庭未组织庭前证据交换时，在案件开庭前选取其中较为关键的部分语音记录进行公证，将争议事实转化为我国民事诉讼法拟制的法律事实，不失为一种较为稳妥的方法。

对于微信一方在境外形成的微信聊天记录，尚未找到需要公证认证的案例③，这充分体现了微信聊天跨国界、记录储存设备便于携带、内容稳定的特点。只要在境内接入互联网可以查阅的微信聊天记录，不论聊天当时是否在境外，一般不算作域外证据，无需公证认证。需要注意的是，微信群已经在越来越多的海上货运代理合同纠纷中崭露头角，由于微信群里的用户不限于案件当事人，故微信群聊记录的丢失难度比单一微信聊天记

---

① 在海上货运代理业务中，这些特征主要是订舱、报关、拖卡、提单编号、船名航次、收款账号等。

② 虽然不能作为裁判依据，但可以参照《最高人民法院关于互联网法院审理案件若干问题的规定》第十一条判断电子证据的真实性。一是在认定对象上，涵盖对电子证据生成、收集、存储、传输等各环节真实性的认定；二是在审查内容上，强调对电子数据生成平台、存储介质、保管方式、提取主体、传输过程、验证形式等方面进行审查；三是在认定方式上，鼓励和引导当事人通过电子签名、可信时间戳、哈希值校验、区块链等技术手段，以及通过取证存证平台等对证据进行固定、留存、收集和提取，弥补仅依靠公证程序认定电子证据的不足，提升电子数据的证据效力。

③ 需要注意的是，国外微信使用者通过拍照、截图方式用微信传送到国内当事人，如质证方对图片内容真实性提出异议，则法院对其真实性不予确认。

录要高,群聊记录的真实性更易核查。

(三) 证据内容应能与其他证据相互印证

微信聊天记录作为电子数据,质证方往往提出易删改、使用者身份不明等意见,对其真实性、关联性不予认可。目前,对电子证据真实性的审查判断主要依靠公证程序,且基本为形式审查,程序复杂烦琐,证明力不强。[1] 对于形式真实性的审查,一般通过使用存储有微信聊天记录的手机当庭演示即可完成。对于关键性语音记录,可以在庭前组织双方到场质证,一方无正当理由拒不到场,法庭可以通过核对确认证据形式真实性,不宜倡导当事人原则上都要对微信聊天记录进行公证。例外的情形是,如果作为储存设备的手机可能出现严重故障、微信聊天记录很可能无法保存和提交法庭,那么在诉前委托公证机关进行公证,是十分必要的。对于实质真实性的判断,则需要与其他证据相互印证,如聊天记录中的与货物出运相关的提单编号、船期、货物品名、收货人等,与提单等书证记载是否一致。如信息一致,则对聊天记录的关联性、证明力均可认定;如不一致或无法对应,则不予认定。

(四) 证据内容应与证明目的一致

一般来说,举证方所提交的微信聊天记录与证明目的是一致的,旨在证明自己主张事实成立、对方主张事实不成立,但是事有常理必有例外。比如,案例1中举证方提交的微信聊天记录表明对方确认货物是G公司所有,并无涉及货运代理业务委托关系的内容,容易产生内心确信:双方并无货运代理委托关系,而只是货主向非受托方的货运代理人查询货物出运信息。再以该案例为例,微信聊天记录的内容如果"留白",则可能与举证方提交的其他证据形成排斥关系。C公司因未收到运费,与Z公司以书面方式确认货代费用,该确认书记载Z公司未付C公司代理费用,恳请G公司尽快付清。另一份确认书系以G公司名义出具,记载先由Z公司支付货代费用并在Z公司未付时C公司可向G公司追偿。G公司对后一份确认书真实性予以否认。上述C公司提交的两份书证真实性暂且不论,证明内容与C公司提交的微信聊天记录存在明显差异,即如果微信聊天记录证明

---

[1] 参见胡仕浩、何帆、李承运《〈关于互联网法院审理案件若干问题的规定〉的理解与适用》,载《人民司法(应用)》2018年第28期,第27页。

的 C 公司与 G 公司存在委托代理关系属实，则未付运费的确认应该是委托双方之间进行，而不是 C 公司与 Z 公司确认费用。如果货运代理关系直接成立于 C 公司与 G 公司，那么由 G 公司出具确认书，提出 Z 公司先付、G 公司仅承担补充责任，而无 Z 公司同意该确认书的相关证据，则显得 Z 公司经济上不够理性，C 公司过于轻信。

四、结 论

微信聊天记录的证明力应当综合案情进行判断。微信的强大通讯功能使其进入民事诉讼证据的审查范畴，这对证据制度和规则来说是一种挑战，也是一种推动。以语音记录为例，在技术上应进一步改进庭审设备，实现微信聊天记录当庭从手机上拷贝到法庭电脑，以便当庭开示，更地好发挥庭审质证功能。

同时需要说明的是，在笔者参审和收集的多起海上货运代理合同纠纷中提交法庭的微信聊天记录，基本上不直接反映货运代理业务过程，而是在货运代理业务的前端代理关系的建立、后端费用确认和催讨上发挥证明作用。故与其他书证相比，微信聊天记录的证明力略显弱小。亦基于此，微信聊天记录如果能够类似阿里旺旺、天猫一样反映代理业务过程，配套体现主要节点、可信时间戳[1]、哈希值校验[2]、电子签名的服务，设立取证存证平台支持对证据进行固定、留存、收集和提取，支持法院在审理相关案件时实时导入、安全存储和合法使用涉案聊天数据，那么微信聊天记录在海上货运代理合同纠纷中的地位将会有新的显著提升。

展望未来，随着 5G 商用时代的到来，即时通讯视频和通话录音可能纳入微信聊天记录范畴，相关证据审查的方式与重点将有新的变化。然而万变不离其宗，对其证据三性的认定以及结合其他证据和案情全面判断证明效力的观念，永不过时。

---

[1] 时间戳（time stamp）是使用数字签名技术产生的数据，签名的对象包括原始文件信息、签名参数、签名时间等信息。时间戳机构（TSA）对此对象进行数字签名产生时间戳，以此证明原始文件在签名时间之前就已经存在。转引自冯姣《论互联网电子证据的保管》，载《南京大学法律评论》2018 年第 1 期，第 300 页。

[2] 据百度百科介绍，哈希值（Hash Function）又称散列函数（或散列算法、哈希函数），是一种从任何一种数据中创建小的数字"指纹"的方法。

海事诉讼中计算机模拟证据之证据能力规则

王 东[*]

摘要：上海海事法院在审理一起船舶碰撞纠纷中首次当庭应用"船舶数据分析系统"模拟船舶碰撞，辅助法院对该案船舶碰撞的事实进行查明。该案由于船员全部遇难，船舶所有人和经营人俱无法了解碰撞原因和过程。计算机模拟证据是司法审判智能化与信息化高速发展下必然会产生的新证据类型。计算机模拟证据不能简单地套用其他证据类型的证据能力规则。计算机模拟证据虽与电子数据存在较多共性，但两者的核心差异表现在计算机模拟证据的算法上。"算法"是逻辑产物，具备浓厚的人工色彩。计算机模拟证据的运用需要建立起针对"算法"的证据规则。《海事诉讼特别程序法》在未来的修改中应完善计算机模拟证据的合法性认证规则。

关键词：海事诉讼 无人船 算法 计算机模拟证据 船舶碰撞

Discussion on Rules of Evidence Capability of Computer Simulation Evidences in the Maritime Procedure

Wang Dong

Abstract：The Shanghai Maritime Court first applied the "ship data analysis system" to simulate ship collisions in a trial of a ship collision case in China. In the case of the death or disappearance of all crew members of one ship, the owner and operator of the ship were unable to know the causes and process of the collision of the ship. Computer Generate Simulations is a new type of evidence that will inevitably arise under the rapid development of judicial trial intelligence. They cannot simply apply the evidence ability rules of other types of

---

[*] 王东：复旦大学博士研究生。

evidence. Although Computer Generate Simulations has a large extent whichis similar to electronic data, there are differences between the two: the former has an algorithm, while the latter does not. The "algorithm" is a logical product with a strong artificial factor. The use of Computer Generate Simulations requires special rules of legal evidence. This paper suggests that the legality certification rules for Computer Generate Simulations can be established in the future revision of the Special Maritime Procedure Law.

Key words: maritime procedure law; USV; algorithm; CGS; collision of ships

一、问题的提出

2019年2月28日，上海海事法院在审理原告江苏全强海运有限公司、吴泉诉被告钦州市钦州港威龙船务有限公司船舶碰撞损害责任纠纷一案中，首次当庭运用"船舶数据分析系统"模拟船舶碰撞时的情况，以辅助查明事实与明辨双方责任。① 本案是"船舶数据分析系统"在我国国内的首次当庭应用。"船舶数据分析系统"由上海海事法院自主研发，在全国海事法院中属于首创。② 本案中，"顺强2"轮与"永安"轮在吴淞口警戒区发生碰撞，事故造成"顺强2"轮沉没、船上10名船员死亡，"永安"轮也遭受损坏。因"顺强2"轮上当班驾驶员无一人幸免，船舶所有人和经营人无法了解到此次碰撞的原因和过程，若按照以往庭审由双方陈述的方式进行碰撞事实调查，可获取信息有限，各方当事人也难以围绕争议焦点展开充分辩论。庭审中，合议庭决定当庭使用"船舶数据分析系统"。上海海事法院根据交通部的海事调查情况及"船舶数据分析系统"所获取的船舶AIS卫星定位系统等信息，利用"船舶数据分析系统"精确再现事故发生时的航道状况、碰撞船舶航行轨迹和周围其他船舶动态。在本案中，当事人双方都确认了演示的船舶碰撞轨迹，在经过法庭调查、法庭辩论等环节后，合议庭对事故责任比例问题当庭作出判决。"船舶数据分析

---

① 上海海事法院：《上海海事法院首次在庭审中运用"船舶数据分析系统"辅助查明船舶碰撞事实》，见 http://m.shhsfy.gov.cn/hsfysjw/hsfysjw/spdy1361/spdt1475/2019/03/08/2c9380996923e24601695eac3a4a4e3c.html。

② 参见严剑漪、黄丹《上海海事法院："透明法院"炼成记》，载《人民法院报》2019年4月18日，第7版。

系统"的应用，是司法审判的智能化与信息化的高速发展的表现之一，但这也对相对保守的民事证据制度提出了一些新的问题。

民事诉讼中的证据，是指在"民事诉讼中能够证明案件真实情况的各种资料，是法院认定案件事实与作出裁判的根据"[①]。上海海事法院借助"船舶数据分析系统"得出的船舶碰撞模拟结果，能够用于证明案件的真实情况，似乎也符合证据的概念。但是，这种智能化所带来的计算机模拟证据在我国民事诉讼证据种类法定情况下，是否属于八大法定证据类型之一？计算机模拟证据与电子数据是否同一？计算机模拟证据又应当适用何种证据规则？海事法院在庭审中是否有权主动适用其自主研发的计算机模拟程序获取计算机模拟证据作为案件事实认定的根据？这些问题均尚无定论，但实践又需要理论给予回应，故本文尝试对这些问题进行探讨。

二、计算机模拟证据及其特性

"船舶碰撞模拟"是一种什么类型的证据，是否可以归类于当前民事诉讼证据制度中法定类别的一类？笔者认为，"船舶碰撞模拟"首先是一种典型的计算机模拟证据。

（一）"船舶碰撞模拟"与计算机模拟证据

计算机模拟证据是信息化与智能化发展到一定程度的产物。从比较视野来看，计算机产生的证据可分为计算机动画（Computer Generate Animation，CGA）与计算机模拟（Computer Generate Simulations，CGS）两种类别。[②] CGA 证据通过电脑制作动态画面来演示案件事实的发生过程，用以辅助证人证言，但其中通常不展示专业性的问题，因此其证明力相对有限，争议较大。即便如此，在多年司法实践中，美国较其他国家已多次运用 CGA 证据，其中更不乏典型成功范例。美国民事诉讼中应用 CGS 证

[①] 张卫平：《民事诉讼法》，法律出版社 2016 年版，第 187 页。
[②] See Fulcher K L, The Jury as Witness: Forensic Computer Animation Transports Jurors to the Scene of a Crime or Automobile Accident, 22 U. Dayton L. Rev. 55, 1996.

据最典型的案件系 2007 年发生的 Lorraine V. Markel 案①。相比较而言，计算机模拟（CGS）比计算机动画（CGA）更复杂，但其科学性更强、更可靠。计算机模拟不仅展示出动态画面，还展示了所收集的数据以及其如何处理的过程，实际上创造了新的证据。② 因此，不同于倾向于作为辅助证人证言存在的 CGA 证据，CGS 证据本身就是一个独立的证据类别。

船舶碰撞模拟是计算机模拟证据的典型类型。船舶碰撞模拟以模拟船舶碰撞轨迹图的形式呈现，而船舶碰撞轨迹图是通过建立各参数物理并从船舶资料中直接或间接获取的船舶运动数学模型，再利用计算机直观显示或绘制船舶运动轨迹。③ 在前述原告江苏全强海运有限公司、吴泉诉被告钦州市钦州港威龙船务有限公司船舶碰撞损害责任纠纷一案中，上海海事法院正是通过该系统所收集的船舶、气象海况等数据及所存储的船舶历史航迹，绘制了模拟的船舶碰撞轨迹图，为船舶碰撞案件审理提供了辅助事实查明与责任辨别的新证据。

（二）计算机模拟证据的特性

计算机模拟证据并不等同于电子数据。虽然计算机模拟证据与电子数据具有很多的共性，并且计算机模拟船舶碰撞的分析结果是通过计算机对其所获取与储存的数据进行特定程序分析所取得的，但这是否就等同于电子数据？笔者认为并非如此。

当前立法并没有对电子数据的概念进行定义。有学者认为，电子证据是"以电子形式存储或传输的、用于证明案件事实的数据或信息"，包含

---

① 本案中，Jack Lorraine 和 Beverly Mack 两人发生了一起游艇碰撞交通事故。事后 Jack Lorraine 凭借专业技术人员制作的 CGA 证据认为事故属机械故障，要求 Markel 商业保险公司按合同约定进行赔付。但 Markel 公司经过几个月的调查拒绝了 Jack Lorraine 的诸多赔付要求。因为 Markel 公司坚称 CGA 作为计算机理论假想模型不具备充分的证明力，Jack Lorraine 没有足够证据证明游艇交通事故乃前舷照明系统机械故障所致。经过一番激烈的仲裁调查，仲裁机构最终裁定 Markel 公司应赔偿 Jack Lorraine 14,000 美元的损失。但 Jack Lorraine 认为仲裁不公，认为自己理应获得 36,000 美元补偿，遂起诉至马里兰州地方法院。马里兰州地方法院最终支持了 Jack Lorraine 的诉求。参见欧阳爱辉《美国司法实践中的 CGA 证据应用介评》，载《犯罪研究》2013 年第 4 期，第 93 - 96 页。

② See Laura Wilkinson Smalley, Establishing Foundation to Admit Computer-Generated Evidence as Demonstrative or Substantive Evidence, American Jurisprudence Proof of Facts 3d 455.

③ 参见钱玉林《基于船舶碰撞海事分析的航迹模拟系统》，载《中国航海》1997 年第 1 期，第 22 - 27 页。

"数据、电子、证据"三个要素。① 电子数据在当前民事诉讼证据制度中已经成为一个正式的单独证据类型。从表现形式上来看,电子数据是指"通过电子邮件、电子数据交换、网上聊天记录、博客、微博客、手机短信、电子签名、域名等形成或者存储在电子介质中的信息。"② 该条规定同时也表明了电子数据的特点:"形成"或者"存储"在电子介质中的信息。换言之,一般证据法意义上的电子数据,是在案件发生过程中自然形成的,并且以难以感知的电子信息形态存在。③ 这也表现在电子数据的外延中,"电子数据包括下列信息、电子文件:(一)网页、博客、微博客等网络平台发布的信息;(二)手机短信、电子邮件、即时通信、通讯群组等网络应用服务的通信信息;(三)用户注册信息、身份认证信息、电子交易记录、通信记录、登录日志等信息;(四)文档、图片、音频、视频、数字证书、计算机程序等电子文件;(五)其他以数字化形式存储、处理、传输的能够证明案件事实的信息"④。

  计算机模拟证据毫无疑问含有"数据、电子、证据"三个要素,与电子数据形形色色的外延类型也有相当的共性。但笔者认为,计算机模拟证据与电子数据存在差异,其中最大差别在于"算法"(algorithm)。计算机模拟证据并非电子信息环境下必然产生的,而是特定算法的分析结果;算法是逻辑的产物,本身就带有人工的色彩。

  以处理船舶碰撞纠纷为代表的海上侵权案件为例,电子数据证据的典型类别主要有电子海图、VTS 系统、无人机、电子监控、GPS 系统等,虽表现形式各有不同,但其本质仍是案件真实情况发生时产生或存储在电子介质中的信息。值得一提的是,《最高人民法院关于民事诉讼证据的若干规定》(以下简称《证据规定》)第十四条作为兜底条款的"其他"中虽使用了"处理"一词,但实质上仍是指案件真实情况发生时,信息在电子介质中产生或存储的过程,并没有包含事后对该电子信息再进行人为加工

---

① 参见龙卫球、裴炜《电子证据概念与审查认定规则的构建研究(社会科学版)》,载《北京航空航天大学学报》2016 年第 2 期,第 41 页。
② 最高人民法院:《最高人民法院关于适用〈中华人民共和国民事诉讼法〉的解释》第一百一十六条,法释〔2022〕11 号。
③ 参见李承华《刑事诉讼中计算机模拟证据问题研究》,载《重庆邮电大学学报(社会科学版)》2013 年第 5 期,第 42 页。
④ 最高人民法院:《最高人民法院关于民事诉讼证据的若干规定》第十四条,法释〔2019〕19 号。

或解释的过程。

上海海事法院运用"船舶数据分析系统"所进行的模拟船舶碰撞则不同。计算机模拟证据的产生经过了三个明显的阶段：第一阶段，数据的收集与储存；第二阶段，数据的分析与处理；第三阶段，数据的输出与模拟。其中，"数据的分析与处理"阶段是计算机按照特定程序自动生成的一系列连续性动画图像。"特定程序"也可称为"算法"。"所谓算法，简而言之就是一系列解决问题的指令。只要给定初始条件，这一系列指令就会自动给出相应的答案。"[1] 也就是说，计算机模拟证据并不等同于当前民事诉讼证据法意义上的电子数据。电子数据是信息以数据的方式储存，而计算机模拟则明显受到数据的特定程序（即核心算法）设计者的人为因素的影响，包含了设计者对已形成的电子信息的选择与解读，后天人为因素较强。值得一提的是，计算机模拟证据与刑事诉讼中的辨认、侦查实验这类证据类型也有一定的共性，但依然有所差别。传统意义上的辨认、侦查实验很少会以现实世界难感知的电子信息形态存在，因此，计算机模拟证据无法清晰地被纳入现行刑事诉讼法规定的法定证据种类。[2]

通过分析和比较可知，计算机模拟是信息化、智能化审判与庭审方式发展下必然会产生的新证据类型。这种计算机模拟证据不同于传统的证据类别，尤其不同于电子数据。电子数据是否能成为一种独立的证据种类也曾存在争议，"不少学者认为可以将电子数据归入视听资料这一证据之中。但也有的学者认为，电子数据有其自身的特点，而且在实践运用中越来越广泛，将电子数据予以独立，越有利于这种证据的研究和运用。最终立法者采纳了这种观点"[3]。计算机模拟证据有其自身的特点，在实践运用中也越加广泛，尤其是在海事诉讼审理船舶碰撞案件中，因此，将计算机模拟证据予以独立，也有利于这种证据的研究和运用。

三、计算机模拟证据规则建立的紧迫性

计算机模拟证据的价值主要体现在民事诉讼领域。以美国为例，一方

---

[1] 陈永伟：《算法合谋：一个老问题的新形式》，见 http://opinion.caixin.com/2018-01-22/101201027.html。

[2] 参见李承华《刑事诉讼中计算机模拟证据问题研究》，载《重庆邮电大学学报（社会科学版）》2013年第5期，第41-44页。

[3] 张卫平：《民事诉讼法》，法律出版社2016年版，第192页。

面,由于飞机、船舶、汽车交通事故出现概率愈来愈高,而现场被交通事故破坏,很多案发真相之还原均不得不求助于计算机程序虚拟推演完成,故其更广泛应用于在民事诉讼中交通事故案件的处理。[1] 另一方面,由于美国民事诉讼的证明标准要低于刑事诉讼,即仅需达到"证据优势"而不必像刑事案件证明标准那般实现排除一切合理怀疑。因此,计算机模拟证据更容易在民事诉讼领域获得推广使用。

笔者认为,比较民事诉讼领域中各类交通事故的处理,计算机模拟证据的价值首重海上交通安全。在海事诉讼中,尤其是处理以船舶碰撞为典型的海上侵权案件中,迫切需要建立起针对计算机模拟证据的证据规则。

(一) 实践的需求

船舶碰撞案件频繁且案件事实难以确定。在陆地交通事故中,主要以汽车交通事故为主,由于发生在陆地上,通常最有效的举证方式莫过于通过车载摄像头、道路交通监控摄像头调取视频资料,从视听资料中可以有效地判断大部分陆地交通事故的事发经过。航空交通事故通常源于飞机本身的故障,发生飞机互相碰撞的案例极少,而碰撞双方对簿公堂的案例更是凤毛麟角。海上交通事故则不同,船舶碰撞是较常见的海上事故[2],船舶碰撞发生时的具体情形往往缺少第三方目击证人、视听资料等证据,造成的经济损失巨大且船舶碰撞案件的取证难度大,现场痕迹不易保存,航行资料的完整性与真实性难以保证。船舶碰撞案件的证据问题是海事法院法官在面对海事碰撞纠纷时最头痛的问题之一。

法院审理船舶碰撞案件对计算机证据也有迫切的需求。一方面,通过数据收集,绘制船舶碰撞双方的运动轨迹图以模拟船舶碰撞,在处理船舶碰撞纠纷中已经有很长时间的实践历史。但在计算机模拟船舶碰撞分析投入使用之前,船舶碰撞轨迹图是由航海专家人工绘制的,"存在作图工作

---

[1] 参见欧阳爱辉《美国司法实践中的 CGA 证据应用介评》,载《犯罪研究》2013 年第 4 期,第 93 - 96 页。

[2] 上海海事法院发布的白皮书显示,2015 年 1 月 1 日至 2019 年 3 月 25 日,上海海事法院共受理由船舶碰撞事故引起的各类纠纷 203 件,其中船舶碰撞损害责任纠纷 114 件,船舶污染损害责任纠纷 25 件,海上、通海水域人身损害责任纠纷 64 件,涉诉标的额共计人民币 6.18 亿元,其中船货等财产损失 4.43 亿元,环境污染损害 0.75 亿元,人身损害赔偿 1 亿元。案件涉及船舶碰撞事故 38 起,造成人员死亡 70 人,船舶沉没 12 艘。

量大、精度低等缺点,从而降低了说服力"①。一方当事人出具船舶轨迹模拟图,也因是利益关系方,难以得到其他当事人的配合与认可,获得的数据有限,导致结果也并不可靠。另一方面,我国《海事诉讼特别程序法》针对船舶碰撞案件审理,特别制定了"海事事故调查表制度"以克服船舶碰撞的证据难以收集、固定的情形,对船舶碰撞诉讼当事人附加了法律义务。但是,"海事事故调查表制度"未规定违反此项法律义务的相应法律责任,这就导致了"海事事故调查表"存在大量的虚假陈述。既有无意的违反,如由于船员的培养跟不上船舶的发展,较多有关事故的文件或证词记载不全②;也有故意违反的现象,如当事船舶双方为减轻责任,不同程度地对其提供的海事报告、调查笔录等内容进行择取,致使船舶碰撞事故难以查清。

(二) 技术的沉淀

随着科技的发展,通过计算机模拟船舶碰撞的技术越来越成熟。一是在数据的收集方面。船舶本身的智能化发展与数据交流技术相对成熟,通过船舶 AIS 卫星定位系统,上海海事法院可通过"船舶数据分析系统"获取的船舶 AIS 数据,与交通部门的海事调查情况对接,也可广泛收集与海事审判执行密切相关的船舶、气象海况等数据,构建出高性能的大数据平台,为船舶碰撞案件审理提供了先进的技术。二是在数据的处理方面。在计算机模拟船舶碰撞分析投入使用之前,是根据双方提供的碰撞前船舶操纵避让过程,由专家人工绘图与模拟分析船舶运行轨迹。其虽然存在作图工作量大、精度低等缺点,但也为计算机模拟证据核心算法的成熟储备了丰富的实践经验与技术积累。值得一提的是,海事法院对以船舶碰撞轨迹模拟图作为证明船舶碰撞事实及责任分配的证据的认定也有一定审判经验的积累。

总而言之,相对于一般的民事诉讼而言,利用计算机模拟证据在海事诉讼中处理船舶碰撞纠纷方面有迫切的实践需求、深厚的技术与经验的沉淀。建立完善的证据规则以保障计算机模拟证据在司法实践中的广泛应用

---

① 钱玉林:《基于船舶碰撞海事分析的航迹模拟系统》,载《中国航海》1997 年第 1 期,第 22 – 27 页。
② 参见奚伟强、金正权、张惠荣《计算机模拟航迹在船舶碰撞分析中的应用研究》,载《交通部上海船舶运输科学研究所学报》1992 年第 2 期,第 43 – 51 页。

具有一定的可行性，也具有相当的紧迫性。

四、海事诉讼中建立计算机模拟证据之证据能力规则的探讨

证据能力指的是"一个证据能不能作为法院认定事实的依据，有没有这个资格"[①]。在海事诉讼中，尤其是在处理船舶碰撞纠纷案件中，计算机模拟证据已经纳入海事法院的司法审判。司法实践反映了计算机模拟证据在海事诉讼处理船舶碰撞纠纷方面有广泛的应用前景和紧迫的需求，但作为一种新的证据类型，目前还没有相应的计算机模拟证据的证据能力规则，对于计算机模拟证据的真实性、合法性、关联性还没有取得共识。比如，当事人通过第三方机构出具的计算机模拟船舶碰撞的证据能否作为海事法院认定船舶碰撞事实的依据？换言之，并非所有的计算机模拟证据都具备作为法院认定事实依据的资格，而哪些计算机模拟规则应当被排除适用，这成了计算机模拟证据在海事诉讼领域中广泛应用的障碍。

（一）计算机模拟证据的关联性和真实性规则

电子数据与计算机模拟存在很多共性，尤其是在数据化与信息化上，因此，计算机模拟证据的真实性、关联性规则仍可借鉴电子数据的相关证据能力规则的研究成果。

在关联性规则方面，计算机模拟与电子数据、传统类型证据关联性的分析认证过程并无太多差异，都遵循与案件密切相关的原则。在真实性与合法性的基础上，"法官可以遵循自由心证规则，运用逻辑和日常经验法则的分析过程"[②]。

在真实性规则方面，主要在于是否需要"符合最佳证据规则要求"。传统的书证、物证等采取最佳证据规则，强调证据原件。[③] 书证、物证的原件不易修改且可视可读。但"电子数据本质系肉眼不可见的二进制代码，与最佳证据规则的要求天然不合"[④]。尽管《证据规定》第二十三条规

[①] 张卫平：《民事诉讼法》，法律出版社 2016 年版，第 188 页。
[②] 伊鲁：《海事诉讼中电子数据的证据能力规则》，载《中国海商法研究》2017 年第 1 期，第 53 页。
[③] 参见蔡惠霞《英国最佳证据规则之发展》，载《司法改革评论》2013 年第 2 期，第 391 页。
[④] 龙卫球、裴炜：《电子证据概念与审查认定规则的构建研究》，载《北京航空航天大学学报（社会科学版）》2016 年第 2 期，第 41 页。

定,"提供原始载体确有困难的,可以提供复制件。提供复制件的,人民法院应当在调查笔录中说明其来源和制作经过"。由于电子数据的复制件可能并不完整,也存在被篡改的可能性。"电子数据内容真实性认证的现实困难在于无法根据最佳证据规则提交原件,应当将电子数据作为最佳证据规则的例外,转而考察电子数据内容的完整性和可靠性。"① 对此,计算机模拟证据与电子数据的真实性的标准认定均可参照《电子签名法》第八条②以及《证据规定》第九十三条的规定,尤其是后者。依据《证据规定》,对"计算机系统的硬件、软件环境"、"完整地保存、传输、提取,保存、传输、提取的方法"、"形成和存储"的过程、"保存、传输、提取电子数据的主体",以及"影响电子数据完整性和可靠性的其他因素",对于电子数据及计算机模拟证据的真实性,均可结合上述相关因素进行综合判断。

(二) 计算机模拟证据的合法性认证规则

证据合法性的内涵是一个存在争议的理论问题,③ 但证据的合法性通常包括三方面的内容:收集证据的合法性、证据形式的合法性、证据材料转化为证据的合法性。④

换言之,证据的合法性规则主要围绕证据来源的合法性。

在电子数据的合法性认证规则方面,《民事诉讼法》及相关司法解释未规定电子数据的取证主体和取证范围。仅在《最高人民法院关于适用〈中华人民共和国民事诉讼法〉的解释》(以下简称《民诉法解释》)中排除了"以严重侵害他人合法权益、违反法律禁止性规定或者严重违背公序良俗的方法形成或者获取"的电子数据的取证方式角度,但该规定过于笼统。对此,有学者认为,电子数据的合法性认证规则为电子数据的取证程

---

① 电子数据的完整性是指电子数据应当包含的内容信息和附属信息,二者缺一不可。可靠性是指电子数据的内容信息和附属信息可相互印证。参见伊鲁《海事诉讼中电子数据的证据能力规则》,载《中国海商法研究》2017年第1期,第48-53页。
② 《电子签名法》第八条:"审查数据电文作为证据的真实性,应当考虑以下因素:(一)生成、储存或传递数据电文方法的可靠性;(二)保持内容完整性方法的可靠性;(三)用以鉴别发件人方法的可靠性;(四)其他相关因素。"
③ 参见黄明耀《民事诉讼证据合法性——从最高法院关于录音证据的司法解释谈起》,载《现代法学》2002年第3期,第78页。
④ 参见江伟《民事诉讼法(第二版)》,中国人民大学出版社2004年版,第131-132页。

序，应当以保护当事人合法权益为价值取向，从主体、方式和范围三方面构建这一程序。

计算机模拟证据与电子数据虽然具有很大共同点，但基于两者的核心差异性，即算法的差异性，计算机模拟证据需要建立起独特的证据规则，即针对"算法"的证据规则。换言之，以"算法"为核心的计算机模拟证据的人为因素特点决定了其与电子数据在合法性上存在差异，因此，计算机模拟对合法性的要求应比电子数据要更严格。笔者试从取证主体、取证方式和取证范围三方面探讨建立在海事诉讼中计算机模拟证据的合法性认证规则。

1. 计算机模拟证据的取证主体

《民事诉讼法》"证据"一章的相关规定中，取证主体可以为案件当事人、诉讼代理人和人民法院。这一规定虽然可适用于电子数据的取证主体，但对于海事诉讼中计算机模拟证据的取证主体而言却并不合适。

计算机模拟证据不同于传统证据类别，也不同于电子数据，其以"算法"为核心。不同于书证、物证、视听资料、电子数据等证据类别可纯粹地进行信息储存、交换和再现，"算法"本身是逻辑的产物，具备浓厚的人工色彩。这意味着，采用不同的"算法"，即便所提供的原始资料是相同的，也会产生不同的结果。在以往的司法实践中，对于电子数据，当事人可以申请电子技术专家在司法鉴定阶段或以专家证人的身份出现在诉讼中对电子数据向法庭发表专家意见。但计算机模拟证据在法庭中所扮演的角色已经不仅仅是证据的角色，实际上还担当了部分裁判者的角色，其核心算法已经对案件的事实部分进行了判断。换言之，选择了"算法"，其实也就是选择了"法官"。如果海事法院计算机模拟证据的来源是一方当事人所提供或由其聘请的第三方的计算机模拟系统，这几乎等同于当事人一方选择自己的法官，实质上有违程序的公平与正义。况且，无论是原始数据的获取方式，抑或船舶轨迹分析模拟系统，技术仍在发展，新的算法也会出现，新旧算法的选择也可能会产生不同的模拟结果。另外，计算机模拟证据的高昂成本也会影响当事人的举证能力，会出现一方有经济能力提供自己的计算机模拟证据[①]，而另一方则没有这个经济能力，导致实质的不公正。

---

① 如航运大公司具备自己分析与处理船舶碰撞海事的信息处理系统。参见钱玉林《基于船舶碰撞海事分析的航迹模拟系统》，载《中国航海》1997 年第 1 期，第 22 – 27 页。

笔者认为，计算机模拟证据的取证主体应当具备官方权威性①，限定为人民法院。值得一提的是，在电子数据证据的相关规则中，"由当事人提交或者保管的于己不利的电子数据"以及"由记录和保存电子数据的中立第三方平台提供或者确认的"的电子数据，"人民法院可以确认其真实性"，有足以反驳的相反证据的除外②。正如前言所述，计算机模拟证据不同于电子数据，应当具有更严格的规制。鉴于海事案件的特殊性，对证据的官方权威性的规定，其实在《海事诉讼特别程序法》关于审理船舶碰撞案件的规定中早有体现③。至于人民法院是否具备担任计算机模拟证据的取证主体的能力，司法实践也给出了回应。上海海事法院审理原告江苏全强海运有限公司、吴泉诉被告钦州市钦州港威龙船务有限公司船舶碰撞损害责任纠纷一案这一司法实践也证明了在海事诉讼处理船舶碰撞纠纷案件中，海事法院事实上已经具备了作为计算机模拟证据的取证主体的能力。

当然，值得考虑的一点是，目前并非所有海事法院都具备相应的软硬件条件。但船舶数据分析系统并非独属于上海海事法院，随着庭审智能化与现代化的发展，船舶数据分析系统等大数据分析系统也必将逐步推广到全国海事法院整体，乃至整个人民法院的司法审判应用中。

2. 计算机模拟证据的取证方式

在计算机模拟证据的取证主体需要限制在人民法院的前提下，需要进一步考虑完善人民法院调查收集证据的取证方式。对于证据取证方式，相

---

① 在前述美国 Lorraine V. Markel 案中，马里兰州地方法院"法官围绕本案对 CGA 证据在民事诉讼领域应用的可行性进行了全面探讨。他们认为，输入数据通过计算机特定程序产生的模拟图像、场景能否具备充分证明力关键在于其可否满足下列五方面要求：第一，必须与案件密切相关；第二，具备官方权威性；第三，不被传闻证据规则所排除；第四，符合最佳证据规则要求；最后，它还不会导致司法不公正。若同时满足上述五大条件，CGA 当然完全具备证据可采性"。虽然 CGA 证据与 CGS 证据尚有不同，但 CGS 证据规则应当比 CGA 证据更严格，因此对 CGA 的证据规则要求也应当是 CGS 规则适用的前提之一。五项要求中，"必须与案件密切相关"是证据的关联性要求，"不被传闻证据所排除""符合最佳证据规则要求"则是证据的真实性要求。这三点要求与对电子数据的证据要求的探讨差异不大。但其中"具备官方权威性""不会导致司法不公正"两点要求则是对计算机证据的合法性的独特要求。"具备官方权威性"也是合法性取证主体的限定。

② 最高人民法院：《最高人民法院关于民事诉讼证据的若干规定》第九十四条，法释〔2019〕19号。

③ 《海事诉讼特别程序法》第八十六条："船舶检验、估价应当由国家授权或者其他具有专业资格的机构或者个人承担。非经国家授权或者未取得专业资格的机构或者个人所作的检验或者估价结论，海事法院不予采纳。"

较电子数据的取证方式，计算机模拟证据认证规则应当贯彻两点：以保护当事人合法权益为价值取向以及保证电子数据的完整性。① 这两点对于计算机模拟证据的取证方式也是成立的。一方面，"严重侵害当事人合法权益"和"严重违背公序良俗"所取得的证据被排除适用；另一方面，计算机模拟证据以电子数据等证据作为原始材料，也只有在其完整性得以保证的前提下，才能获取精确的计算机模拟证据。

计算机模拟证据的取得，是否可以由人民法院主动依职权调查获取？民事证据制度尚没有针对计算机模拟证据的相应规则。关于人民法院调查收集证据的启动，根据《民诉法解释》第九十六条、《证据规定》第三十条，除了法定的"人民法院认为审理案件需要的证据"，应当依照当事人的申请进行。而"人民法院认为审理案件需要的证据"，根据《民诉法解释》第九十六条、《证据规定》第三十条，主要有五项："（一）涉及可能损害国家利益、社会公共利益的；（二）涉及身份关系的；（三）涉及民事诉讼法第五十八条规定诉讼的；（四）当事人有恶意串通损害他人合法权益可能的；（五）涉及依职权追加当事人、中止诉讼、终结诉讼、回避等程序性事项的。"仅从法条本身的描述而言，计算机模拟证据是否属于"人民法院认为审理需要的证据"并不明确。根据《最高人民法院关于审理船舶碰撞纠纷案件若干问题的规定》第十一条，"主管机关依法进行调查取得并经过事故当事人和有关人员确认的碰撞事实调查材料，可以作为人民法院认定案件事实的证据"，如交通部门的调查报告、岸基船舶AIS信号数据等，但仍没有明确法院是否有权利在庭审中主动使用计算机模拟对所获取的调查资料进行分析来获取计算机模拟证据。

在海事诉讼审理船舶碰撞纠纷案件中，根据《海事诉讼特别程序法》第八十二条，"原告在起诉时、被告在答辩时，应当如实填写《海事事故调查表》"。"海事事故调查表"可以作为查清事实的根据。但是，在发生船舶碰撞后，如果导致一方或双方大量船员伤亡，尤其是轮上当班驾驶员无人幸免的情况下，甚至是未来无人驾驶船舶发生碰撞的情况下，当事人作为船舶所有人或经营人，却对船舶碰撞事实并不了解。此时，"海事事故调查表"基本无法作为查清事实的根据。而仅依靠双方陈述的方式进行碰撞事实调查，可获取信息有限，各方当事人也难以围绕争议焦点展开充

---

① 参见伊鲁《海事诉讼中电子数据的证据能力规则》，载《中国海商法研究》2017年第1期，第46-51页。

分辩论，便更难以查清事实。笔者认为，在海事诉讼审理船舶碰撞案件中，应当通过立法明确海事法院可以依职权启动获取计算机模拟证据；对《海事诉讼特别程序法》第八章第一节"审理船舶碰撞案件的规定"的修改中，应当为计算机模拟证据的认定规则留有空间。当然，对于人民法院的数据模拟分析的模拟结果，若当事人提出足以推翻认定结论的相反证据，应当以当事人的证据为准。

计算机模拟证据的作用仍然应是辅助人民法院查清事实，举证责任仍应当由相应的当事人承担，而并非每一起船舶碰撞纠纷都有必要通过海事法院启动计算机模拟船舶碰撞。因此，虽然海事法院应当具有依职权调查获取计算机模拟证据的权利，但并非完全没有前提条件。笔者认为，海事法院除了依据《民诉法解释》第九十六条、《证据规定》第三十条所规定的法定的"人民法院认为审理案件需要的证据"，还应当在《海事诉讼特别程序法》中，针对"涉及船舶碰撞当事人无法提交有助于查清船舶碰撞的证据"的情况，补充作为在人民法院审理船舶碰撞案件中"人民法院认为审理案件需要的证据"的特殊情况，可以由人民法院主动依职权调查获取，为人民法院在庭审中依职权启动计算机模拟获取计算机模拟证据确定法律依据。

3. 计算机模拟证据的取证范围

并非所有的计算机模拟证据都会被用于人民法院认定事实。如同电子数据证据规则，作为载体的电子设备会储存大量的相关或无关的数据，但人民法院需要审查其与案件争议的关联性，与案件争议无关的电子数据不属于取证范围。同样地，无论是当事人向人民法院申请或者人民法院主动依职权调查，与案情争议无关的计算机模拟证据，均不应当准许或主动获取。

在智能化航运、无人航运的高速发展的情况下，未来完全有可能发生船舶碰撞而无船员在船，船舶所有人和经营人都不清楚此次碰撞的原因和过程的情况，计算机模拟证据将在海事审判中被高频使用。如果没有完善的计算机模拟证据能力规则，缺乏统一的标准，则必然会造成人民法院在未来对计算机模拟证据的认可上的混乱，导致司法的不公正。因此，《海事诉讼特别程序法》的修改应当具有前瞻性，有必要对计算机模拟证据的证据能力规则作出规制。

五、结　语

　　计算机模拟证据是司法审判的智能化与信息化的高速发展下必然会产生的新证据类型。计算机模拟证据作为一种新的证据类型，既不同于传统的证据，也不同于电子数据，不能简单地套用其他证据类型的证据能力规则。计算机模拟证据虽与电子数据存在较多的共性，计算机模拟证据的真实性、关联性与电子数据的相关证据能力规则相类似，但计算机模拟证据与电子数据的核心差异表现在算法上，"算法"本身是逻辑的产物，具备浓厚的人工色彩。计算机模拟证据需要建立针对"算法"的独特的合法性证据规则，因此笔者建议在《海事诉讼特别程序法》的未来修改中，完善关于法院审理船舶碰撞案件的特有证据规则部分，从计算机模拟证据中的取证主体、取证方式和取证范围三方面建立起计算机模拟证据的合法性认证规则。

　　应当看到，计算机模拟证据不仅仅适用于海事诉讼中处理船舶碰撞纠纷，从美国的司法实践来看，随着科技的信息化、智能化的不断发展，以及大数据的获取方式、算法的升级更迭，计算机模拟证据在民事诉讼、刑事诉讼、行政诉讼等领域也有广泛的应用空间。本文当前对计算机模拟证据在海事诉讼中证据能力规则的探讨及成果，希望有益于未来计算机模拟证据在三大诉讼法领域中的广泛应用及相应证据规则的建立。

专题三　海法专论

海上货物运输实际托运人的法律地位研究[①]

赵 亮[*] 刘日尧[**]

摘要：中国FOB出口卖方通常被称为"实际托运人"，该托运人在《海商法》中被定义为"托运人"，与契约托运人并存于《海商法》中。然而，《海商法》并没有对两种托运人的权利义务和责任予以区分，这种法律空白给司法实践带来了不便，并在法律的适用上产生了不一致。本文通过对《海商法》实施以来中国法院对实际托运人有关权利义务的判决的研究，总结司法实践中对海上货物运输实际托运人权利义务的认定，归纳并分析《海商法》中的相关规定应当如何适用于实际托运人，以期为中国FOB出口卖方的权利和义务的认定提供充分的法律实践依据。

关键词：托运人 实际托运人 提单 权利 义务

Study on Actual Shipper in Carriage of Goods by Sea

Zhao Liang, Liu Riyao

Abstract: Chinese FOB sellers are always called actual shippers and this kind of actual shipper is identified as the shipper in the Chinese Maritime Code along with the concept of contractual shipper. However, the Chinese Maritime Code does not distinguish the two kinds of shipper in respect of the rights and obligations. This causes inconveniences to judicial practice and results in the inconsistency in the application of law. This article examines the judgements of Chinese courts regarding the rights and obligations of the actual shipper since the promulgation of the Chinese Maritime Code, summarizes the judicial practice in respect of the actual shipper's rights and obligations, analyzes the application of

---

① 本文为香港特别行政区大学教育资助委员会研究资助局研究项目（项目编号：21610716）成果。
* 赵亮：博士，英国南安普敦大学法学院副教授。
** 刘日尧：博士，广东华商律师事务所律师。

relevant provisions in the Chinese Maritime Code to the actual shipper and provides legal basis for judicial practice in respect of Chinese FOB sellers' rights of obligations.

Key words: shipper; actual shipper; bill of lading; rights; obligations

前　言

在海上货物运输合同中，合同当事人是承运人与托运人。在《海商法》中，承运人被定义为与托运人订立海上货物运输合同的人，不包括没有与托运人订立合同但实际从事货物运输的人，即实际承运人。而对应的托运人，《海商法》不仅包括与承运人订立海上货物运输合同的人，还包括将货物交给与海上货物运输合同有关的承运人的人，前者被称为契约托运人，后者为实际托运人。然而，《海商法》仅定义了两种托运人，并未对二者的权利和义务予以区分。在实践中，FOB 贸易术语下的中国出口卖方一般情况下都会成为实际托运人，而对于其是否享有托运人的权利并承担相应的义务，以及其与契约托运人、承运人和实际承运人的法律关系，《海商法》没有给出答案。这些问题在法律研究和司法实践中会不可避免地产生。本文从中托运人定义的产生开始研究，结合我国最高人民法院的司法解释和各级法院的司法实践①，对上述问题予以分析，从而系统地阐述 FOB 贸易卖方作为实际托运人的法律地位。

一、实际托运人的定义

（一）《汉堡规则》中的实际托运人

托运人的定义以成文法的形式最早出现于《汉堡规则》。《汉堡规则》自 1970 年开始酝酿，至 1975 年草案形成，承运人责任是贯穿始终的重要议题，但其间始终没有出现托运人的定义。在 1975 年汉堡规则的草案提交与会国成员和相关国际组织评议时，墨西哥代表首次提议加入托运人定义，因为公约草案定义了承运人、实际承运人、收货人等和运输直接相关的主体。该国代表建议将托运人定义为"任何以本人或以他人名义与承运

---

① 本文选取的中国案例来源于万律网（Westlaw China）和中国裁判文书网。

人订立海上货物运输合同的人"①。此时的托运人定义并没有突破海上货物运输合同的相对性,而仅仅是为了使公约在形式上更加完整。对于该托运人定义,国际船东协会(International Shipowners' Association)认为:"提单中所证明的海上货物运输合同并不全部由托运人订立。如果订舱过程先于交货,例如 FOB 或者 FAS 贸易,此时的海上货物运输合同由收货人订立。因此,将托运人作为承运人的唯一缔约相对方是不准确的,需要使用'发货人'来代替'托运人',或者给出符合该公约目的的'托运人'定义。"②国际船东协会的理解反映出航运实务中的不同习惯,即向承运人交付货物的发货人在航运实践中也可以被称作托运人,尽管这种托运人只是向承运人交付货物,而没有与承运人订立运输合同。在《汉堡规则》的正式文本中,"托运人"被定义为本人或者委托他人以本人名义或者委托他人为本人与承运人订立海上货物运输合同的任何人,或指本人或者委托他人以本人名义或者委托他人为本人将货物交给与海上货物运输合同有关的承运人的任何人。③ 显然,《汉堡规则》考虑到了 FOB 或 FAS 贸易中发货人可能被称作托运人的情况。但在论及托运人权利义务时,《汉堡规则》没有对两种托运人予以区别对待。

(二) 中国法律中的实际托运人

我国《海商法》中的海上货物运输合同,是指承运人收取运费,负责将托运人托运的货物经海路由一港运至另一港的合同。④ 根据《海商法》

---

① 原文为 "any person who in his own name or in name of another concludes with a carrier a contract for carriage of goods by sea"。参见 United Nations, Yearbook of the United Nations Commission on International Trade Law, New York , 1977, Volume Ⅱ: 1976, p. 265。

② 原文为 "The contract of carriage of goods by sea on the bill of lading basis is not always concluded by the shipper. In cases when booking of ship's space precedes surrender of cargo to the carrier, in the sale and purchase FOB or FAS transactions, the contract of carriage of goods by sea is concluded by the consignee. This is why mentioning the shippers as the only contractors of the carrier seems not quite exact. It is desirable to use the term 'cargo disponent' instead of 'shipper', otherwise to give a definition of what the term 'shipper' means for the purpose of this convention."。参见 United Nations, Yearbook of the United Nations Commission on International Trade Law, New York , 1977, Volume Ⅱ: 1976, p. 252。

③ 《汉堡规则》第1条第3款。原文为 "'Shipper' means any person by whom or in whose name or on whose behalf a contract of carriage of goods by sea has been concluded with a carrier, or any person by whom or in whose name or on whose behalf the goods are actually delivered to the carrier in relation to the contract of carriage by sea."。

④ 参见《海商法》第四十一条。

第四十二条第三款规定，"'托运人'是指：①本人或者委托他人以本人名义或者委托他人为本人与承运人订立海上货物运输合同的人；②本人或者委托他人以本人名义或者委托他人为本人将货物交给与海上货物运输合同有关的承运人的人"。可见，《海商法》规定的托运人定义有明显的《汉堡规则》痕迹。① 尽管该定义中没有《汉堡规则》中两种托运人中间的"或"字，但这对托运人的定义没有产生实质性的改变。无论是《汉堡规则》中的"或"还是将《海商法》的并列关系解释为"和"，两种形式的托运人都是依法存在的。《海商法》"托运人"定义中的第一项，显然是运输合同的当事人，而第二项的托运人与承运人没有运输合同关系，不是合同的当事人。因此，第二项的托运人不是通过订立合同的形式成为海上货物运输合同中的托运人，而是通过实际交付货物行为在法律上被规定为海上货物运输行为中的法定托运人。②

《海商法》中的法定托运人，在早期实践中经常被称为"实际托运人"或"交货托运人"。在2012年《最高人民法院关于审理海上货运代理纠纷案件若干问题的规定》③（以下简称《货代规定》）中，《海商法》中的两种托运人首次被分别命名为"契约托运人"与"实际托运人"。④ 中国司法实践认为，"依据合同相对性原则，契约托运人与承运人分别系海上货物运输合同的双方当事人"⑤，"实际托运人概念系法律为保护FOB贸易卖方在运输中权益所作之制度设定"⑥。《货代规定》对托运人予以区分，目的是解决货运代理企业在接受契约托运人的委托办理订舱事务，同时接受实际托运人的委托向承运人交付货物的情况下，应当向谁交付运输单证的问题。⑦ 实际托运人的存在，产生两个主要问题，即实际托运人和契约托运

---

① 参见张文广、万仁善《论我国〈海商法〉托运人定义之不足》，见《中国海商法年刊》2001年卷，大连海事大学出版社2002年版，第298页。
② 参见上海华一纺进出口有限公司与上海快马国际货运有限公司案，上海海事法院（2013）沪海法商初字第1389号民事判决书。
③ 《最高人民法院关于审理海上货运代理纠纷案件若干问题的规定》，法释〔2012〕3号。
④ 《货代规定》第8条第2款和第3款。
⑤ 参见中国汽车工业进出口有限公司与青岛中顺国际物流有限公司再审案，最高人民法院（2015）民申字第1660号民事判决书。
⑥ 参见上海华一纺进出口有限公司与上海快马国际货运有限公司案，上海海事法院（2013）沪海法商初字第1389号民事判决书。
⑦ 对该问题下文另有论述。

人的权利冲突，以及实际托运人与承运人的权利义务关系。① 对于这些权利的冲突和法律关系的不确定性，司法解释可以从一定程度上予以解决，但在通过修改《海商法》对这些问题进一步明确之前，司法判决对法律的理解与适用有重大意义以及参考价值，体现出司法对法律价值取向的认定。因此，本文主要依据相关法院判决，对中国法律下的实际托运人权利和义务进行研究。

二、实际托运人的权利

（一）请求交付提单的权利

《海商法》第七十二条第一款规定，货物由承运人接收或者装船后，应托运人的要求，承运人应当签发提单。《海商法》没有规定实际托运人是否可以基于该规定请求承运人向其交付提单。在上海海事法院上海华一纺进出口有限公司与上海快马国际货运有限公司案②（以下简称"上海华一纺与上海快马案"）中，原告基于实际交货行为被依法认定为实际托运人。被告抗辩称其与原告间就涉案货物运输并无海上货物运输合同关系，进而否定原告具有向其主张运输单证的权利。上海海事法院认为，"实际托运人系法律为保护 FOB 贸易卖方权益所作制度设定，……其法律地位之取得及相应权利之获取乃直接源于法律规定，与其是否为缔约当事方并无关联"。因此，"依据《海商法》第七十二条第一款……有权请求承运人签发提单的托运人，包括契约托运人以及实际托运人"。这种对中国 FOB 卖方，即实际托运人的司法保护，体现出中国司法实践的价值取向。这种价值取向得到最高人民法院的肯定。在上海罗宾升国际货运有限公司与上海华一纺进出口有限公司再审案③中，最高人民法院认为，实际托运人未取得正本提单，则丧失了通过持有提单保护自身合法权益的权利。在上海华

---

① 对于这些问题，由于缺乏司法实践的原因，早期的研究多局限于法律条文的解读。参见司玉琢《论发货人的权利、义务和责任》，见《中国海商法年刊》2001 年卷，大连海事大学出版社 2002 年版，第 230 页。
② 参见上海华一纺进出口有限公司与上海快马国际货运有限公司案，上海海事法院（2013）沪海法商初字第 1389 号民事判决书。
③ 参见上海罗宾升国际货运有限公司与上海华一纺进出口有限公司再审案，最高人民法院（2015）民申字第 2816 号民事判决书。

一纺与上海快马案中，上海海事法院进一步认为，实际托运人请求交付提单的权利"应包括选择提单的种类、确定提单的记载内容以及要求交付已缮制完成的提单等内容"。由此可见，实际托运人请求交付提单的权利和契约托运人相同，没有受到任何限制。①

对于实际托运人请求签发提单的对象，中国司法实践没有局限于承运人，实际托运人还可以向无船承运人和货运代理人请求签发提单。在上海华一纺与上海快马案中，上海海事法院认为，"作为实际托运人的原告依法有权向作为无船承运人的被告提出签发提单的请求"。在浙江省高级人民法院宁波市鄞州金宁家具用品厂与上海爱意特国际物流有限公司宁波分公司二审案②中，货运代理人接受 FOB 买方委托向承运人订舱，同时接受 FOB 卖方委托向承运人交付货物，并最终将提单直接交付给 FOB 买方而导致卖方金宁家具用品厂无法回收货款。浙江省高级人民法院认为，货运代理在未征得实际托运人同意的情况下，擅自将提单交付给买方，使得买卖合同的交易安全失去保障，其应当赔偿卖方受到的损失。这种司法实践在随后的《货代规定》中得以确认。《货代规定》第八条第一款规定，货运代理企业接受契约托运人的委托办理订舱事务，同时接受实际托运人的委托向承运人交付货物，实际托运人请求货运代理企业交付其取得的提单、海运单或者其他运输单证的，人民法院应予以支持。③《货代规定》是对我国司法实践中处理 FOB 贸易中实际托运人单证交付请求权的总结，也是对我国 FOB 贸易出口商利益的保护。④

虽然法院通过对《海商法》相关条文的解释，认可实际托运人依法享有请求交付提单的权利，但这并不否定承运人包括无船承运人或货运代理人向契约托运人交付提单的义务。因此，在将单证交付给实际托运人后，承运人可能面临对契约托运人的违约责任。当然，承运人违约责任并非本文研究的内容，但上述情况存在的问题是，如果实际托运人和契约托运人

---

① 如果实际托运人没有在提单上载明托运人身份，其可能没有处分和背书转让提单的权利。

② 参见宁波市鄞州金宁家具用品厂与上海爱意特国际物流有限公司宁波分公司二审案，浙江省高级人民法院（2009）浙海终字第 127 号民事判决书。

③ 实际托运人向货运代理人请求交付单证时，应当证明货运代理合同的存在。参见锦程国际物流服务有限公司宁波分公司与华裕电器集团有限公司再审案，最高人民法院（2015）民提字第 19 号民事判决书。

④ 参见王彦君、傅晓强《〈关于审理海上货运代理纠纷案件若干问题的规定〉的理解与应用》，载《人民司法（应用）》2012 年第 11 期，第 38 页。

同时向承运人请求交付提单，谁有优先请求权。在无锡大华制衣有限公司与丹马士环球物流（上海）有限公司案①中，上海海事法院认为，当实际托运人与契约托运人均向承运人要求签发海运单证时，实际托运人的单证签发请求权具有优先性，即承运人应优先向实际托运人签发海运单证。②该裁判的基础是法律规定体现出对我国FOB贸易出口商利益的保护，但该结论没有明确的法律依据，缺乏说服力。实际托运人的定义以及有关司法解释，可以体现出对我国FOB出口卖方利益的保护，但将此直接认定为实际托运人的权利优先于契约托运人的权利，还有待商榷。毕竟，请求交付提单的权利和优先请求交付提单的权利有明显区别。前者是实际托运人对承运人等交单义务人的权利；后者是实际托运人对契约托运人的权利对抗，没有法律明确表明此时实际托运人的法定权利优先于契约托运人的合同权利。因此，实际托运人是否有优先于契约托运人请求交付提单的权利，需要法律或司法解释进行明确的规定或解读。

（二）对承运人的索赔权

《海商法》第七十一条规定，提单是承运人保证据以交付货物的单证。提单中载明的向记名人交付货物，或者按照指示人的指示交付货物，或者向提单持有人交付货物的条款，构成承运人据以交付货物的保证。因此，当承运人违反该保证时，应承担无单放货责任。契约托运人可以根据运输合同向承运人主张无单放货责任，但《海商法》没有规定实际托运人是否享有同样的诉权。《最高人民法院关于审理无正本提单交付货物案件适用法律若干问题的规定》（以下简称《无单放货规定》）第十二条规定，③向承运人实际交付货物并持有指示提单的托运人，虽然在正本提单上没有载明其托运人身份，因承运人无正本提单交付货物，要求承运人依据海上货物运输合同承担无正本提单交付货物民事责任的，人民法院应予支持。对此规定，最高人民法院的法官认为，肯定实际托运人享有该诉权，有利于FOB价格条款下中国出口商正当利益的保护。首先，《海商法》关于托运

---

① 参见无锡大华制衣有限公司与丹马士环球物流（上海）有限公司案，上海海事法院（2012）沪海法商初字第492号民事判决书。
② 参见浙江新正方实业股份有限公司与上海集程国际货运代理有限公司等案，上海海事法院（2014）沪海法商初字第30号民事判决书。
③ 《最高人民法院关于审理无正本提单交付货物案件适用法律若干问题的规定》，法释〔2009〕1号。

人的立法本意，确立了实际托运人的法律地位，即法律规定的运输合同缔约关系人。① 其次，实际托运人没有在提单上被载明为托运人②，仅说明其没有处分和背书转让提单的权利③，但享有法律赋予的实际托运人的地位、凭正本提单向承运人主张货物的权利。因此，如果承运人将货物交给非正本提单持有人，并造成实际托运人损失的，其应当承担赔偿责任。④

实际托运人向承运人主张无单放货的权利，不因承运人向契约托运人履行义务而受到影响。在中国汽车工业进出口有限公司与青岛中顺国际物流有限公司再审案⑤中，契约托运人没有要求承运人签发提单，在货物出运后，承运人向实际托运人出具提单样本，载明收货人为甲公司，承运人根据电放保函，同意向甲公司交付货物。同时，承运人依照契约托运人的要求，将收货人改为乙公司，但未将乙公司如实记载于提单样本中，致使与契约托运人在运输合同中约定的收货人与提单样本载明的收货人不一致。对此，最高人民法院认为，承运人违反了向实际托运人如实签发运输单证（提单样本）的义务，为此应承担相应的法律后果，即其负有分别按照契约托运人和实际托运人的指示履行交付货物的义务，并向未能收取货物的一方承担交货不能的责任。因此，承运人不能以已向乙公司交付货物为由对抗实际托运人提出的向甲公司交付货物的请求。尽管承运人可以依据契约托运人的指示向乙公司交付货物，但其未能向甲公司交付货物，应当向实际托运人赔偿交货不能的损失。

实际托运人是依据法定托运人的地位而获得向承运人的索赔权，因此，该索赔权，例如无单放货索赔权，不应以持有提单为前提。根据《海商法》以及《无单放货规定》，承运人承担无单放货责任的前提仅仅是其没有依据提单交付货物，而没有要求包括实际托运人在内的索赔人在索赔时必须持有提单。例如，实际托运人从承运人处取得提单并转让给买方，

---

① 运输合同缔约关系人，非运输合同当事人，而是与海上货物运输有法律关系的人。

② 有时实际托运人可能被记载为提单托运人，从而与契约托运人身份竞合。参见厦门崇联进出口有限公司与 A. P. 穆勒－马士基有限公司案，福建省高级人民法院（2013）闽民终字第 361 号民事判决快。

③ 如果契约承运人同意承运人签发提单给实际托运人，实际托运人可能享有一定的提单处分权。

④ 参见刘寿杰《〈关于审理无正本提单交付货物案件适用法律若干问题的规定〉理解和适用》，见万鄂湘主编《涉外商事海事审判指导》（第 18 辑），人民法院出版社 2009 年版，第 14 页。

⑤ 参见中国汽车工业进出口有限公司与青岛中顺国际物流有限公司再审案，最高人民法院（2015）民申字第 1660 号民事判决书。

但承运人将货物交付给没有持有提单的买方以外的第三人，实际托运人因买方由此拒绝付款而遭受损失时，可以向承运人索赔。毕竟，提单是用以证明海上货物运输合同的单证，而实际托运人不是该合同的当事人，其诉权不是来源于运输合同，而是来源于法定的托运人身份。如果实际托运人向承运人主张的权利是交付货物，其应当持有提单据以主张权利。但如果实际托运人主张的是无单放货的损失，决定诉权的则是法定托运人身份，而不是提单。换言之，是否持有提单仅可能影响到实际托运人的"胜诉权"，而其关于无单放货损失的"起诉权"应当与契约托运人相同。因此，只要是可以证明无单放货的行为给其造成了损失，实际托运人就可以向承运人索赔。当然，基于目前司法实践对提单性质的认识和贸易关系方对提单的依赖，这种观点被司法实践接受可能还需要一段时间。

（三）单方变更合同的权利

《合同法》第三百零八条规定，"在承运人将货物交付收货人之前，托运人可以要求承运人中止运输、返还货物、变更到达地或者将货物交给其他收货人，但应当赔偿承运人因此受到的损失。该条款通常被理解为托运人的单方变更合同权利"[1]。《民法典》于 2020 年 5 月 28 日第十三届全国人民代表大会第三次会议通过，该法自 2021 年 1 月 1 日起施行，《合同法》同时废止。[2]《民法典》第八百二十九条照搬《合同法》第三百零八条。[3] 因此，下文中的判决书援引《合同法》第三百零八条，其实质内容不受《民法典》取代《合同法》的影响。由于《海商法》中没有同类权利的条款，因此，司法实践中存在两个问题：第一，《合同法》中的托运人单方变更合同权利是否适用于海上货物运输合同；第二，如果适用，实际托运人是否享有该权利。

---

[1] 有学者也将这一权利称为中途停运权，参见翟云岭、曲佳《货物控制权制度与中途停运权的实现——以 FOB 卖方利益保护为视角》，载《社会科学辑刊》2014 年第 5 期，第 74 页。然而"中途停运权"事实上是买卖合同法律下的概念，例如，《联合国国际货物销售合同公约》第 71 条。直接将这一概念移植到运输合同关系中并不恰当。因此，本文使用"单方变更合同权利"。《鹿特丹规则》第十章中将这一权利称为控制方的权利，在国际海事委员会的准备文件中称为控制权，参见司玉琢《论发货人的权利、义务和责任》，见《中国海商法年刊》2001 年卷，大连海事大学出版社 2002 年版，第 237 页。

[2] 《民法典》第一千二百六十条。

[3] 《民法典》第八百二十九条仅将《合同法》第 208 条中的"但"修改为"但是"。

对于第一个问题，不同的法院存在不同的理解和适用。在绍兴县明星皮塑有限公司与万海航运股份有限公司案①中，上海海事法院进行了详细的分析。该案中，原告委托被告运输出口货物，被告为此出具了海运提单。由于买方未按合同约定支付货款，作为卖方的原告向被告提出退运货物。而被告迟迟未将涉案货物退运，致使原告遭受经济损失。为此，原告诉至法院，请求判令被告立即返还涉案提单项下货物或赔偿原告货款损失。② 该案的争议焦点在于对《合同法》第三百零八条的理解和适用。上海海事法院认为，该法第三百零八条规定了"托运人可以要求承运人返还货物"，其中"可以要求"的法律用词毫无疑问地表明了托运人在运输合同下享有的该项权利仅仅在于向承运人提出要求，至于该项权利最终能否得以实现则必须视承运人的意思表示而定。对于"可以"一词的解释，法院对照了《海商法》第九十一条规定的承运人在特定条件下单方改变合同目的地卸货的法律用词——"有权"。该法院认为，"两法之间的用词差异可以清楚地辨别出单务法律行为和双务法律行为之间的差异。"除了文意上的解释，法院还认为，"《合同法》之所以作出这样的规定，是因为该法是对所有运输方式作出的整体性规定，因此需兼顾各种不同的运输方式，未如特别法那样作出严格和具体化的规定"。该法院据此认为，被告承运人不具有在《合同法》的规定下一经原告要求即负有向原告"返还货物"的法定义务。相应地，《合同法》第三百零八条没有赋予托运人单方变更运输合同的权利。对于上述文意解释，从文字本身来看，"可以"和"有权"似乎存在差异。但从权利的行使角度来说，似乎没有本质区别。尽管"有权"比"可以"表达得更直接，但如果某人"可以"行使某种权利，那该人必然"有权"行使该种权利。"可以"行使某项权利，不代表行使该权利必然受到约束或限制；而"有权"行使某权利，也不代表该行使权利没有任何约束或限制。

宁波海事法院对《合同法》第三百零八条作出了不同的理解和适用。在绍兴县凯迪钢塑制品有限公司与深圳市建航货运代理有限公司、宁波建

---

① 参见绍兴县明星皮塑有限公司与万海航运股份有限公司案，上海海事法院（2004）沪海法商初字第567号民事判决书。

② 起诉后，原告变更诉讼请求，不再要求被告返还涉案货物，改为直接请求判令被告赔偿经济损失。

航国际货运代理有限公司案①中，绍兴县凯迪钢塑制品有限公司（以下简称"凯迪公司"）与实际承运人之间并未签订运输合同，但凯迪公司系将货物交给与海上货物运输合同有关的承运人的人，属于《海商法》第四十二条规定的托运人。而且宁波建航国际货运代理有限公司（以下简称"宁波建航公司"）作为承运人深圳市建航货运代理有限公司（以下简称"深圳建航公司"）的代理人向凯迪公司签发了涉案提单，该提单明确载明托运人为凯迪公司。涉案货物到达目的港后，承运人并未向收货人交付货物。凯迪公司向宁波建航公司要求改签提单，将货物转卖其他客户。但深圳建航公司未能及时有效地改签提单，实现货物转运，导致货物在目的港被留置，产生损失。宁波海事法院认为，虽然《海商法》对托运人更改收货人的权利未作明确规定，但《合同法》第三百零八条赋予了托运人要求承运人中止运输、返还货物、变更到达地或者将货物交给其他收货人的权利。宁波建航公司与深圳建航公司在损失是否会产生并不确定的情况下，拒绝更改提单，损害了凯迪公司的权利，应承担相应的法律责任。在二审中，浙江省高级人民法院认为，凯迪公司行使合同变更权符合法律规定。深圳建航公司拒绝更改提单的行为，损害了凯迪公司的合法权利，应承担相应的法律责任。凯迪公司凭全套正本提单要求深圳建航公司返还提单项下货物，或赔偿货物损失，应予支持。

在骏荣内衣有限公司与宏鹰国际货运（深圳）有限公司、美国总统轮船（中国）有限公司深圳分公司再审案②中，《合同法》第三百零八条的适用问题再次出现。该案中，再审申请人骏荣内衣有限公司（以下简称"骏荣公司"）将涉案货物交给被申请人宏鹰国际货运（深圳）有限公司（以下简称"宏鹰深圳公司"）运输，后者将货物交给一审被告美国总统轮船（中国）有限公司深圳分公司（以下简称"美总深圳公司"）承运。骏荣公司向被申请人宏鹰深圳公司主张中止运输、返还货物。最高人民法院查明，本案中并无证据证明骏荣公司与美总深圳公司签订了海上货物运输合同，仅凭货代货物收据不能证明骏荣公司与宏鹰深圳公司订立了海上货物运输合同。最高人民法院认为，"由于骏荣公司并非与承运人订立运输

---

① 参见绍兴县凯迪钢塑制品有限公司与深圳市建航货运代理有限公司、宁波建航国际货运代理有限公司案，宁波海事法院（2011）甬海法商初字第 316 号民事判决书、（2012）浙海终字第 36 号民事判决书。
② 参见骏荣内衣有限公司与宏鹰国际货运（深圳）有限公司、美国总统轮船（中国）有限公司深圳分公司再审案，最高人民法院（2016）民申 1605 号民事判决书。

合同的托运人，其主张适用《合同法》第三百零八条的规定行使单方变更合同权利，缺乏依据"。此处缺乏的依据应当是事实依据，即骏荣公司不是契约托运人。此外，法院查明，骏荣公司作为 FOB 贸易条件的卖方将货物交给宏鹰深圳公司后，并没有要求签发提单，且未对宏鹰深圳公司出具的货代货物收据提出异议。因此，最高人民法院认为，"即使认定骏荣公司为涉案货物运输的实际托运人，其在不持有提单的情况下，仅凭货代货物收据要求宏鹰深圳公司中止货物的交付，缺乏相应的法律依据"。从最高人民法院的上述两点判决，似乎可以反向推论出两个结论：第一，如果骏荣公司是契约托运人，其可以按照《合同法》第三百零八条的规定行使变更合同的权利；第二，如果骏荣公司为涉案货物运输的实际托运人，且持有提单，可以要求宏鹰深圳公司中止货物的交付。如果上述推论成立，则可针对上述司法实践中存在的两个问题回答如下：第一，《合同法》或《民法典》中的托运人单方变更合同权利可以适用于海上货物运输合同；第二，实际托运人可以享有该权利，但前提是，实际托运人持有提单。

上述问题在最高人民法院的指导案例 108 号（浙江隆达不锈钢有限公司诉 A. P. 穆勒－马士基有限公司海上货物运输合同纠纷案）① 中，再次得以讨论和澄清。该案中，浙江隆达不锈钢有限公司（以下简称"隆达公司"）向 A. P. 穆勒－马士基有限公司（以下简称"马士基公司"）订舱，涉案货物装载于集装箱内装船出运，出运时隆达公司要求做电放处理。隆达公司在发现货物运错目的地后，要求马士基公司改港或者退运。马士基公司于要求提出之日回复，因货物距抵达目的港不足两天，无法安排改港，如需退运则需与目的港确认后回复。次日，隆达公司询问货物退运是否可以原船带回，马士基公司于当日回复"原船退回不具有操作性，货物在目的港卸货后，需要由现在的收货人在目的港清关后，再向当地海关申请退运。海关批准后，才可以安排退运事宜"。之后，隆达公司询问其他解决办法，马士基公司再未回复。涉案货物到达目的港，马士基公司应隆达公司的要求签发了全套正本提单。其后，隆达公司向马士基公司要求申请退运。马士基公司随后告知隆达公司涉案货物已被拍卖。宁波海事法院认为，隆达公司因未采取自行提货等有效措施导致涉案货物被海关拍卖，相应货损风险应由该公司承担，故驳回隆达公司的诉讼请求。② 一审判决

---

① 最高人民法院审判委员会讨论通过，2019 年 2 月 25 日发布。
② 参见（2015）甬海法商初字第 534 号民事判决书。

后，隆达公司提出上诉。浙江省高级人民法院撤销一审判决，认为依据《合同法》第三百零八条，隆达公司在马士基公司交付货物前享有请求改港或退运的权利。在隆达公司提出退运要求后，马士基公司既未明确拒绝安排退运，也未通知隆达公司自行处理，对涉案货损应承担相应的赔偿责任，酌定责任比例为50%。① 马士基公司不服二审判决，向最高人民法院申请再审。最高人民法院撤销二审判决，维持一审判决。②

再审判决中，最高人民法院认为，因《海商法》未就航程中托运人要求变更运输合同的权利进行规定，故本案可适用《合同法》第三百零八条关于托运人要求变更运输合同权利的规定。但该条规定在适用于海上货物运输合同的情况下，应该受到《海商法》基本价值取向及强制性规定的限制。托运人依据《合同法》第三百零八条主张变更运输合同的权利，不得致使海上货物运输合同中各方当事人利益显失公平，也不得使承运人违反对其他托运人承担的安排合理航线等义务，或剥夺承运人关于履行海上货物运输合同变更事项的相应抗辩权。具体到本案而言，马士基公司在航程已过大半，距离到达目的港只有两天的时间，以航程等原因无法安排改港、原船退回不具有操作性为抗辩事由，符合案件事实情况，该抗辩事由成立，马士基公司未安排退运或者改港并无不当。在"裁判要点"中，最高人民法院指出，在海上货物运输合同中，依据《合同法》第三百零八条的规定，承运人将货物交付收货人之前，托运人享有要求变更运输合同的权利，但双方当事人仍要遵循《合同法》第五条规定的公平原则确定各方的权利和义务。托运人行使此项权利时，承运人也可相应行使一定的抗辩权。如果变更海上货物运输合同难以实现或者将严重影响承运人正常营运，承运人可以拒绝托运人改港或者退运的请求，但应当及时通知托运人不能变更的原因。该指导案例进一步确认了《合同法》第三百零八条在海上货物运输合同中的适用，同时，对适用的条件予以明确，平衡了托运人与承运人的利益，为该条款的适用提供了进一步的指引，不失为一个具有典型意义的指导案例。

---

① 参见（2016）浙民终222号民事判决书。
② 参见最高人民法院（2017）最高法民再412号民事判决书。

三、实际托运人的义务和责任

关于实际托运人的义务和责任，在司法实践中较少有纠纷发生，可能的原因是承运人或实际承运人在发生损失时，首先索赔的对象应当是契约托运人。如果契约托运人对承运人承担责任，则可能向实际托运人追偿。追偿则可能基于买卖、委托等合同关系，与海上货物运输合同没有直接关系，因此，未必适用于《海商法》。《海商法》中托运人的义务主要包括支付运费，妥善包装货物和标识危险品义务。《海商法》第 69 条第一款规定，托运人应当按照约定向承运人支付运费。该规定中的运费为约定的运费，意味着运费依据合同，因此应当是契约托运人的义务和责任，除合同另有约定并经实际托运人同意以外，实际托运人不应当承担运费义务。[①] 此外，《海商法》第八十八条规定，承运人申请法院裁定拍卖留置的货物，拍卖所得价款，用于清偿保管、拍卖货物的费用和运费以及应当向承运人支付的其他有关费用；不足的金额，承运人有权向托运人追偿；剩余的金额，退还托运人。此处的托运人，对应的义务是承担运费等义务，也应当是契约托运人的义务，承运人不应当直接向实际托运人索赔。

《海商法》第六十八条规定托运人关于标识危险品的义务，但没有规定该义务应当由何种托运人承担。在赫伯罗特股份公司与锦太洋（连云港）新材料有限公司等案[②]中，因实际托运人和契约托运人均没有履行正确申报涉案危险品货物，造成承运人船舶损害等损失，天津海事法院判决两个托运人承担连带赔偿责任，因契约托运人是依据实际托运人的申报进行，在其承担赔偿责任后可以向实际托运人追偿。该判决得到天津市高级人民法院和最高人民法院的确认。[③] 《海商法》第六十六条以及第六十八条规定，托运人应当承担妥善包装货物和办理货物运输所需要的各项手续的义务。基于上述义务在性质上相同，都是对货物的存在的义务，因此可以

---

① 参见上海罗宾升国际货运有限公司与上海华一纺进出口有限公司再审案，最高人民法院（2015）民申字第 2816 号民事判决书。

② 参见赫伯罗特股份公司与锦太洋（连云港）新材料有限公司等案，天津海事法院（2013）津海法商初字第 161 号民事判决书。

③ 实际托运人上诉，天津市高级人民法院驳回上诉，维持原判，参见天津市高级人民法院（2015）津高民四终字第 9 号民事判决书。实际托运人申请再审，最高人民法院驳回再审申请，参见最高人民法院（2016）最高法民申 1271 号民事判决书。

认为,上述危险品案件的结论可适用于实际托运人的妥善包装和办理手续的义务。违反该义务并造成承运人损失的,实际托运人应当和契约托运人承担连带赔偿责任。当然,对承运人、实际承运人所遭受的损失或者船舶所遭受的损坏,契约托运人和实际托运人的连带责任,必须以此种损失或者损坏是由于托运人或者托运人的受雇人、代理人的过失为前提,否则,托运人不负赔偿责任。[①]

四、结　语

实际托运人这一概念起源于《汉堡规则》,但定义的目的似乎只是肯定在航运实务中区别于契约托运人的另一种托运人的存在。当这种非契约托运人的定义被我国《海商法》借鉴后,其在司法实践中成为保护我国FOB出口卖方的法律依据。考虑到我国是FOB贸易的出口大国,通过立法以及司法解释保护本国FOB卖方的正当利益无可厚非。但在法律移植的过程中,提早发现不足,或许可以避免产生更多的法律问题。通过实务界以及学术界多年的努力,以及相关司法解释的出台,已经从一定程度上厘清了实际托运人在我国的法律地位,但仍有未明确的问题需要进一步解决。本文希望能够抛砖引玉,期待立法和司法的共同努力,更好地解决海上货物运输中实际托运人的法律地位问题。

---

① 参见《海商法》第七十条。

浅析目的港无单放货纠纷中责任主体的识别

林 敏[*]

摘要：在国际海上货物运输中，目的港无单放货的现象相当普遍。国际贸易中的卖方遭遇目的港无单放货后，常常无法通过正常的商业途径从国际贸易中的买方获得货款。而当国际贸易中的卖方想通过诉讼途径向无单放货的责任主体主张权利，以挽回因无单放货给其造成的损失时，却往往困惑于如何识别责任主体。本文围绕海上货物运输过程中所涉的承运人、实际提取货物的人、目的港无单放货人、货物保险人以及国际货运代理人这五方主体，依据现有的法律规定、司法解释及法律原则，结合司法实践，阐析如何识别目的港无单放货纠纷中的责任主体。

关键词：无单放货 责任主体 识别

A Brief Analysis to Identification of Responsible Party for Release Cargo Without Presentation of Bill of Lading at Port of Destination

Lin Min

Abstract: During the international carriage of goods by sea, it is quite common for cargo-release without presentation of bill of lading at port of destination. Seller couldn't get payment from buyer through normal business channels when this happens. However, when seller wants to claim right to the responsible party through litigation, in order to retrieve loss, seller is puzzled by how to identify responsible party. According to the existing legal provisions, judicial interpretation and legal principles, as well as juridical practice, this article focuses on five parties during carriage of goods by sea, which are carrier,

---

[*] 林敏：福建建达律师事务所专职律师，厦门大学法学硕士。

consignee, the person who releases cargo without presentation of bill of lading at port of destination, insurer and forwarder, and analyzes how to identify responsible party for releasing cargo without presentation of bill of lading at port of destination.

Key words: cargo-release without presentation of bill of lading; responsible party; identify

前　言

国际航运实践中，由于种种原因所致，目的港无单放货的现象屡见不鲜。无单放货，也就是无正本提单交付货物，其本身并非一个法律概念，而是指在国际海上货物运输过程中，承运人或其分支机构、代理人在目的港未收回已签发给货物托运人正本提单的情况下，将货物交付给收货人的一种行为。

我国《海商法》第七十一条规定："提单，是指用以证明海上货物运输合同和货物已经由承运人接收或者装船，以及承运人保证据以交付货物的单证。提单中载明的向记名人交付货物，或者按照指示人的指示交付货物，或者向提单持有人交付货物的条款，构成承运人据以交付货物的保证。"该条款明确规定了提单的三个功能，即海上货物运输合同的证明、货物收据、交付货物的凭证。可见，承运人或其分支机构、代理人在目的港无单放货的行为，完全漠视了提单作为交付货物凭证的功能。对提单权利的保护，根本上是通过对"凭提单交付货物"这一规则的严格执行来达到的。[①] 无单放货违背了国际海上货物运输及国际贸易实践中为各方所应遵守的"凭单放货"的根本性原则，造成正本提单的合法持有人，一般是国际贸易中的卖方，无法通过正常的商业途径从国际贸易中的买方获得货款，以实现其商业目的，正本提单合法持有人的合法权益因此受到损害是不言而喻的。

我国《最高人民法院关于审理无正本提单交付货物案件适用法律若干问题的规定》（以下简称《无单放货规定》）第二条规定："承运人违反法律规定，无正本提单交付货物，损害正本提单持有人提单权利的，正本提

[①] 参见郭瑜《海商法的精神——中国的实践和理论》，北京大学出版社 2005 年版，第 175 页。

单持有人可以要求承运人承担由此造成损失的民事责任。"该条规定无单放货的责任主体"可以"是承运人，同时也说明无单放货的责任主体除了承运人，还存在其他责任主体。但是，如何识别承运人、可以要求承运人外的哪些主体承担无单放货的责任，以及在某些特殊情况下无单放货责任主体的识别，在实践中还存在一定的模糊性。这造成无单放货纠纷中的权利人在主张权利时的困惑和障碍，以至于在司法实践中，时常看到原告主张由被告承担其因无单放货所遭受的损失时，因被告识别有误而被法院驳回诉讼请求的案例。

那么，该如何正确识别无单放货的责任主体？本文将围绕海上货物运输过程中所涉及的五方主体，依据现有的法律规定、司法解释及法律原则，结合司法实践及学术界的相关观点，阐析如何识别目的港无单放货纠纷中的责任主体。

一、承运人

如前文所述，《无单放货规定》第二条已明确承运人可以作为无单放货的责任主体。但由于国际海上货物运输专业性强，操作流程复杂，而且实务中承运人还存在实际承运人和契约承运人之分，这就给如何识别作为无单放货责任主体的承运人带来一定的难度。

我国《海商法》中规定有承运人和实际承运人两个概念，其中第四十二条对承运人的定义是"指本人或者委托他人以本人名义与托运人订立海上货物运输合同的人"，对实际承运人的定义是"指接受承运人委托，从事货物运输或者部分运输的人，包括接受转委托从事此项运输的其他人"。该条款中的承运人就是指契约承运人，是指以本人的身份与货物托运人签订海上货物运输合同的人。在航运实践中，契约承运人还包括无船承运人（Non-Vessel Operating Common Carrier，NVOCC），即取得经营无船承运业务资格的国际货运代理人。所谓的无船承运业务，是指无船承运业务经营者以承运人身份接受托运人的货载，签发自己的提单或者其他运输单证，向托运人收取运费，通过国际船舶运输经营者完成国际海上货物运输，承担承运人责任的国际海上运输经营活动。[①] 当然，有时实际承运人与契约承运人是同一的主体，如货物托运人直接与实际承运人签订海上货物运输

---

① 参见2019年修订的《中华人民共和国国际海运条例》第七条第二款。

合同的情形。

依据《无单放货规定》的第三条:"承运人因无正本提单交付货物造成正本提单持有人损失的,正本提单持有人可以要求承运人承担违约责任,或者承担侵权责任。"从该条规定,我们可以知道承运人承担无单放货责任的性质是违约责任与侵权责任的竞合。若无单放货纠纷的权利人主张承运人承担违约责任,则其必须证明其与承运人之间存在海上货物运输合同关系。也就是说,无单放货纠纷的权利人应持有作为海上货物运输合同证明的正本提单,且一般情况下其在提单上体现为货物托运人(shipper),而该提单是由承运人所签发的。若无单放货纠纷的权利人主张承运人承担侵权责任,则其应证明承运人实施无单放货的行为符合侵权的构成要件。不论承运人承担的是违约责任,还是侵权责任,都可以通过识别提单的签发主体来识别作为无单放货责任主体的承运人,即向货物托运人签发正本提单的承运人就是无单放货的责任主体。

至于如何识别签发正本提单的承运人,杨良宜先生在其所著的《提单及其付运单证》中提出"全凭对提单内明示条款、措辞与签字的全面解释"[①],笔者认同这一观点。由于我国《海商法》第七十一条规定提单是海上货物运输合同的证明,那么有关运输合同的事项就应当主要依据提单上的记载来确定(包括确定承运人的身份问题)。[②] 因此,在司法实践中,一般是依据提单上的记载,即通过提单抬头显示的公司名称、落款签章处显示的公司名称、提单中的相关条款的具体内容来识别。这里所提及的提单有两种类型:第一种,当货物托运人直接与实际承运人建立海上货物运输合同关系时,货物托运人所取得的提单是实际承运人签发的,航运实践中将这种提单称为船东提单(MB/L),实际承运人的识别应根据船东提单上记载的相关内容;第二种,当货物托运人与无船承运人建立海上货物运输合同关系时,货物托运人所取得的提单在实践中被称为无船承运人提单(HB/L),无船承运人的识别应根据无船承运人提单上记载的相关内容。

二、实际提取货物的人

实际提取货物的人一般是国际贸易中的买方,即收货人,而货物托运

---

① 杨良宜:《提单及其付运单证》,中国政法大学出版社2001版,第207页。
② 参见司玉琢《海商法专题研究》,大连海事大学出版社2002版,第79页。

人一般是国际贸易中的卖方,实际提取货物的人与货物托运人之间存在国际货物买卖合同关系。在目的港无单放货纠纷发生后,由于货物托运人对货物失去了控制,无法凭手中的正本提单按照正常的贸易流程,故要求国际贸易中的买方支付货款。但货物托运人可以依据国际货物买卖合同的约定,要求实际提取货物的人承担未支付货款的违约责任。在这种情况下,无单放货纠纷中的责任主体为实际提取货物的人,但该责任产生的合同依据并非海上货物运输合同,而是货物托运人与实际提取货物的人之间存在的国际货物买卖合同。正是由于实际提取货物的人未凭正本提单从承运人处提取货物,造成货物托运人手持的换取货款的正本提单失去了应有的作用而成为一纸空文,货物托运人便无法依照与实际提取货物的人之间的国际货物买卖合同收到货款。在这种情况下,依据《联合国国际货物销售合同公约》或我国《民法典》的相关规定,以及货物托运人和实际提取货物的人之间签订的国际货物买卖合同中的约定,如果实际提取货物的人构成违约,其应承担支付货物托运人货款,并赔偿由此给货物托运人造成损失的违约责任。当然,货物托运人也可以以货物所有权人的身份,要求实际提取货物的人承担侵权责任。

三、目的港无单放货人

在海上货物运输中,货物抵达目的港后,一般是由承运人的分支机构或承运人的代理人办理放货等事宜。在无单放货的情况下,具体实施无单放货的主体就是承运人的分支机构或承运人的代理人。如果目的港无单放货人是前者,由于分支机构不具有独立法人地位,故其不能独立地承担民事责任,其实施无单放货的行为后果应由承运人承担;如果目的港无单放货人是后者,根据我国民法理论,被代理人应对代理人在代理权限内以被代理人名义实施的民事法律行为负责。也就是说,目的港无单放货人在以承运人的名义实施无单放货时,若其是在代理权限内实施,则无单放货的责任后果应由被代理人,即承运人承担;若其没有代理权、超越代理权、代理权终止,则其应自行对目的港无单放货行为承担责任,即在后面这种情况下,目的港无单放货人应作为无单放货的责任主体。由于目的港无单放货人与货物托运人之间不存在合同关系,因此,在这种情形下,货物托运人有权要求目的港无单放货人承担的是侵权责任。

四、货物保险人

在海上货物运输过程中,由于运输时间长以及海上可能遭遇的恶劣天气,海上货物运输的风险远大于陆路运输等其他运输方式。因此,在海上货物运输中投保相应的货物运输险是必不可少的。那么,目的港无单放货纠纷发生后,货物托运人是否可以依据保险合同向货物保险人主张权利,要求货物保险人承担赔偿责任呢?这一问题曾在航运界有过争议,但大多数人的观点还是认为货运险保的是运输风险;而无单放货一般涉及国际货物买卖合同的争议,常常是因国际贸易中的买方违约所致,与运输无关。[1]因此,无单放货所造成的损失不属于承保范围。

我国最高人民法院在2000年针对上海市高级人民院关于《中国抽纱上海进出口公司与中国太平洋保险公司上海分公司海上货物运输保险合同纠纷一案的请示》的答复中,明确指出"根据保险条款,保险条款一切险中的'提货不着'险并不是指所有的提货不着。无单放货是承运人违反凭单交货义务的行为,是其自愿承担的一种商业风险,而非货物在海运途中因外来原因所致的风险,不是保险合同约定由保险人应承保的风险;故无单放货不属于保险理赔的责任范围"[2]。最高人民法院的前述答复明确了目的港无单放货纠纷中的责任主体不包括货物保险人。

2007年1月1日起施行的《最高人民法院关于审理海上保险纠纷案件若干问题的规定》第十一条明确规定,"海上货物运输中因承运人无正本提单交付货物造成的损失不属于保险人的保险责任范围。保险合同当事人另有约定的,依约定"[3]。最高人民法院这一司法解释的出台,进一步明确了货物保险人不是目的港无单放货纠纷中的责任主体。

五、国际货运代理人

国际货运代理协会联合会(International Federation of Freight Forwarders

---

[1] 参见杨良宜《提单及其付运单证》,中国政法大学出版社2001版,第150页。
[2] 最高人民法院:《关于中国抽纱上海进出口公司与中国太平洋保险公司上海分公司海上货物运输保险合同纠纷请示的复函》,〔2000〕交他字第8号。
[3] 最高人民法院:《最高人民法院关于审理海上保险纠纷案件若干问题的规定》,法释〔2006〕10号。

Associations，FIATA）关于国际货运代理人所下的定义是：国际货运代理人是根据客户的指示，并为客户的利益而揽取货物运输的人，其本身并不是承运人。国际货运代理人也可以依据这些条件，从事与运输合同有关的活动，如仓储、报关、验收、收款等。国际货运代理协会联合会的这一定义体现出国际货运代理人是作为客户（托运人或收货人）代理人的角色，是对国际货运代理人狭义的定义。航运实践中，广义的国际货运代理人除了包括国际货运代理协会联合会定义下的国际货运代理人，还包括取得无船承运人资格的国际货运代理人。由于本文第一部分已对包括无船承运人在内的承运人在无单放货纠纷中的责任进行了阐析，因此，本部分所述的国际货运代理人不包括无船承运人。

一般情况下，国际货运代理人在国际货物运输过程中"扮演"的是货物托运人（收货人）的代理人的角色，其与货物托运人（收货人）之间不存在海上货物运输合同关系，其并不签发提单给货物托运人。因此，国际货运代理人无需承担目的港无单放货的责任，即其不应作为无单放货的责任主体。但在如下四种特殊情况下，依据我国《最高人民法院关于审理海上货运代理纠纷案件若干问题的规定》第四条、第十一条、第十二条的规定[①]，国际货运代理人应作为目的港无单放货纠纷中的责任主体。

第一，国际货运代理人在处理海上货运代理事务过程中以自己的名义签发提单、海运单或者其他运输单证，在这种情形下发生无单放货时，国际货运代理人应作为无单放货的责任主体。国际货运代理人虽不具备无船承运人资格，但其以自己的名义签发提单等运输单证，表明其与托运人之间建立了海上货物运输合同关系，其自然应承担相应的承运人责任。因此，在这种情形下，国际货运代理人应作为目的港无单放货的责任主体。当然，国际货运代理人的前述行为违反了《中华人民共和国际海运条例》中的相关规定，其擅自经营无船承运业务，应受到相应的行政处罚。

第二，国际货运代理人以承运人代理人名义签发提单、海运单或者其他运输单证，但不能证明取得承运人授权，也就是在国际货运代理人无权代理的情况下发生无单放货时，国际货运代理人应作为无单放货的责任主体。因为，根据我国的民法理论及相关法律规定，行为人在无权代理的情况下，应由行为人承担相应的民事责任，即国际货运代理人应承担承运人责任，作为目的港无单放货的责任主体。

---

① 参见《最高人民法院关于审理海上货运代理纠纷案件若干问题的规定》，法释〔2012〕3号。

第三，国际货运代理人未尽谨慎义务，与未在我国交通主管部门办理提单登记的无船承运业务经营者订立海上货物运输合同，在这种情形下发生无单放货时，国际货运代理人应作为无单放货的责任主体。虽然国际货运代理人只是受货物托运人的委托与无船承运人订立海上货物运输合同，其与货物托运人之间不存在海上货物运输合同关系。但其与货物托运人之间存在委托合同关系，因此，货物托运人有权依据我国《民法典》第九百二十九的规定，要求有过错的受托方，即国际货运代理人承担目的港无单放货的损害赔偿责任。

第四，国际货运代理人接受未在我国交通主管部门办理提单登记的无船承运人的委托签发提单，在这种情形下发生无单放货时，应由国际货运代理人和无船承运人对货物托运人的损失承担连带责任。由于无船承运人未在我国交通主管部门办理提单登记，违反了《中华人民共和国国际海运条例》第七条的规定，而依据我国民法理论，国际货运代理人在知道或应当知道代理事项，即接受未在我国交通主管部门办理提单登记的无船承运人的委托签发提单违法却仍然实施的，国际货运代理人和其被代理人无船承运人应当承担连带责任。也就是说，国际货运代理人在此种情况下应作为目的港无单放货的责任主体。当然，国际货运代理人承担无单放货赔偿责任后，有权向无船承运人追偿。

六、结　语

本文通过对海上货物运输过程中所涉及的五方主体，即承运人、实际提取货物的人、目的港无单放货人、货物保险人以及国际货运代理人的逐一分析，阐明了在目的港无正本提单交付货物纠纷中如何识别责任主体，即国际贸易中的卖方在遭遇目的港无单放货时，其有权向哪一方主体主张无单放货的损害赔偿责任。从本文的前述分析可以看出，在一些情况下，依据不同的法律关系，可以要求不同的责任主体承担无单放货的责任。这时，从诉讼策略的角度来看，无单放货纠纷中的权利人应根据纠纷的具体情况，从诉讼的便利性、举证的难易程度、判决的可执行性等方面综合考虑，以确定最合适的目的港无单放货责任主体。

Dubious Jurisdiction
—A Critique of the South China Sea Arbitration Awards

Jin Zheng*

Abstract: The South China Sea arbitration raises key questions on the jurisdiction of a tribunal under Part XV of UNCLOS. This article explores the requirements for compulsory jurisdiction, particularly the specific limitations and exceptions, the general requirement and the fundamental requirement concerning subject matter. This examination questions the legitimacy of the reasoning of the Arbitral Tribunal and its decision. The Arbitral Tribunal manifestly lacks jurisdiction to entertain the merits of the dispute brought by the Philippines, because no requirement has been met under UNCLOS.

Keywords: South China Sea; *United Nations Convention on the Law of the Sea*; jurisdiction of compulsory arbitration

"南海仲裁案" 评论
——关于管辖权的质疑

金　铮

摘要："南海仲裁案"是由菲律宾单方提起的针对中国的仲裁案，引起广泛关注。《联合国海洋法公约》（以下简称《公约》）第十五部分规定了强制争端解决机制，其适用应符合《公约》"门槛"性的前提条件与要求。本文通过考查《公约》争端解决机制的法定条件与管辖范围，特别是法定例外与一般性及其根本性限制的要求，认为"南海仲裁案"仲裁庭的组成及其裁决完全不符合《公约》所要求的法定条件，该仲裁庭不具有管

---

* Jin Zheng（金铮）: Faculty of Law, South China Normal University ; Visiting Scholar, Touro College Law Center in New York, 2015-16 academic year; L. L. M (Vrije Universiteit Amsterdam); Doctorate in International Law (Wuhan University). The author wishes to express her most sincere gratitude to Professor Daniel Derby and Professor Sharon Pocock of Touro Law Center for their excellent advice.

辖权。

关键词： 南海 《联合国海洋法公约》 强制争端解决机制

Introduction

The award on jurisdiction and admissibility of the South China Sea arbitration (hereinafter referred to as the "Award on Jurisdiction") was rendered on 29 October 2015 by the Arbitral Tribunal established at the request of the Republic of the Philippines (hereinafter referred to as the "Arbitral Tribunal"). China refused to participate in this arbitration procedure on the ground that there was a manifest lack of jurisdiction by the Arbitral Tribunal.① Regarding the award, China states clearly that it "is null and void, and has no binding effect on China"②, reiterating the position that the Arbitral Tribunal lacks jurisdiction to hear this dispute and that the claims of the Philippines are not admissible according to the United Nations Convention on the Law of the Sea (the "Convention" or "UNCLOS"③). The Arbitral Tribunal issued its award on the merits on 12 July 2016 (hereinafter referred to as the "Awards on the Merits"), addressing the issues of jurisdiction not decided in the Award on Jurisdiction and the merits of the Philippines' claims over which the Tribunal

---

① In the Position Paper of the Government of the People's Republic of China on the Matter of Jurisdiction in the South China Sea Arbitration Initiated by the Republic of the Philippines (hereinafter referred to as the "China's Position Paper"), which was released by the Chinese Ministry of Foreign Affairs on 7 December 2014 upon authorization and available at http://www.fmprc.gov.cn/mfa_eng/zxxx_662805/t1217147.shtml, the Chinese government pointed out that the Arbitral Tribunal manifestly has no jurisdiction over the arbitration initiated by the Philippines, and elaborated on the legal grounds for China's non-acceptance of and non-participation in the arbitration. This Position Paper was not submitted to the Arbitral Tribunal. Nor should this Position Paper be regarded as China's acceptance of or participation in this arbitration.

② On Oct. 30 2015, China issued the Statement of the Ministry of Foreign Affairs of the People's Republic of China on the Award on Jurisdiction and Admissibility of the South China Sea Arbitration by the Arbitral Tribunal Established at the Request of the Republic of the Philippines, declaring that the award is null and void and has no binding effect on China, available at http://www.fmprc.gov.cn/mfa_eng/zxxx_662805/t1310474.shtml (last visited April 20, 2016).

③ Opened for signature 10 December 1982, 1833 UNTS 3, 21 ILM 1261 (1982) (entered into force 16 November 1994).

considered it had jurisdiction. ① China has adhered to the position of neither accepting nor participating in the arbitral proceedings.

A. The compulsory arbitration mechanism concerning Section 2 of Part XV of UNCLOS is not an absolute mandate.

UNCLOS Part XV comprises three sections as an integral part of the Convention, and establishes a rather comprehensive dispute resolution system. A distinct feature of UNCLOS is that it provides a compulsory dispute settlement system in Section 2 of Part XV, with various options provided in the other two sections of Part XV.

Section 2 of Part XV, which is entitled "Compulsory Procedures Entailing Binding Decisions", deals with all the forums for compulsory procedures and relevant institutions and competence of the procedures including compulsory arbitration. When States become parties to the Convention, they may agree to mandatory jurisdiction for third-party settlement of disputes relating to the interpretation and application of this Convention.

However, not every dispute can be submitted to mandatory process entailing binding decisions. Article 286 of Section 2 entitled "application of procedures under this section" as the introductory clause, provides that: "Subject to section 3, any dispute concerning the interpretation or application of this Convention shall, where no settlement has been reached by recourse to section 1, be submitted at the request of any party to the dispute to the court or tribunal having jurisdiction under this section." It must be read in a "qualifying context" because it links the compulsory jurisdiction with the consent of states: the opt-out choices for the limitations and exceptions to the application of compulsory jurisdiction settlement of disputes, which are set out in section 3 of Part XV. ② The so-called *Montreux Formula*, embodied in UNCLOS Article 287, offers a state party the right to make a declaration upon becoming party to the Convention, or at any time thereafter, choosing one or more of four forums for

---

① The award of July 12, 2016 (Award on the Merits), the earlier award on jurisdiction and admissibility of Oct. 29, 2015 (Award on Jurisdiction), and other documents of this case can be found at http://pcacases.com/web/view/7.

② Southern Bluefin Tuna, 39 ILM 1359 (2000), [53].

compulsory procedures. ① The basic scheme of Section 2 is that this section on compulsory mechanisms applies only when no settlement has been reached through the non-compulsory procedures of Section 1. ②

China and the Philippines are both parties to the 1982 United Nations Convention on the Law of the Sea. Since neither the Philippines nor China had made a specific choice of procedure for the settlement of disputes, this meant that they were deemed to have accepted arbitration in accordance with Annex VII of the Convention. ③ However, such acceptance of arbitration is subject to the provisions of Part XV of the UNCLOS, including in particular the preconditions, limitations and exceptions in Sections 1 and 3.

The fundamental requirement is that the scope of the jurisdiction of a UNCLOS tribunal or court must be confined to disputes concerning the interpretation or application of UNCLOS, where jurisdiction arises under Part XV. The subject matter concerns UNCLOS and UNCLOS only. It is vital to characterize a dispute so as to know whether it falls within the scope of jurisdiction, or whether it falls within the scope of Section 3 of UNCLOS, or falls outside UNCLOS altogether. ④

With respect to the purpose of the Convention, the very first paragraph of the preamble of the Convention reflects its object and purpose: "the desire to settle, in a spirit of mutual understanding and cooperation, all issues relating to the *law of the sea.*" And then by using, on each occasion, the expression "dispute(s) concerning the interpretation or application of this Convention", the States Parties

---

① UNCLOS art. 287 (1): "1. When signing, ratifying or acceding to this Convention or at any time thereafter, a State shall be free to choose, by means of a written declaration, one or more of the following means for the settlement of disputes concerning the interpretation or application of this Convention: (a) the International Tribunal for the Law of the Sea established in accordance with Annex VI; (b) the International Court of Justice; (c) an arbitral tribunal constituted in accordance with Annex VII; (d) a special arbitral tribunal constituted in accordance with Annex VIII for one or more of the categories of disputes specified therein."

② Adede, A. O., The Basic Structure of the Disputes Settlement Part of the Law of the Sea Convention, Ocean Development and International Law Journal, Vol. 11, No. 1/2, 1982, p. 129.

③ Article 287 (3) of UNCLOS; Award, paragraph 109.

④ Natalie Klein, The Limitations of UNCLOS Part XV Dispute Settlement in Resolving South China Sea Disputes: The South China Sea – An International Law Perspective Conference (March 9, 2015), International Journal of Marine and Coastal Law, June 2016. Available at SSRN: http://ssrn.com/abstract = 2730411.

to the Convention established a fundamental limitation on the scope of jurisdiction under Part XV. [1] Read closely in context, each article set out in Section 1 through Section 3 in Part XV is premised upon the existence of a "dispute concerning the interpretation or application of this Convention". Article 286 only establishes a right to submit disputes "concerning the interpretation or application of this Convention"[2]. To similar effect, Article 287 provides that States shall be free to choose any of the means of settlement prescribed in that article for "disputes concerning the interpretation or application of this Convention"[3]. Article 288 (1) in general terms limits the jurisdiction of this Tribunal to a "dispute concerning the interpretation and application of this Convention"[4]. This is the basic and vital threshold for the application of compulsory jurisdiction. If the matter in a dispute does not fall within the scope of the Convention, then there will be no UNCLOS dispute, and accordingly the other articles of the Convention on initiating and constituting a court or tribunal will be irrelevant, and compulsory arbitration based on Part XV of Convention will not apply.

The second threshold for initiating a compulsory arbitration under Section 2 of Part XV is provided by Section 3 of Part XV. The compulsory procedures prescribed in Section 2 of Part XV apply "subject to Section 3", i.e. subject to the limitations and exceptions set out in Section 3 entitled "Limitations and Exceptions to Applicability of Section 2".

Last, the non-binding mechanisms for the settlement of disputes, which are set out in Section 1 of Part XV, Section 1 entitled "General Provisions", offer States a wide range of non-compulsory procedures for settling disputes through means of their own choice, and require States to settle disputes through diplomatic means before referring a matter to the compulsory procedures provided for in Section 2 of Part XV. A State Party to UNCLOS may choose the means and procedures of dispute settlement. [5] A preference for consent-based modes of

---

[1] UNCLOS arts. 279, 280, 281, 282, 283, 284; also art. 187 (a).
[2] UNCLOS art. 286 (Application of procedures under section 2).
[3] UNCLOS art. 287 (Choice of procedure), supra n. 6.
[4] UNCLOS art. 288(1): "A court or tribunal referred to in article 287 shall have jurisdiction over any dispute concerning the interpretation or application of this Convention which is submitted to it in accordance with this Part."
[5] UNCLOS art. 280.

dispute resolution is evident in this regard. States are also free to settle their disputes by other peaceful means provided for in general, such as regional or special instruments in force between them outside the UNCLOS system. ①

It follows from the foregoing analysis that given the integral feature of Part XV of UNCLOS, the compulsory arbitration procedures are not really compulsory. Disputes concerning the interpretation and application of the Convention may only be settled by a compulsory procedure entailing a binding decision if they do not fall within the exceptions and limitations of Section 3 of Part XV, ② and when no settlement has been reached through diplomatic channels or otherwise in accordance with Section 1. ③ The preconditions to compulsory procedures are an essential part of a State's consent to jurisdiction when becoming a party to UNCLOS. In the view of the arbitral tribunal of *Southern Bluefin Tuna*, Part XV "falls significantly short of establishing a truly comprehensive regime of compulsory jurisdiction entailing binding decisions"④. Therefore, when referring to the compulsory mechanism under UNCLOS Part XV, all three of these sections of Part XV of UNCLOS must be read contextually, and the application of compulsory arbitration over a law of sea dispute must meet all requirements of Section 1 through Section 3 of Part XV of UNCLOS in context, rather than Section 2 of Part XV in isolation.

China made it clear from the outset that it would neither accept nor participate in the arbitral proceedings: "As a State Party to the Convention, China has accepted the provisions of Part 2 of Part XV on compulsory dispute settlement procedures. But that acceptance does not mean that those procedures apply to

---

① UNCLOS art. 282 (Obligations under general, regional or bilateral agreements): "If the States Parties which are parties to a dispute concerning the interpretation or application of this Convention have agreed, through a general, regional or bilateral agreement or otherwise, that such dispute shall, at the request of any party to the dispute, be submitted to a procedure that entails a binding decision, that procedure shall apply in lieu of the procedures provided for in this Part, unless the parties to the dispute otherwise agree."

② UNCLOS arts. 297-298.

③ UNCLOS art. 286 (Application of procedures under section 2): "Subject to section 3, any dispute concerning the interpretation or application of this Convention shall, where no settlement has been reached by recourse to section 1, be submitted at the request of any party to the dispute to the court or tribunal having jurisdiction under this section."

④ Southern Bluefin Tuna, 39 ILM 1359 (2000), [62].

disputes of territorial sovereignty, or disputes which China has agreed with other States Parties to settle by means of their own choice, or disputes already excluded by Article 297 and China's 2006 declaration filed under Article 298. With regard to the Philippines' claims for arbitration, China has never accepted any of the compulsory procedures of section 2 of Part XV. "[1]

B. Fundamental requirement concerning subject-matter jurisdiction under UNCLOS and the characterization of this dispute.

The competence of an UNCLOS tribunal must be confined to the scope of the Convention: the matter concerning the interpretation or application of UNCLOS, other than any matter concerning sovereignty beyond UNCLOS. The provisions of Part XV of UNCLOS do not establish subject-matter jurisdiction over disputes concerning territorial sovereignty.

With respect to the characterization of the dispute of South China Sea between the two countries, the issue of territorial sovereignty is a longstanding point of contention. The Philippines' artificial formulation of the dispute as a matter arising under the Convention is an attempt to portray it as an UNCLOS dispute.

In its submissions to the Arbitral Tribunal, the Philippines seeks rulings in respect of three matters. First, it seeks declarations that the Parties' respective rights and obligations in regard to the waters, seabed, and maritime features of the South China Sea are governed by the Convention and that China's claims based on historic rights encompassed within its nine-dash line are inconsistent with the Convention and therefore invalid. Second, the Philippines seeks "determinations as to whether, under the Convention, certain maritime features claimed by both China and the Philippines are properly characterized as islands, rocks, low tide elevations, or submerged banks. Third, the Philippines seeks declarations that China has violated the Convention by interfering with the exercise of the Philippines' sovereign rights and freedoms under the Convention and through construction and fishing activities that have harmed the marine

---

[1] China's position paper, para. 79.

environment." ①

Professor Boyle, of the Philippines' legal team in the South China Sea arbitration case, knew very well the importance of the characterization: "[E]verything turns in practice not on what each case involves but on how the issues are formulated. Formulate them wrongly and the case falls outside compulsory jurisdiction. Formulate the same case differently and it falls inside." ② It is true and clever. But, of course, there must be a basic limit to this: such formulation should not become a fragmentation, creation or fabrication, conflicting with basic facts. It is necessary for the tribunal to decide whether there is a dispute concerning the interpretation or application of the Convention, ③ and that determination must be based upon "well founded" facts. ④

China has claimed it possesses indisputable sovereignty over the South China Sea Islands (the Dongsha [Pratas] Islands, the Xisha [Paracel] Islands, the Zhongsha [Macclesfield Bank] Islands and the Nansha [Spratly] Islands) and the adjacent waters. Chinese activities in the South China Sea date back over 2,000 years. China was the first country to discover, name, explore and exploit the resources of the South China Sea Islands and the first to continuously exercise sovereign powers over them. From the 1930s to 1940s, Japan illegally seized some parts of the South China Sea Islands during its war of aggression against China. At the end of the Second World War, the Chinese government resumed the exercise of sovereignty over the South China Sea Islands. Military personnel and government officials were sent via naval vessels for resumption of authority ceremonies. Commemorative stone markers were erected, garrisons stationed, and geographical surveys conducted. In 1947, China renamed the maritime features of the South China Sea Islands and, in 1948, published an official map that

---

① Award on Jurisdiction, paras. 4 – 6.
② Alan E. Boyle, Dispute Settlement and the Law of the Sea Convention: Problems of Fragmentation and Jurisdiction, Int'l & Comp. L. Q. vol, 46, 1997, pp. 37 – 38.
③ UNCLOS art. 288 (4): "In the event of a dispute as to whether a court or tribunal has jurisdiction, the matter shall be settled by decision of that court or tribunal."
④ ANNEX VII. art. 9 (Default of appearance) requires "Before making its award, the arbitral tribunal must satisfy itself not only that it has jurisdiction over the dispute but also that the claim is well founded in fact and law."

displayed a dotted line in the South China Sea.① Since the founding of the People's Republic of China on 1 October 1949, the Chinese government has been consistently and actively maintaining its sovereignty over the South China Sea Islands. Both the Declaration of the Government of the People's Republic of China on the Territorial Sea of 1958 and the Law of the People's Republic of China on the Territorial Sea and the Contiguous Zone of 1992 expressly provide that the territory of the People's Republic of China includes, among others, the Dongsha Islands, the Xisha Islands, the Zhongsha Islands and the Nansha Islands. All those acts affirm China's territorial sovereignty and relevant maritime rights and interests in the South China Sea. ②

Prior to the 1970s, Philippine law had set clear limits for the territory of the Philippines, which did not involve any of China's maritime features in the South China Sea. Article 1 of the 1935 Constitution of the Republic of the Philippines, entitled "The National Territory" provided that "The Philippines comprises all the territory ceded to the United States by the Treaty of Paris concluded between the United States and Spain on the tenth day of December, eighteen hundred and ninety-eight, the limits which are set forth in Article III of said treaty, together with all the islands embraced in the treaty concluded at Washington between the United States and Spain on the seventh day of November, nineteen hundred, and the treaty concluded between the United States and Great Britain on the second day of January, nineteen hundred and thirty, and all territory over which the present Government of the Philippine Islands exercises jurisdiction"③. Under this provision, the territory of the Philippines was confined to the Philippine Islands, having nothing to do with any of China's maritime features in the South China Sea. Philippine Republic Act No. 3046, entitled "An Act to Define the Baselines of the Territorial Sea of the Philippines", which was promulgated in 1961, reaffirmed the territorial scope of the country as laid down in the 1935

---

① China demarcates its claims within the nine-dotted line, which first appeared in "South Sea Islands Location Map" released by Chinese government in February 1948, South China Sea issue explained, http://www.china.org.cn/china/2012-07/18/content_25941294.htm.

② China's Position Paper, para. 4.

③ See the 1935 Constitution of the Republic of the Philippines: Article I The National Territory Section 1. http://www.gov.ph/constitutions/the-1935-constitution/.

Constitution. Since the 1970s, the Philippines has illegally occupied a number of maritime features of China's Nansha Islands, including Mahuan Dao, Feixin Dao, Zhongye Dao, Nanyao Dao, Beizi Dao, Xiyue Dao, Shuanghuang Shazhou and Siling Jiao. Furthermore, it unlawfully designated a so-called "Kalayaan Island Group" (KIG) to encompass some of the maritime features of China's Nansha Islands and claimed sovereignty over them, together with adjacent but vast maritime areas. Subsequently, it laid unlawful claim to sovereignty over Huangyan Dao (Scarborough Shoal) of China's Zhongsha Islands (Macclesfield Bank). In addition, the Philippines has also illegally explored and exploited the resources on those maritime features and in the adjacent maritime areas. [①]

The history above shows that the real dispute is about territorial sovereignty over the various island groups in the South China Sea. The previous exchanges of views regarding the South China Sea issues between the two countries did not concern the subject-matter of the Philippines' claims for the compulsory arbitration at all. Not one of these real points raised by the Philippines with China prior to the arbitration submission were over the maritime issues of interpretation or application of the Convention. What the Philippines have claimed raises issues of territorial sovereignty, over which the Convention has no competence. The reality is that the Philippines sought to use arbitration over the South China Sea issues as a means by which to promote its unjustified claim to sovereignty and, furthermore, refused to participate further in the bilateral negotiation process.

Article 283 in Section 1 is an important provision obligating the States Parties to a dispute to exchange views expeditiously regarding the suitable means for settling it peacefully. Entitled "obligation to exchange views", it provides that: "1. When a dispute arises between States Parties concerning the interpretation or application of this Convention, the parties to the dispute shall proceed expeditiously to an exchange of views regarding its settlement by negotiation or other peaceful means. 2. The parties shall also proceed expeditiously to an exchange of views where a procedure for the settlement of such a dispute has been terminated without a settlement or where a settlement has been reached and the circumstances require consultation regarding the manner of implementing the

---

① China's Position Paper, paras. 5-6.

settlement."

In its Submission No. 3, the Philippines claimed that Scarborough Shoal (Huangyan Dao) "generates no entitlement to an exclusive economic zone or continental shelf". The Arbitral Tribunal decided that the Philippines' Submission No. 3 claim reflects a UNCLOS dispute: the status of Scarborough Shoal as an "island" or "rock" within the meaning of Article 121 of the Convention regarding the source of maritime entitlements.[①] However, the facts indicate the different nature of the dispute over the Huangyan Dao between the Philippines and China.

Just as stated in paragraph 48 of China's Position Paper: "In recent years, China has on a number of occasions proposed to the Philippines the establishment of a China – Philippines regular consultation mechanism on maritime issues. To date, there has never been any response from the Philippines. On 1 September 2011, the two countries issued a Joint Statement between the People's Republic of China and the Republic of Philippines, reiterating the commitment to settling their disputes in the South China Sea through negotiations. But, before negotiations could formally begin, the Philippines sent on 10 April 2012 a naval vessel to the waters of China's Huangyan Dao to seize Chinese fishing boats together with the Chinese fishermen on board. In the face of such provocations, China was forced to take response measures to safeguard its sovereignty. Thereafter, China once again proposed to the Philippine Government that the two sides restart the China – Philippines consultation mechanism for confidence-building measures. That proposal again fell on deaf ears. On 26 April 2012, the Philippines' Department of Foreign Affairs delivered a note verbale to the Chinese Embassy in the Philippines, proposing that the issue of Huangyan Dao be referred to a third-party adjudication body for resolution and indicating no willingness to negotiate. On 22 January 2013, the Philippines unilaterally initiated the present compulsory arbitration proceedings."[②]

---

① UNCLOS art. 121: Regime of islands: ①An island is a naturally formed area of land, surrounded by water, which is above water at high tide. ②Except as provided for in paragraph 3, the territorial sea, the contiguous zone, the exclusive economic zone and the continental shelf of an island are determined in accordance with the provisions of this Convention applicable to other land territory. ③Rocks which cannot sustain human habitation or economic life of their own shall have no exclusive economic zone or continental shelf.

② China's Position Paper, para. 48.

In order to show that there exists between the two countries a dispute concerning the maritime rights of Scarborough Shoal (Huangyan Dao) and that the two countries had exchanged views with regard to that dispute, the Philippines cited a statement released by the Chinese Foreign Ministry on 22 May 1997. However, the Philippines deliberately omitted a passage from that statement released by China, which reads: "The issue of Huangyandao is an issue of territorial sovereignty; the development and exploitation of the Exclusive Economic Zone (EEZ) is a question of maritime jurisdiction. The nature of the two issues are different and hence the laws and regulations governing them are also different, and they should not be discussed together. The attempt of the Philippine-side to use maritime jurisdictional rights to violate the territorial sovereignty of China is untenable."[①] This passage makes clear the thrust of the statement: the Philippines cannot negate China's sovereignty over Huangyan Dao on the pretext that it is situated within EEZ of the Philippines. This shows that the exchange of views in question was centred on the issue of sovereignty.[②] Hence, no so-called "maritime dispute" concerning interpretation and application of the Convention was in existence at the time of the Philippines' initiation of the present compulsory arbitration proceedings, still less any exchange of views on that dispute.

In fact, prior to the South China Sea arbitral proceeding, what the Philippines claimed regarding Scarborough Shoal was over the issue of territorial sovereignty. In a document entitled "Philippine position on Bajo de Masinloc (Scarborough Shoal) and the waters within its vicinity" issued on 18 April 2012, the Philippines' Department of Foreign Affairs stated that Bajo de Masinloc (Scarborough Shoal) "is an integral part of the Philippine territory. [...] The Philippines exercises full sovereignty and jurisdiction over the rocks of Bajo de Masinloc [...]. The basis of Philippine sovereignty and jurisdiction over the rock features of Bajo de Masinloc is distinct from that of its sovereign rights over the larger body of water and continental shelf. [...] Because the Philippines has sovereignty over the rocks of Bajo de Masinloc, it follows that it has also

---

① China's Position Paper, para. 49.
② Id., para. 48.

sovereignty over their 12 – NM territorial waters"①.

Here, China does not dispute that a party is not obliged to continue with an exchange of views when the possibilities of settlement have been exhausted. China's contention is that the Philippines cannot even establish that it raised the UNCLOS claims that it now raises to the Arbitral Tribunal. The Philippines' real claims have been over territorial sovereignty issues rather than the UNCLOS maritime issues, far beyond the competence of the Convention.

A legal dispute concerning the status of the maritime features in question requires that the applicant put forward a legal position on the status of these features that was opposed by the other party, or vice versa.② China has not claimed sovereignty over individual maritime features but has consistently claimed sovereignty over groups of islands or archipelagos as geographical units ("the Nansha Islands is fully entitled"). It is only for the proceedings that the Philippines has changed its position and has artificially re-characterized the long-standing sovereignty disputes as disputes over the status and maritime entitlements of individual maritime features. Here, there is no opposing position coming from China to the Philippines' claims made for this arbitration. In fact there is not a dispute at all, let alone the UNCLOS dispute over the status of the individual maritime feature.

For example, the Philippines' submission No. 4 and 6 concerns the status of certain features of the Nansha Islands (the Spratly Islands), but it failed to produce any evidence that China has based its claim to maritime entitlements in the South China Sea on any particular status of the maritime features in question under UNCLOS. Instead, the Philippines misquoted China's statement to re-characterize the dispute to fit it as an UNCLOS claim, and more surprisingly the Arbitral Tribunal adopted the misquotation in its award. China's original Note

---

① Republic of the Philippines, Department of Foreign Affairs, Philippine position on Bajo de Masinloc (Scarborough Shoal) and the waters within its vicinity, 18 April 2012 (www.gov.ph/2012/04/18/philippine-position-on-bajo-de-masinloc-and-the-waters-within-its-vicinity).
② Cf. M/V "Louisa" (Saint Vincent and the Grenadines v. Kingdom of Spain), Judgment, ITLOS Reports 2013, 57, 73, para. 57 (sep. op. Ndiaye). See also Alleged Violations of Sovereign Rights and Maritime Spaces in the Caribbean Sea (Nicaragua v. Colombia), Judgment of 17 March 2016, para. 21 (diss. op. Caron).

Verbale addressed to the United Nations Secretary-General states that "The Nansha Islands *is* fully entitled to Territorial Sea, Exclusive Economic Zone (EEZ) and Continental Shelf", which is once correctly quoted in paragraph 166 of the Award on Jurisdiction. [1] China purposefully chose the verb "*is*" instead of "*are*" in this statement because it views its Nansha Islands as a unit, showing that China did not set out its view on the "status of features in the Spratly Islands" of the Philippines' submissions, but on the "status of the Spratly as a group" which is a position China has maintained consistently. China treats the Nansha Islands as an archipelago which consists of "numerous islands, reefs, sand cays and banks"[2]. This position was confirmed in China's Position Paper to which the Tribunal made frequent reference. China explained: "The Nansha Islands *comprises* many maritime features. China has always enjoyed sovereignty over the Nansha Islands in its entirety, not just over some features thereof. [...] It is plain that, in order to determine China's maritime entitlements based on the Nansha Islands under the Convention, *all maritime features comprising the Nansha Islands must be taken into account.*"[3]

However, China's statement was misquoted and rephrased by the the Philippines and then adopted by the Aribitral Tribunal to read that: "China's Nansha Islands *are* fully entitled to Territorial Sea, EEZ and Continental Shelf."[4] The misquotation above made to the plural was necessary for the Philippines to construe the existence of a dispute concerning the status and maritime entitlements of the nine individual maritime features in the Nansha Islands which the Philippines had made the subject of the its claims. [5] The Arbitral Tribunal did not fully engage with the examination of these proofs and simply used the Philippines' misquotation. In support of its conclusion that a dispute existed between the parties concerning the status of, and the maritime

---

[1] Note Verbale from the Permanent Mission of the People's Republic of China to the Secretary-General of the United Nations, No. CML/8/2011, 14 April 2011; correctly quoted in Award on Jurisdiction, para. 166.
[2] UN Doc. A/35/93 – S/13788, 12 February 1980.
[3] China's Position Paper, para. 21.
[4] Award on Jurisdiction, para. 169.
[5] Id., para. 153.

entitlements generated by the maritime features in question, the Arbitral Tribunal stated: "Within the Spratlys, China has also generally refrained from expressing a view on the status of particular maritime features and has rather chosen to argue generally that 'China's Nansha Islands *are* fully entitled to Territorial Sea, EEZ and Continental Shelf'."① The Arbitral Tribunal reached its conclusion based upon the Philippines' misrepresentation of China's position.

An UNCLOS tribunal is obliged to objectively establish the existence of a dispute and its "real issue" by examining the position of the parties. The Arbitral Tribunal should have scrutinized in detail specific statements and official documents cited by the Philippines in support of its claim that a dispute existed between the two countries. China does not set out its view on the "status of features in the Spratly Islands" but on the "status of the Spratly Islands as a group". And in fact, the historic record shows that the Philippines' claim to territorial sovereignty over the Kalayaan Island Group (KIG) partly overlaps with China's claim to territorial sovereignty over the Nansha Islands (the Spratly Islands). Since the 1970s, the Philippines has claimed territorial sovereignty over the KIG as a whole, including several "geographical features" which it now claims "are not features that are capable of appropriation by occupation or otherwise"②. Nevertheless, the Arbitral Tribunal still insisted that the Philippines' Submissions could not be understood to relate to sovereignty because "the actual objective of the Philippines' claims was not to advance its position in the Parties' dispute over sovereignty". Such finding made by the Arbitral Tribunal is quite unconvincing.

Professor Talmon pointed out sharply two possible reasons that the Arbitral Tribunal did not engage with China's position of territorial sovereignty over the Spratly Islands as a whole.③ First, any acknowledgment of the true Chinese position would have meant that there is no dispute with regard to the status and maritime entitlements of the individual maritime features in question. Second, the

---

① Award on Jurisdiction, para. 160.
② Id., para. 101 (Submission No. 4).
③ Stefan Talmon, The South China Sea Arbitration: Observations on the Award on Jurisdiction and Admissibility, Chinese JIL, vol, 15, 2016, para. 42.

status and maritime entitlement of island groups (other than those being part of or constituting an archipelagic State) are not governed by the Convention and are thus not subject to the compulsory jurisdiction of the Tribunal. ①

The Philippines has re-characterized artificially a long-standing territorial sovereignty dispute as a dispute concerning the interpretation and application of the Convention, and has sought to frame this dispute as a "mixed dispute" —a dispute with many aspects including "sovereignty" and the "interpretation or application of the Convention". However, the Arbitral Tribunal held that the matters submitted to arbitration by the Philippines do not concern sovereignty, while recognizing that there is a dispute between the Parties regarding sovereignty over islands. ② It failed to find the real issues objectively behind the claims formulated by the Philippines. The real dispute in this present South China Sea case is over sovereignty, over which an Annex VII tribunal has no jurisdiction.

It is a general principle of international law that sovereignty over land territory is the basis for the determination of maritime rights. As the ICJ in the case *Maritime Delimitation and Territorial Questions between Qatar and Bahrain* stated: "maritime rights derive from the coastal State's sovereignty over the land, a principle which can be summarized as 'the land dominates the sea'."③ Recent UNCLOS jurisprudence makes it even more clear, particularly the UNCLOS Annex XII tribunal award of *Chagos Marine Protected Area* case,④ articulating that the subject matter of a compulsory arbitration under Part XV has to be a matter concerning the interpretation or application of the Convention. Even supposing there were a "mixed dispute" having both territorial sovereignty and marine issues, the weight of the sovereignty aspect must be considered first, since a tribunal or court under UNCLOS has no jurisdiction over the so-called "mixed dispute" when the sovereignty aspect of the matter is predominant, even though it may have a concurrent maritime aspect incidentally.

---

① Cf. Sophia Kopela, Dependent Archipelagos in the Law of the Sea (2013), 259.
② Award on Jurisdiction, paras. 152 – 154.
③ Maritime Delimitation and Territorial Questions between Qatar and Bahrain (Qatar v. Bahrain), Merits, judgment of 16 March 2001, I. C. J. Reports 2001, p. 97, para. 185.
④ Chagos Marine Protected Area Arbitration (Mauritius v. United Kingdom), http://www.pcacases.com/web/view/11.

In its Award, the *Chagos Marine Protected Area* arbitral tribunal found that it lacked jurisdiction to consider Mauritius' claim that the United Kingdom was not the "coastal State" in respect of the Chagos Archipelago for the purposes of the Convention, and found that it also lacked jurisdiction to consider Mauritius' alternative claim that certain undertakings by the United Kingdom had endowed Mauritius with rights as a "coastal State" in respect of the Archipelago. The Tribunal held that the dispute between them expressed through these claims in fact concerned the question of sovereignty over the Chagos Archipelago; that this was not a matter concerning the interpretation or application of the Convention; and that the Tribunal did not therefore have jurisdiction to decide the matter. The tribunal in the *Chagos Marine Protected Area* case decided: "it lacked jurisdiction to consider Mauritius' First Submission." The tribunal accepted that it had the jurisdiction to make ancillary findings of fact or determinations of law where necessary to resolve a dispute concerning the Convention. It nevertheless held that "where the real issue in the case and the object of the claim do not relate to the Convention, an incidental connection between the dispute and some matter regulated by the Convention is insufficient to give the Tribunal jurisdiction over the dispute as a whole"[①]. The tribunal further stated that it "lacked jurisdiction to consider Mauritius' Second Submission" because the Parties' underlying dispute regarding sovereignty over the Archipelago was predominant and that the determination sought by Mauritius would effectively constitute a finding that the United Kingdom is less than fully sovereign over the Chagos Archipelago.[②] Accordingly, the tribunal found that Mauritius' Second Submission was properly characterized as relating to the same dispute in respect of land sovereignty over the Chagos Archipelago as Mauritius' First Submission and did not therefore concern the interpretation or application of the Convention.

The Award rendered by the South China Sea Arbitral Tribunal contradicts the "true objective of claim approach" which has been repeated by the decisions

---

[①] Chagos Marine Protected Area Arbitration (Mauritius v. United Kingdom), Award, paras. 207 – 221.

[②] Chagos Marine Protected Area Arbitration (Mauritius v. United Kingdom), Award, paras. 228 – 230.

of both the ICJ's cases and UNCLOS' *Chagos*. ① It refused the logic and reasoning in the highly relevant case *Chagos Marine Protected Area* under UNCLOS Part XV, and jumped to its conclusion, based simply on the Philippines' own phrased submissions, ignoring that the essential nature and predominate weight of the case is the issue of territorial sovereignty, and asserting that "the present case is distinct from the recent decision in *Chagos Marine Protected Area*"②, unaccompanied by any convincing evidence or reasoning to illustrate the distinctions between these two cases.

The Arbitral Tribunal adopted the view of the ICJ that it "should determine on an objective basis the dispute dividing the parties"③. This must mean that it should not decide this question upon the basis of what either of the parties asserts, but on its own independent, i. e. objective, view. In other words, it is not a case of accepting what the Philippines or China says. It is submitted that it follows that, in order for a tribunal to discover what the "real issue" is, the nature of the inquiry is to get below the surface of the claims to discover the fundamental issue between the parties. ④ It should be recalled that a court or tribunal must base its decisions not only on the application and submissions, but also on diplomatic exchanges, public statements and other pertinent evidence to ascertain the true subject of the dispute, the object and purpose of the claim. ⑤ The Tribunal should consider the agreements, diplomatic exchanges, public statements and other relevant documents during the longtime diplomatic

---

① This "objective approach" was illustrated in the Nuclear Tests case decision. See Nuclear Tests (New Zealand v. France), Judgment, I. C. J. Reports 1974, p. 457 at p. 467, para. 31: "[T] he Court must ascertain the true subject of the dispute, the object and purpose of the claim…. In doing so it must take into account not only the submission, but the Application as a whole, the arguments of the Applicant before the Court, and other documents referred to……" See also infra n. 33.

② Award on Jurisdiction, para. 153.

③ Para. 150 of the Award on Jurisdiction, quoting the Fisheries Jurisdiction Case, ICJ reports 1998, p. 432, at para. 30; recently reaffirmed by the International Court of Justice in the case of Bolivia v. Chile, ICJ Reports 2015, p. 1, at para. 26.

④ Chris Whomersley, The South China Sea: The Award of the Tribunal in the Case Brought by Philippines against China-A Critique, Chinese JIL vol, 15, 2016, para. 21.

⑤ See Nuclear Tests (Australia v. France), Judgment, I. C. J. Reports 1974, p. 457, at para. 467, para. 31; Right of Passage over Indian Territory (Portugal v. India), Merits, Judgment, I. C. J. Reports 1960, pp. 33 – 34.

negotiation process between China and the Philippines that are provided in China's Position Paper. But this Arbitral Tribunal based its decisions only on the one-sided unsustainable claim of the Philippines, to decide that: "The Philippines has not asked the Tribunal to rule on sovereignty and, indeed, has expressly and repeatedly requested that the Tribunal refrain from so doing. The Tribunal likewise does not see that any of the Philippines' Submissions require an implicit determination of sovereignty."① The reasoning above is quite subjective and untenable on its face, especially when considering a tribunal and its judges are supposed to be reasonable and objective. It conflicts with the criteria of the "objective approach" totally. The Arbitral Tribunal mentioned the "objective approach" in its decisions,② but it actually did not "isolate the real issue in the case and … identify the object of the claims", as what the "objective approach" requires, at all.

Even assuming the dispute over South China Sea were a "mixed dispute", a maritime dispute may involve concurrent questions of territorial sovereignty. The essential aspect of territorial sovereignty here is obviously predominant, rather than incidental. Accordingly, the Philippines' submission still does not fall within the scope of matters "concerning the interpretation or application of UNCLOS", and the predominant sovereignty nature of this dispute deters the Arbitral Tribunal's jurisdiction, because the issue at stake is far beyond the competence of a tribunal or court under the Convention.

In countenancing the Philippines' inappropriate attempt, the South China Sea Arbitral Tribunal tried to justify its jurisdiction on the sovereignty issue in a "mixed dispute", by invoking the *ICJ's United States Diplomatic and Consular Staff in Tehran* judgment: "There is no question that there exists a dispute between the Parties concerning land sovereignty over certain maritime features in the South China Sea… the Parties can readily be in dispute regarding multiple

---

① Award on Jurisdiction, para. 153.

② Id., paras. 149-150. Interestingly these selective reference to the ICJ cases by this Arbitral Tribunal here, actually only emphasized why it had the right to make an "objective determination", rather than how to reach an objective determination. E. g. when referring to the judgment of Nuclear Tests (Australia v. France), para. 466 of the Judgment on a court or tribunal's authority was invoked, while para. 467 of it on the "objective approach" was not mentioned.

aspects of the prevailing factual circumstances or the legal consequences that follow from them. The Tribunal agrees with the International Court of Justice in *United States Diplomatic and Consular Staff in Tehran* that there are no grounds to 'decline to take cognizance of one aspect of a dispute merely because that dispute has other aspects, however important'."① This finds no support, however, in the text and jurisprudence of UNCLOS, whether in Part XV or elsewhere. To the contrary, it conflicts with the conclusion in *Chagos Marine Protected Area* under Part XV.

It is rather odd that the Tribunal has made such a fragmented and bald reference to a previous ICJ case – *the United States Diplomatic and Consular Staff in Tehran*–by half a sentence, unaccompanied by further textual analysis, offering no reasoning, no explanation, and no context. Moreover, the reasoning in the case of *the United States Diplomatic and Consular Staff in Tehran* serves only to demonstrate the untenability of the Philippines' claim and the illogicality of the Award:

> "The Court, however, in its Order of 15 December 1979, made it clear that the seizure of the United States Embassy and Consulates and the detention of internationally protected persons as hostages *cannot* be considered as something '*secondary*' or '*marginal*', having regard to the importance of the legal principles involved. It also referred to a statement of the Secretary-General of the United Nations, and to Security Council resolution 457 (1979), as evidencing the importance attached by the international community as a whole to the observance of those principles in the present case as well as its concern at the dangerous level of tension between Iran and the United States. The Court, at the same time, pointed out that no provision of the Statute or Rules contemplates that the Court should decline to take cognizance of one aspect of a dispute merely because that dispute has other aspects, however important."②

---

① Award, 59, para. 152.
② United States Diplomatic and Consular Staff in Tehran (United States v. Iran), Judgment, ICJ Reports 1980, p. 3 at. pp. 19 – 20, para. 153.

The situations in the two cases are not analogous. In the case of *the United States Diplomatic and Consular Staff in Tehran*, the violations of international law protecting diplomatic personnel clearly dominated issues that Iran asserted concerning alleged misbehavior of the United States. Here, however, the rights of China and the Philippines to use various features and adjacent waters of the South China Sea depend inevitably on which nation has sovereignty over those features. The issue of sovereignty is the dominant one and the two issues cannot be separated. It is also incongruous for the South China Sea Arbitral Tribunal to rely heavily on an ICJ case involving an entirely different body of law while paying only selective attention to the highly relevant UNCLOS case *Chagos*, which involves the actual rules at stake in the South China Sea case.

The Philippines sought determinations of maritime entitlements to particular marine features in order to fit the subject matter of the Convention. And the Arbitral Tribunal found that it did not see "that any of the Philippines' Submissions require an implicit determination of sovereignty"①. But the Philippines' re-characterization cannot be done in the absence of knowledge of the ownership of those features. It is evident that the undetermined sovereignty is a critical issue and that maritime entitlements cannot (or should not) be articulated when there is uncertainty as to which state those entitlements accrue. The Arbitral Tribunal records an argument from the Philippines that "sovereignty claims over maritime features raise no impediment to the determination of their maritime entitlements"②. In support of this proposition, the Philippines quoted three cases in the ICJ and one decision of an ad hoc arbitral tribunal. But unlike the South China Sea case, in all four of these cases quoted by the Philippines, the ICJ or the ad hoc tribunal possessed an independent jurisdiction to decide disputes about territorial sovereignty in the first place. ③ However, this South China Sea Arbitral Tribunal as an UNCLOS tribunal has no jurisdiction to rule on disputes about territorial sovereignty at all; accordingly it has no authority to decide on the status of features and maritime entitlements

---

① Award on Jurisdiction, para. 153; Award on the Merits, para. 447.
② Id., para. 141.
③ Nicaragua v. Honduras, Qatar v. Bahrain, Nicaragua v. Colombia, Dubai v. Sharjah.

when the owner of the maritime features in question is uncertain since it cannot decide questions of territorial sovereignty.

It is noteworthy that there seems to be no precedent for an international tribunal to consider the status of a feature when the territorial sovereignty over that feature is contested. [1] During the hearing Judge Pawlak asked the Philippines' legal team whether they could quote any precedent "when entitlements to maritime features were decided separately from sovereignty over them"[2]. The Philippines' team promised to revert on this point, but there is no sign in the awards that they were able to discover a precedent. However, the Arbitral Tribunal still insisted that it could determine whether a feature in the South China Sea was amenable to appropriation and capable of generating entitlement to maritime zones without resolving questions of disputed territorial sovereignty over that feature, and stated that it was "fully conscious of the limits on the claims submitted to it and, to the extent that it reaches the merits of any of the Philippines' Submissions, intends to ensure that its decision neither advances nor detracts from either Party's claims to land sovereignty in the South China Sea"[3].

But the Award on the Merits rendered by the Arbitral Tribunal does indeed detract from China's claims to its land sovereignty in the South China Sea: first, it held that certain maritime features have the legal status of low-tide elevations;[4] and second, it held that China is not claiming historic title over the South China Sea but rather historic rights falling short of title,[5] thereby effectively denying China's recourse to historic title to justify its claims of sovereignty in the South China Sea. Consequently, it denied that China could invoke any historic rights to living and non-living resources within the area of the nine-dash line exceeding

---

[1] Chris Whomersley, The South China Sea: The Award of the Tribunal in the Case Brought by Philippines against China—A Critique, Chinese JIL, vol. 15, 2016, para. 32.

[2] Permanent Court of Arbitration, Day 3: Hearing on Jurisdiction and Admissibility, 13 July 2015, page 62, lines 10 – 13; available at http://www.pcacases.com/web/sendAttach/1401.

[3] Award on Jurisdiction, para. 153; Award on the Merits, para. 447.

[4] The Arbitral Tribunal determines the status of Subi Reef, Gaven Reef (South), Hughes Reef, Mischief Reef and Second Thomas Shoal as low-tide elevations: Award on the Merits, paras. 355 – 358, 359 – 364 and 366, 367 – 368, 374 – 378, 379 – 381, and 1203 under B (3) c.

[5] Award on the Merits, para. 229; see also para. 278.

China's maritime zones under the Convention.① Such decisions obviously do not live up to the standard set by the Arbitral Tribunal itself— "neither advances nor detracts from either Party's claims to land sovereignty in the South China Sea", and contrary to UNCLOS.

UNCLOS does not contain provisions to resolve questions of territorial sovereignty. The facts above make it clear that the real issue in the South China Sea dispute is about territorial sovereignty that does not concern the interpretation or application of the Convention. The South China Sea tribunal has no competence to decide such dispute about territorial sovereignty, and the Award on the Merits also shows that there indeed exit inevitable implications of territorial sovereignty from those packaged "maritime features—UNCLOS claims" framed by the Philippines. One commentator—Professor Klein, has stated succinctly that the claims and arguments of the Philippines run counter to the fundamental nature of maritime space, and the principle that the land dominates the sea,② a proposition which the International Court of Justice ("ICJ") has reaffirmed on a variety of occasions.③ The dispute related to contested maritime features therefore does indeed go beyond any interpretation or application of UNCLOS because of the undetermined sovereignty over these features. When the interpretations are placed in their complete contextual setting, the central dispute cannot be seen as one uniquely relating to the interpretation or application of UNCLOS.

C. Limitations and exceptions to applicability of compulsory procedures entailing binding decisions concerning Section 3 of Part XV of UNCLOS.

The introductory language of Section 2, Article 286 ("Subject to Section 3") requires a tribunal under Part XV to examine the Article 297 limitations and the Article 298 optional exceptions in Section 3 as the threshold for the

---

① Award on the Merits, paras. 261 – 262.
② Klein, supra n. 9.
③ See, e. g. North Sea Continental Shelf (Federal Republic of Germany/Denmark; Federal Republic of Germany/Netherlands), Judgment (1969) ICJ Rep 3 (Feb. 20), pp. 51 – 52; Territorial and Maritime Dispute (Nicaragua v. Colombia), 2012 ICJ Rep 624 (Nov. 19), p. 674; Maritime Delimitation in the Black Sea (Romania v. Ukraine), Judgment (2009) ICJ Rep 61 (Feb. 3), p. 89.

application of compulsory arbitration, to decide what law of sea disputes concerning the interpretation and application of the Convention may be excepted from the compulsory procedures in Section 2.

Article 297 in Section 3 entitled "limitations on applicability of section 2" sets out a series of limitations to compulsory settlement that apply automatically, providing significant limitations on the applicability of compulsory procedures in so far as coastal States are concerned. [1] A coastal state is not obliged to accept the submission to a compulsory third-party tribunal with respect to certain marine scientific research or fisheries disputes in the 200 – mile EEZ. Besides limitations to compulsory settlement that apply automatically set out in Article 297 of Section 3,[2] Part XV of the Convention permits the States Parties, through an optional declaration under Article 298 of Section 3 to file a written declaration to exclude specified categories of disputes from the compulsory dispute settlement procedures as laid down in Section 2 of Part XV.

China made such a declaration excluding disputes covered in paragraph 1 (a), (b) and (c) of Article 298 from the compulsory binding procedures in full compliance with the Convention. On 25 August 2006, China deposited, pursuant to Article 298 of the Convention, with Secretary-General of the United Nations a written declaration, stating that: "The Government of the People's Republic of China does not accept any of the procedures provided for in section 2 of Part XV of the Convention with respect to all the categories of disputes referred to in

---

[1] Southern Bluefin Tuna, 39 ILM 1359 (2000), [61].

[2] UNCLOS art. 297 (2) (a): "Disputes concerning the interpretation or application of the provisions of this Convention with regard to marine scientific research shall be settled in accordance with section 2, except that the coastal State shall not be obliged to accept the submission to such settlement of any dispute arising out of: (i) the exercise by the coastal State of a right or discretion in accordance with article 246; or (ii) a decision by the coastal State to order suspension or cessation of a research project in accordance with article 253." UNCLOS art. 297 (3) (a): "Disputes concerning the interpretation or application of the provisions of this Convention with regard to fisheries shall be settled in accordance with section 2, except that the coastal State shall not be obliged to accept the submission to such settlement of any dispute relating to its sovereign rights with respect to the living resources in the exclusive economic zone or their exercise, including its discretionary powers for determining the allowable catch, its harvesting capacity, the allocation of surpluses to other States and the terms and conditions established in its conservation and management laws and regulations."

paragraph 1(a), (b) and(c) of Article 298 of the Convention."① In other words, as regards disputes concerning maritime delimitation, historic bays or titles, military and law enforcement activities, and disputes in respect of which the Security Council of the United Nations is exercising the functions assigned to it by the Charter of the United Nations, the Chinese government does not accept any of the compulsory dispute settlement procedures laid down in section 2 of Part XV of the Convention, including Annex VII compulsory arbitration. ②

China's 2006 declaration under Article 298 thereby excludes the legal effect of Section 2 on the Compulsory Procedures Entailing Binding Decisions in its application to China on all those above matters covered by China's 2006 declaration. The first thing the Tribunal should have to determine is whether the Philippines' request fell within the scope of this exception. ③

In Part IV of the Award on Jurisdiction on preliminary matters, the Tribunal stated: "China's declaration of 25 August 2006 is an example of a declaration intended to activate certain exceptions to the compulsory settlement of disputes set out in Article 298 of the Convention. Beyond these specific exceptions, however, Article 309 provides that '[n] o reservations or exceptions may be made to this Convention unless expressly permitted by other articles of this Convention'. The States Parties to the Convention are accordingly not free to pick and choose the portions of the Convention they wish to accept or reject."

The decision on this issue is problematic both in fact and in law. First, China has stated the scope of exception clearly and consistently through the 2006 declaration— "paragraph 1(a), (b) and(c) of Article 298 of the Convention", no more, no less. ④ Second, The Arbitral Tribunal's reference to Article 309 is pointless and meaningless, because the 2006 declaration of China does not seek exceptions beyond those permitted by paragraph 1(a), (b) and(c) of Article 298 of the Convention, and these exceptions in the declaration are clearly permitted

---

① China's 2006 declaration, available at http: //www. un. org/depts/los/convention_agreements/convention_declarations. htm.

② China's Position Paper, para. 58.

③ Kristen E. BOON, International Arbitration in Highly Political Situations: The South China Sea Dispute and International Law, Wash. U. Glob. Stud. L. Rev, vol13, 2014, pp. 487-488.

④ China's Position Paper, para. 58.

by Article 298. Besides maritime boundary disputes,[1] Article 298 (1) also provides for different treatment of issues which States are permitted to exclude from the compulsory procedures of section 2, such as military activities and law enforcement disputes by a coastal state,[2] and disputes in respect of which the Security Council is already exercising its function.[3] After filing the declaration under Article 298, China is entitled to exclude all the matters covered in paragraph 1 (a), (b) and (c) of Article 298 of the Convention from any compulsory arbitration and any other compulsory dispute settlements provided for in Section XV.

However, the Arbitral Tribunal has presented the facts in a surprisingly biased and doubtful way, as it did not make any effort to present the texts of China's declaration in the Award on Jurisdiction, even though the full text of the declaration made by China under Article 298 is short. The Tribunal relied on Philippines' submission only. The conclusions of fact and law on this point are not well founded as required,[4] —indeed they are not even provided. The arbitral

---

[1] UNCLOS art. 298(1)(a)(i) of Section 3 provides as follows: "1. When signing, ratifying or acceding to this Convention or at any time thereafter, a State may, without prejudice to the obligations arising under section 1, declare in writing that it does not accept any one or more of the procedures provided for in section 2 with respect to one or more of the following categories of disputes: (a)(i) disputes concerning the interpretation or application of articles 15, 74 and 83 relating to sea boundary delimitation, or those involving historic bays or titles, provided that a State having made such a declaration shall, when such a dispute arises subsequent to the entry into force of this Convention and where no agreement within a reasonable period of time is reached in negotiations between the parties, at the request of any party to the dispute, accept submission of the matter conciliation under Annex V, section 2; and provided further that any dispute that necessarily involves the concurrent consideration of any unsettled dispute concerning sovereignty or other rights over continental or insular land territory shall be excluded from such submission."

[2] UNCLOS art. 298(1)(b): "disputes concerning military activities, including military activities by government vessels and aircraft engaged in non-commercial service, and disputes concerning enforcement activities in regard to the exercise of sovereign rights or jurisdiction excluded from the jurisdiction of a court or tribunal under article 297, paragraph 2 or 3."

[3] UNCLOS art. 298(1)(c): "disputes in respect of which the Security Council of the United Nations is exercising the functions assigned to it by the Charter of the United Nations, unless the Security Council decides to remove the matter from its agenda or calls upon the parties to settle it by the means provided for in this Convention."

[4] ANNEX VII. art. 9 (Default of appearance) requires: "Before making its award, the arbitral tribunal must satisfy itself not only that it has jurisdiction over the dispute but also that the claim is well founded in fact and law."

panel has blithely accepted the Philippines' characterization of the disputes in this case rather than examining them in depth.

Furthermore, Article 299 requires consent of all parties to this compulsory procedure,[①] and essentially bars states from bringing a compulsory procedure unilaterally against another state that has made a declaration under Article 298 without its consent. Article 299 of Section 3, which is entitled "right of the parties to agree upon a procedure", provides that: "1. A dispute excluded under article 297 or excepted by a declaration made under article 298 from the dispute settlement procedures provided for in section 2 may be submitted to such procedures only by agreement of the parties to the dispute."

China has made an official declaration under Article 298 to opt out of the compulsory procedures and never agreed to any compulsory procedure. On the contrary, China has objected to the unilateral third-party procedure including this compulsory arbitration. Just as the Award on Jurisdiction states in its paragraph 10 of part 1: "China has consistently rejected the Philippines' recourse to arbitration and adhered to the position of neither accepting nor participating in these proceedings. It has articulated this position in public statements and in many diplomatic Notes..." The Philippines was hence barred from submitting law of sea matters covered in paragraph 1(a), (b) and (c) of Article 298 of the Convention, since China has excluded all these specific matters from compulsory procedures under Part XV of UNCLOS by its 2006 declaration.

However, the Tribunal rejected China's view that the issues of South China Sea presented by the Philippines are "part and parcel of maritime delimitation", and characterized this as "an integral, systemic process"[②]. The Tribunal concluded that the question of whether a feature generated maritime jurisdiction, and if so where and what kind, was separate from the question of delimitation of overlapping maritime jurisdictional zones and could be addressed without reaching delimitation issues, and held that the jurisdictional limitation only applies in case

---

① UNCLOS art. 299, provides that: "1. A dispute excluded under article 297 or excepted by a declaration made under article 298 from the dispute settlement procedures provided for in section 2 may be submitted to such procedures only by agreement of the parties to the dispute."

② Award on Jurisdiction, paras. 138 and 366.

of overlapping entitlements of coastal States; as none of the features claimed by China could generate an EEZ or continental shelf, there simply could not be any overlap. [1]

The maps attached to the award show the geographical position of the various features referred to in the submissions made by the Philippines clearly. [2] Scarborough Shoal (Huangyan Dao) lies less than 200 nautical miles from the coast of Luzon, whilst Mischief Reef, Second Thomas Shoal, McKennan Reef (including Hughes Reef) and Johnson Reef lie within 200 nautical miles of the coast of Palawan; Subi Reef, Gaven Reef, Cuarteron Reef and Fiery Cross Reef lie more than 200 nautical miles from the coast of Palawan, but considerably less than 400 nautical miles from it. It follows that, assuming that all of these features generate an exclusive economic zone and a continental shelf and that all belong to China, then a question of delimitation of overlapping maritime jurisdictional zones would arise between China and the Philippines in accordance with Articles 74 and 83 of UNCLOS.

In the jurisdiction phase, the Arbitral Tribunal held that if none of the features claimed by China constitute islands entitled to an EEZ or continental shelf, no question of overlap would arise, [3] hence the jurisdictional limitation would not apply. In the merits phase, the Arbitral Tribunal did indeed declare that none of the features claimed by China constitute an island generating an EEZ or continental shelf and that consequently no overlapping entitlements exist. [4] The reasoning above is flawed in that: first, a tribunal should not decide a jurisdiction limitation based upon an undecided merit issue; second, even assuming the Arbitral Tribunal were correct in holding that those features claimed as islands by China are only rocks, the conclusion still does not follow that there are no overlapping entitlements. The Philippines' claim to an EEZ ranging 200 nm still overlaps with the 12 nm territorial sea generated by the "rocks" concerned,

---

[1] Award on Jurisdiction, paras. 374 – 375; see also Award on the Merits, paras. 391 – 396.
[2] The maps attached to the Award on Jurisdiction at pages 7 and 9.
[3] Award on Jurisdiction, para. 369.
[4] Award on the Merits, paras. 1203 under B. (6) and (7).

e. g. , Scarborough Shoal,① Itu Aba,② Johnson Reef, Cuarteron Reef, Fiery Cross Reef, ③ Gaven Reef (North), and McKennan Reef. ④

With respect to the jurisdictional limit imposed as to disputes over historic title, the Arbitral Tribunal distinguished historic rights from historic title, and then considered China's claim based upon historic right, other than the "historic title", and accordingly decided that the jurisdiction limitation under the UNCLOS Art. 298(1)(a)(i) does not apply. Notwithstanding the express language of the 2011 Note Verbale⑤ and China's constantly expressed view that it possesses undisputed sovereignty over the Spratlys conglomerate rather than its islands assessed individually,⑥ the Arbitral Tribunal constructed the legal position of China to mean that no claim of historic title was advanced. Beyond its competence and in the absence of necessary detailed information, it concluded that China only claims historic rights short of title and that consequently it could rule upon Philippines' submissions 1 and 2, which purported to obtain a ruling that Chinese claims of historic rights, or sovereign rights or jurisdiction, within the area of the nine-dash line are inconsistent with the Convention. ⑦ Here, the decision of the Arbitral Tribunal contradicts itself: to avoid the application of jurisdiction exception of the "historic title" under UNCLOS, it reduced China's "historic title" sovereignty claim to "historic right", and decided that the nine-dash line

---

① Award on the Merits, paras. 554, 643.
② Id. , para. 646.
③ Id. , para. 644.
④ Id. , para. 645.
⑤ China's Note Verbale of 6 July 2011 states that "waters of which China has historic titles including sovereign rights and jurisdiction", but the Arbitral Tribunal speculatively attributed this to an error of translation. Id. , para. 227.
⑥ Award on the Merits, para. 206.
⑦ Id. , para. 229; see also para. 278: the Arbitral Tribunal concluded that "China's claims to historic rights, or other sovereign rights or jurisdiction, with respect to the maritime areas of the South China Sea encompassed by the relevant part of the 'nine-dash line' are contrary to the Convention and without lawful effect to the extent that they exceed the geographic and substantive limits of China's maritime entitlements under the Convention".

based upon "historic rights" falls outside UNCLOS regime;① whereas to entertain the Philippines' inappropriate substantive claims, it decided that such "historic rights" within the area of the nine-dash are inconsistent with UNCLOS. When deconstructing an integrated issue of territorial sovereignty and relevant maritime entitlements into pieces of fragmentary questions deliberately to make an UNCLOS case, both the Philippines and the Arbitral Tribunal seemed lost in their twisted logic and confusing reasoning.

In determining this critical threshold of the application of compulsory procedure, the Arbitral Tribunal of this South China Sea case did not comply with the important stipulations of the Convention. The Arbitral Tribunal's unprecedented disregard of China's 2006 declaration contravenes the purpose and the provisions of the Convention. The Tribunal's failure to recognize China's declaration should cause concern to those States making such declaration under Article 298, and should increase States' doubts about the Convention and its function.

D. General requirements concerning Section 1 of Part XV of UNCLOS.

Section 2 of UNCLOS only applies where no settlement has been reached by recourse to Section 1 of Part XV. Any disputes under Part XV Section 2 of UNCLOS for compulsory jurisdiction must meet the general requirements of Section 1 and not fall outside the exceptions of Section 3.

The main emphasis in Section 1 is that parties are free to choose whatever peaceful means they prefer for dispute settlement. This selection may include non-binding and non-compulsory procedures. Phrased in general terms, Article 281 (1) of Section 1 provides that: "if the State Parties which are parties to a dispute concerning the interpretation or application of this Convention have agreed to seek settlement of dispute by a peaceful means of their own choice, the procedures provided for in this Part apply only where no settlement has been reached by recourse to such means and the agreement between the parties does not exclude

---

① Award on the Merits, paras. 207 – 211 and 214: The Tribunal held that China claims historic rights to the living and non-living resources within the area enveloped by the "nine-dash line" independently from the Convention.

any further procedure. "

Pursuant to Article 281, only where no settlement has been reached under these procedures and where they do not preclude reference of the dispute to other forums, do the compulsory procedures of Section 2 apply. State parties that have agreed to seek settlement of disputes by peaceful means of their own choice are permitted by Article 281 to confine the applicability of compulsory procedures of Part XV, Section 2 to cases where all parties to the dispute have agreed upon submission of their dispute to such compulsory procedures. ①

The award of *Southern Bluefin Tuna* confirmed that the UNCLOS mechanism would not override the dispute settlement provisions to which the parties have consented in accordance with Article 281. The *Southern Bluefin Tuna* arbitration panel made a detailed review of article 281 (1), illustrating these requirements clearly. ②

It is noteworthy that this is a general threshold for the application of all of Part XV. If the general test of Article 281 fails in a dispute, application of other articles of Part XV out of context, such as the following invocation of Article 287 and Annex VII made by this Arbitral Tribunal,③ would be improper.

The South China Sea tribunal decided that: "Article 287 of the Convention accords parties a choice of procedures for the settlement of their disputes. Neither the Philippines nor China has made a written declaration choosing one of the particular means of dispute settlement set out in Article 287, Paragraph 1. Accordingly, under Paragraph 3 of that Article, both Parties are deemed to have accepted arbitration in accordance with Annex VII to the Convention. The present dispute has therefore correctly been submitted to arbitration before a tribunal constituted under Annex VII of the Convention. "④ Ironically the Award on Jurisdiction on this issue is nevertheless incorrect, because it does not apply

---

① Southern Bluefin Tuna, 39 ILM 1359 (2000), [62].
② Id., [56-57].
③ ANNEX VII, entitled "ARBITRATION" deals with the arbitration instrument under Part XV, Article 1 prescribes in its "Institution of proceedings": "Subject to the provisions of Part XV, any party to a dispute may submit the dispute to the arbitral procedure provided for in this Annex by written notification addressed to the other party or parties to the dispute. "
④ Award on Jurisdiction, para. 109.

the UNCLOS contextually, particularly the provisions on general preconditions to compulsory arbitration required by Section 1 Article 281 of UNCLOS mentioned above.

According to the ordinary meaning of its words and the structure of Article 281, the connective words like "only where" and "and" mean that: to apply Part XV to a dispute, two conditions must be fulfilled, namely: 1. no settlement has been reached by recourse to a peaceful means of their own choice; and 2. agreement between the parties does not exclude any further procedure. They must coexist; as long as one of the two conditions is not met, Part XV does not apply.

There has been a long-standing negotiation between China and the Philippines on resolving their disputes in the South China Sea through friendly consultations and negotiations since the 1990s.① The effect of this conduct to continue to seek resolution of the dispute by negotiation, not only stresses the consensual nature of any reference of a dispute, but also emphasizes that the intent is to remove the disposition from the compulsory procedures of Part XV, Section 2. Under the Joint Statement between China and the Philippines concerning Consultations on the South China Sea and on Other Areas of Cooperation, issued on 10 August 1995, both sides "agreed to abide by" the principles that "[d]isputes shall be settled in a peaceful and friendly manner through consultations on the basis of equality and mutual respect"; that "a gradual and progressive process of cooperation shall be adopted with a view to eventually negotiating a settlement of the bilateral disputes". The Philippines has repeatedly reaffirmed in bilateral documents with China that they shall resolve relevant disputes through negotiations and consultations. The intent is reinforced by The Declaration on the Conduct of Parties in the South China Sea (DOC), which explicitly states that the sovereign states directly concerned undertake to resolve their territorial and jurisdictional disputes by peaceful means through

---

① China's Position Paper, para. 30.

friendly consultations and negotiations. ① Thus the negotiating history between the two nations confirms that there is no foundation whatsoever for the jurisdiction advocated by the Philippines in this case.

Therefore, the dispute settlement channel for South China Sea issues between China and the Philippines has been a peaceful means of their own choice: negotiations and consultations. This choice has excluded any other procedure of settlement. The Philippines is accordingly barred from unilaterally initiating compulsory arbitration.

The Philippines cannot deny the facts above, but instead has argued that the DOC was not legally binding, which is actually irrelevant to Article 281. The Tribunal upheld the Philippines' position and decided that "the DOC does not, by virtue of Article 281, bar the Tribunal's jurisdiction" on the ground that the DOC does not constitute a binding "agreement" within the meaning of Article 281. ②

Here, the Arbitral Tribunal's analysis and conclusion are unfounded, because Article 281 itself does not require a legal binding agreement, instead it only requires an "agreement" without stipulating whether it is legally binding or not. Closely read, it should be noted that Article 281(1) uses the word "agreement" without further qualification, suggesting that it need not be a binding treaty. Thus negotiations are themselves the means chosen by parties for resolution of a dispute. Accordingly, even supposing the nature of DOC were not legally binding, the long-standing negotiations and agreements between China and the Philippines over South China Sea alone have satisfied this requirement, and thereby have barred the Tribunal's jurisdiction. Moreover, in view of the logical structure of Article 281, the Tribunal should have stopped at this step, because

---

① Paragraph 4 of the DOC explicitly states that: "The Parties concerned undertake to resolve their territorial and jurisdictional disputes by peaceful means … through friendly consultations and negotiations by sovereign states directly concerned, in accordance with universally recognized principles of international law, including the 1982 UN Convention on the Law of the Sea. " Part III of Statement of the Ministry of Foreign Affairs of the People's Republic of China on the Award on Jurisdiction and Admissibility of the South China Sea Arbitration by the Arbitral Tribunal Established at the Request of the Republic of the Philippines 2015/10/30.

② Award on Jurisdiction, paras. 75 – 88.

there is no need to go to the test of "agreement between the parties does not exclude any further procedure". However, after having set this subjective interpretation on "binding agreement" requirement beyond Article 281, the tribunal then examined the second requirement of Article 281.

In fact, China has always insisted on peaceful settlement of disputes by means of negotiations between the countries directly concerned. China's position on negotiations was made clear and well known to the Philippines and other relevant parties during the drafting and adoption of the aforementioned bilateral instruments and the DOC. By repeatedly reaffirming negotiations as the means for settling relevant disputes, and by emphasizing that negotiations be conducted by sovereign States directly concerned, the above-quoted provisions of the bilateral instruments and paragraph 4 of the DOC obviously have produced the effect of excluding any means of third-party settlement.① Even if the intent were not indicated expressly, in the view of the Tribunal of the *Southern Bluefin Tuna*: "the absence of an express exclusion of any procedure in the agreement is not decisive."②

But the Arbitral Tribunal turned to refer to the separate opinion of Sir Kenneth Keith in *Southern Bluefin Tuna* to support its conclusion,③ despite the fact that his separate opinion, which requires express exclusion for the application of Article 281, was considered by the tribunal of *Southern Bluefin Tuna* as not convincing. Thus, this South China Sea tribunal used an unconvincing and unsupported separate opinion, while ignoring the reasoning and conclusion in the valid award of *Southern Bluefin Tuna*, to set a standard beyond Article 281, requiring an explicit statement for China to exclude any further procedure. The Arbitral Tribunal considered that the DOC does not exclude any further procedure, and thereby "the DOC does not, by virtue of Article 281, bar the Tribunal's jurisdiction"④.

A selective reference of this South China Sea Arbitral Tribunal to *Barbados*

---

① China's Position Paper, para. 40.
② Southern Bluefin Tuna, 39 ILM 1359 (2000), [57].
③ Id., [223].
④ Id., [229].

v. *Trinidad and Tobago*① does not in any way support its decision that the Philippines has the unilateral right to compulsory arbitration under Section 2 of Part XV after unsuccessful negotiations. In fact, the *Barbados/Trinidad and Tobago* tribunal firstly confirmed and emphasized that the unilateral right to compulsory arbitration can be negated, if another party makes a declaration under Section 3, Article 298: "That unilateral right would be negated if the States concerned had first to discuss the possibility of having recourse to that procedure, especially since in the case of a delimitation dispute the other State involved could make a declaration of the kind envisaged in Article 298(1)(a)(i) so as to opt out of the arbitration process."② Again, the South China Sea Arbitral Tribunal erred by fragmenting a previous UNCLOS case decision and failing to apply UNCLOS rules contextually. China made such a declaration in 2006 under Article 298, so the Philippines and the Arbitral Tribunal cannot establish the Philippines' unilaterally claimed compulsory procedure, even if, contrary to the facts, settlement had been exhausted.

Given what was discussed above, this decision of South China Sea tribunal is not only inconsistent with past jurisprudence under Part XV of UNCLOS, but also unsupported by the text and context of Article 281 in Section 1 and the overall purpose of the Convention.

Conclusion

In sum, in the case of the South China Sea dispute, none of the preconditions and thresholds for initiating and constituting compulsory arbitration jurisdiction under UNCLOS have been met. This decision is flawed in both the application of law and the identification and the characterization of the relevant facts.

---

① Award on Jurisdiction, para. 346. Barbados v. Trinidad and Tobago, Award of 11 April 2006, PCA Award Series at p. 96, para. 206; RIAA Vol. XXVIII, p. 147 at p. 207, para. 206: "the only relevant obligation upon the Parties under Section 1 of Part XV is to seek to settle their dispute by recourse to negotiations…Upon the failure of the Parties to settle their dispute by recourse to Section 1, i. e. to settle it by negotiations, Article 287 entitles one of the Parties unilaterally to refer the dispute to arbitration."

② Barbados/Trinidad and Tobago, Id., Para. 204.

The Arbitral Tribunal lacks jurisdiction according to the Convention. The Philippines had no right to initiate the present arbitration under the Convention, given that it has agreed through negotiations and bilateral instruments to settle relevant disputes with China. The essence of the subject matter of the arbitration is territorial sovereignty over several maritime features in the South China Sea. UNCLOS does not authorize the Philippines and the Arbitral Tribunal to employ the compulsory arbitration mechanism against China over sovereignty issues. Even if one accepted that the subject matter of the arbitration concerns the interpretation or application of the Convention, this subject matter would nevertheless fall within the scope of the declaration filed by China in 2006 in accordance with the Convention, which excludes compulsory arbitration and other compulsory dispute settlement procedures from those disputes concerning sovereign rights related to maritime surface features.

Disregarding the legal significance of China's Declaration, the Arbitral Tribunal eroded the integrity and authority of UNCLOS, and contravened the consent of States Parties to the Convention, which reflects the fundamental principle of sovereignty and equality as the cornerstone of international law. This decision will further discourage States from participating in UNCLOS. This apparently illegitimate and ineffective award of the Arbitral Tribunal will in the end undoubtedly do violence to the credibility of UNCLOS and damage international law.

专题四　案例评析

船舶共享协议模式下实际承运人的识别及其责任认定

——中远公司诉理查德公司案[①]评析

罗 春* 白厦广**

摘要：近年来，为应对航运经济持续低迷的发展态势，航运公司采取了整合资源、优化航线等举措，出现了舱位共享、舱位租用等船舶共享协议运输方式，在法律关系上对实际承运人的识别和责任承担产生了新的争议。本文通过案例分析，对船舶共享协议模式下实际承运人的识别及其责任的司法认定提出了明确的观点，以期为今后类似案件的处理和研判提供有益的参考。

关键词：承运人　实际承运人　船舶共享协议　追偿　连带责任

The Identification and Liability Determination of the Actual Carrier in the Mode of Vessel Sharing Agreement
—Comment on the Case COSCO Shipping v. Richard II Navigation Limited

Luo Chun, Bai Xiaguang

Abstract: In recent years, in order to cope with the economic slowdown in the shipping industry, the shipping enterprises are taking measures such as resource integration and shipping routes optimization, leading to a new shipping mode of vessel sharing agreement including space sharing and space renting, which aroused the new controversy about the identification and liability

---

[①] 中远集装箱运输有限公司与理查德二世航运有限公司海上货物运输合同纠纷案，参见广州海事法院（2013）广海法初字第968号民事判决书、广东省高级人民法院（2015）粤高法民四终字第113号民事判决书。

* 罗春：广州海事法院法官。

** 白厦广：广州海事法院法官助理。

determination of the actual carrier in legal relation. This article shares the judicial views on how to identify the actual carrier and how to allocate the liability by analyzing a typical judicial case, as reference for the future case trial and research.

Key words：carrier；actual carrier；vessel sharing agreement；claim for reimbursement；joint and several liability

一、案情简介

原告（被上诉人）：中远集装箱运输有限公司（以下简称"中远公司"）。

被告（上诉人）：理查德二世航运有限公司（Richard II Navigation Limited，以下简称"理查德公司"）。

2010年12月7日，重庆力帆实业（集团）进出口有限公司（以下简称"力帆公司"）与买方英孚工贸公司签订外销合同，由力帆公司出售给英孚工贸公司1872套摩托车散件。

力帆公司委托中远公司将装有该批货物的9个集装箱从江门港运往巴拉圭的亚松森，中远公司于2011年1月19日签发编号为COSU6060703780的全程提单，提单记载：托运人为力帆公司，承运人为中远公司，收货人为英孚工贸公司，装货港中国江门，卸货港乌拉圭蒙得维的亚，交货地巴拉圭亚松森，货物为TL125-5型摩托车配件，共3,805包，共9个集装箱，整箱交接，堆场至堆场，船名"XIE HANG 258"轮。2011年1月21日，"XIE HANG 258"轮抵达香港。2月3日，涉案货物由理查德公司所有的"意悦"轮承运。

2011年2月26日，"意悦"轮在新加坡开往巴西途中遭遇大风，其装载的编号为CBHU8756927、CBHU8584371两个集装箱落海，箱内全部货物灭失。编号为CBHU8756927的集装箱内货物为477包，编号为CBHU8584371的集装箱内货物为416包。

2012年4月19日，中国太平洋保险股份有限公司重庆分公司（以下简称"重庆太保"）作为涉案货物运输的保险人赔偿收货人英孚工贸公司后，向上海海事法院起诉中远公司，请求判令中远公司赔偿经济损失146,944.96美元。2013年4月16日，上海海事法院作出（2012）沪海法商初字第1482号民事判决书，认定货损金额为416套摩托车散件的FOB

价值 144,751.36 美元,判决中远公司赔偿重庆太保 144,751.36 美元并负担受理费人民币 13,848.14 元,该判决书于 2013 年 5 月生效。2013 年 4 月 28 日,中远公司与重庆太保达成和解,约定由中远公司赔付重庆太保人民币 807,248 元,中远公司于 2013 年 6 月 20 日支付上述款项。

理查德公司是"意悦"轮的船舶所有人。理查德公司提供了经公证认证的期租合同及附录、船舶转让协议书以证明涉案运输为理查德公司履行与意大利航运公司签订的定期租船合同,认定理查德公司与意大利航运公司在涉案事故发生时存在定期租船合同关系。

中远公司诉称:理查德公司作为实际承运人承运涉案货物,且涉案货物在其掌管期间落海丢失,应当对涉案集装箱落海丢失所引起的损失承担赔偿责任。中远公司作为承运人,在赔偿收货人的保险人后,有权根据《中华人民共和国海商法》的规定向理查德公司追偿。请求判令:①理查德公司赔偿中远公司经济损失人民币 901,038 元及相应利息;②由理查德公司负担本案诉讼费用。

理查德公司辩称:①理查德公司并非实际承运人。没有证据显示中远公司与理查德公司之间存在转委托关系。中远公司根据其与意大利航运公司之间的船舶共享协议,是将货物装载在自己租用的舱位上运输。即便中远公司与理查德公司之间以意大利航运公司为中间环节存在转委托关系,但理查德公司接受的转委托事项为船舶或者船舶部分舱位的租用,并非货物的运输,在涉案货损发生时,理查德公司实际履行的是其与意大利航运公司签订的定期租船合同,理查德公司作为出租人不具有实际承运人的地位。②即便理查德公司具有实际承运人的地位,也不意味着中远公司作为承运人有权向理查德公司追偿,双方需要按照彼此之间的合同约定或者侵权责任的规定来决定最终赔偿责任的归属。③理查德公司对本案货损没有任何过失。如果事故由于恶劣天气所致,则不能归因于理查德公司;如果事故由于货物的不当积载所致,则应由中远公司自己承担。根据理查德公司和意大利航运公司之间的期租合同第 8 条、第 30 条,以及协会间纽约土产交易格式协议第 8 条的规定,因装货和积载引起的货损应由意大利航运公司负责。根据中远公司与意大利航运公司之间的船舶共享协议中关于"运营协议"的补充约定,货物积载工作和责任应由中远公司自行承担。④中远公司请求的律师费并非必然发生的费用,向理查德公司主张该损失没有法律依据。请求法院驳回中远公司诉讼请求。

二、审判经过

广州海事法院经审理认为：本案是海上货物运输合同纠纷。中远公司作为承运人，在货损发生后，赔付依法代位求偿的保险人，而主张理查德公司为涉案货物的实际承运人并行使追偿权引起本案纠纷。本院受理本案后，理查德公司在答辩期内未提出管辖权异议，并应诉答辩，根据《中华人民共和国民事诉讼法》第一百二十七条第二款的规定，本院对本案具有管辖权。

本案货物运输是从中国江门至巴拉圭亚松森，本案具有涉外因素。中华人民共和国法律没有对承运人和实际承运人之间的涉外民事关系法律适用作出规定，而中远公司住所地、本案运输的始发地均位于中华人民共和国领域内，中华人民共和国法律为与该涉外民事关系有最密切联系的法律。根据《中华人民共和国涉外民事法律关系适用法》第二条第二款的规定，本案应适用中华人民共和国法律处理。

本案的争议焦点如下。

第一，理查德公司是否接受转委托承运本案货物。本案事实表明，理查德公司系实际运输涉案货物的"意悦"轮船东，结合中远公司与意大利航运公司存在船舶共享协议、意大利航运公司与理查德公司存在定期租船合同关系的事实，应认定中远公司通过意大利航运公司转委托理查德公司运输涉案货物。

第二，理查德公司作为船舶所有人是否负承运人的责任。理查德公司在本案中的法律地位，符合《中华人民共和国海商法》第四十二条第二项关于实际承运人的定义，应认定理查德公司为本案货物运输的实际承运人。理查德公司辩称，在涉案货损事故发生时，理查德公司履行的是其与意大利航运公司之间的定期租船合同，作为定期租船合同出租人的理查德公司不具有实际承运人的地位。理查德公司与意大利航运公司之间的定期租船合同系其与案外人之间的法律关系，并非其与中远公司的法律关系，而且，理查德公司系其与意大利航运公司之间的定期租船合同的出租人，船员由理查德公司配备，船舶亦由理查德公司操纵，货物亦在其掌管之下由香港运往目的地，因此，对理查德公司的主张不予采纳。根据《中华人民共和国海商法》第四十六条、第五十一条第一款规定，本案货物在承运人的责任期间内发生了损坏，虽然恶劣天气是导致涉案货物损坏的原因之一,但理查德公司并未举证证明该恶劣天气系导致货损的直接原因,也未举证证明该恶劣天气构成"天灾"或者"海上或者其他可航水域的危险或者意外事故",因此,本案货损原因不构成承运人可免责的条件。《中华人民共和国海商法》第六十一条规定:"本章对承运人责任的规定,适用于实际承运人。"中远公司作为涉案货物全程运输的承运人,对托运人负有妥善、谨慎地装载、搬移、运输、照料所运货物,并在目的港向收货人交付完好货物的义务,理查德公司作为涉案货物从香港至目的港之间部分运输的实际承运人,在其运输期间,负有与承运人相同的义务。涉案货物在理查德公司负责运输的途中发生损坏,且不构成承运人可免责的条件,中远公司与理查德公司均负有对托运人或收货人的赔偿责任。《中华人民共和国海商法》第六十三条规定:"承运人与实际承运人都负有赔偿责任的,应当在此项责任范围内负连带责任。"故中远公司与理查德公司对本案货物损失对托运人或收货人负连带责任。《中华人民共和国海商法》第六十五条规定:"本法第六十条至第六十四条的规定,不影响承运人和实际承运人之间相互追偿。"因此,承运人和实际承运人之间存在法定的追偿关系。理查德公司系本案从香港运至目的港部分运输的实际承运人,涉案货物在其实际占有、管理和运输过程中灭失,不属于可免责的范围,其对该损失负有直接的、终局的责任。中远公司作为承运人,未实际操纵船舶和管理货物,不存在管货过失,其根据《中华人民共和国海商法》第六十三条的规定对理查德公司的行为向货物运输合同的相对方承担赔偿责任后,有权依照《中华人民共和国海商法》第六十五条规定向负有责任的理查德公司追偿。因此,理查德公司应向中远公司承担赔偿责任。至于理查德公司辩称根据理查德公司和意大利航运公司之间的期租合同第八条、第三十条的约定,以及协会间纽约土产交易格式协议的约定,理查德公司对因装货和积载引起的货损不负赔偿责任的主张,系其与案外人之间的法律关系,并非中远公司与理查德公司之间的约定,故不予采纳。

广州海事法院依照《中华人民共和国海商法》第四十六条、第六十一条、第六十三条、第六十五条的规定判决理查德公司赔偿中远公司货物损失人民币807,248元以及从2013年6月20日起至实际付清之日按照中国人民银行同期一年期贷款基准利率计算的利息,并驳回中远公司的其他诉讼请求。

一审宣判后,理查德公司不服原审判决,向广东省高级人民法院上诉称:《中华人民共和国海商法》第六十五条并不当然赋予中远公司追偿的权利，承运人与实际承运人之间最终的责任承担取决于两者之间的法律关系，以及中远公司的请求权基础。中远公司与意大利航运公司存在船舶共享协议，理查德公司与意大利航运公司存在定期租船合同关系，中远公司如提起合同之诉，应向意大利航运公司索赔。中远公司与理查德公司不存在侵权关系。本案货损是恶劣天气所致，承运人依法无需承担赔偿责任。即使不构成不可抗力，也是货物的系固存在过失，根据期租合同的约定，因系固引起的货物损失由承租方意大利航运公司负责，根据中远公司与意大利航运公司之间的船舶共享协议的约定，因系固造成的损失由中远公司承担，所以中远公司无权索赔。

中远公司辩称：本案是海上货物运输合同纠纷，理查德公司应承担最终的赔偿责任。理查德公司承担本案货物运输的管货义务。一审判决认定事实清楚，适用法律正确，请求依法予以维持。

广东省高级人民法院经审理，确认一审法院认定的事实和证据。

广东省高级人民法院经审理认为：本案为追偿权纠纷。中远公司系涉案货物运输的承运人，在货损事故发生后，赔付了依法代为求偿的保险人，以理查德公司为实际承运人为由，对其提起追偿之诉，故本案为追偿权纠纷，一审判决认定本案为合同纠纷不当，予以纠正。根据双方的上诉及答辩意见，二审争议焦点如下。

第一，理查德公司是否为实际承运人。涉案货物运输由力帆公司委托中远公司进行，中远公司签发了全程提单，并在香港将货物交由"意悦"轮承运至巴西，理查德公司系"意悦"轮的船舶所有人和定期租船合同出租人，船员由其配备和管理，船舶亦由其控制，故理查德公司为接受转委托而实际履行涉案货物运输任务的人，是实际承运人。

第二，中远公司是否有权直接向理查德公司追偿涉案货损。《中华人民共和国海商法》第六十五条规定是在承运人与实际承运人责任的基础上，对二者之间的相互追偿作出规定，在具体纠纷中，承运人与实际承运人对外赔付后，可以依据其内部法律关系进行追偿，追偿责任依据双方之间的法律关系及权利义务确定。仅根据《中华人民共和国海商法》第六十五条规定尚不足以得出承运人与实际承运人之间可以直接相互追偿的结论。但根据《中华人民共和国民法通则》第八十七条的规定，承运人或实际承运人对外赔付之后，可以向对货损负有责任的一方进行追偿，追偿以双方的合同关系为依据，没有合同关系的，应考量各自的主观过错及其行为对损害结果发生的原因力，进行确定各自对损害应承担的责任份额。

第三，理查德公司是否应承担中远公司的损失。理查德公司主张涉案货损系天灾所致，但未能证明"意悦"轮遭遇的海况构成不能预见、不能避免、不能克服之天灾，且其已尽管货义务，应承担举证不能的责任。理查德公司另主张集装箱装载不当是造成本案货损的原因，理查德公司对此并无过错，不承担责任。在追偿关系中，理查德公司可以根据装载义务的实际归属和履行情况对中远公司进行抗辩。根据理查德公司与意大利航运公司签订的定期租船合同、协会间纽约土产交易格式协议的约定，以及中远公司与意大利航运公司之间船舶共享协议的约定，中远公司为货物装载、绑扎责任的实际承担者，如涉案货损系因绑扎不当所致，理查德公司可以行使该抗辩权。但理查德公司未提供证据证明集装箱存在装载、绑扎不当的问题且涉案货损系集装箱装载不当所引起。并且，即使装载确有不当，也不能免除实际承运人对货物所负有的妥善、谨慎保管和照料的义务，理查德公司亦未提供证据证明其已经尽到以上义务。理查德公司作为涉案事故的最终责任方，应赔偿中远公司因涉案事故而遭受的损失。

理查德公司的上诉请求不能成立，应予驳回；一审判决认定事实基本清楚，适用法律基本正确，处理结果基本恰当，予以维持。依照《中华人民共和国民事诉讼法》第一百七十条第一款第一项的规定，判决驳回上诉，维持原判。

三、争议焦点评析

（一）船舶共享协议运输方式下实际承运人的识别问题

近年来，为了应对航运经济持续低迷的发展态势，航运公司采取了整合资源、优化航线等举措予以应对，出现了航运公司之间舱位共享、租用集装箱舱位等船舶共享协议运输方式。例如，甲公司开辟了A地至B地的航线，但是船舶的货舱常常出现空置，仍有富余的运力，乙公司正好有长期的从A地运输货物至B地的实际需要，这时乙公司不必另行开辟专门的航线，而可以与甲公司签订集装箱舱位共享协议，或者舱位租用协议来运输货物。在新的运输模式下，实际承运人仍应根据《中华人民共和国海商法》对实际承运人的定义，以及实际承运人的特征来识别。《中华人民共和国海商法》第四十二条第二款规定，实际承运人是指接受承运人委托，从事货物运输或者部分运输的人，包括接受转委托从事此项运输的其他人。笔者认为，所谓实际承运人，"实际"二字系其本质特征，明确了实际承运人系指在运输链条最后一端，亲自处理运输事务的主体。本案中，中远公司与意大利航运公司之间存在舱位共享协议（船舶共享协议），而意大利航运公司又期租了理查德公司的船舶完成运输，理查德公司系船舶所有人和定期租船合同出租人，船员由其配备和管理，船舶由其控制，是实际从事运输的人，理查德公司在运输中的作用和地位符合海商法关于实际承运人的定义，故一审、二审法院均认定其是本案货运的实际承运人。理查德公司在一审中关于本案存在船舶共享协议，所以中远公司是将货物装载在自己租用的舱位上运输，应责任自负的抗辩主张，显然混淆了承运人与实际承运人的概念，因而未得到法院支持。此外，虽然中远公司通过共享协议委托意大利航运公司运输货物，但意大利航运公司期租了理查德公司的船舶来完成涉案运输，意大利航运公司仅应视为中间运输环节出现的转委托人，其因不符合实际从事并完成运输的法律特征，而不能识别为实际承运人。

（二）承运人与实际承运人之间的法律关系

单从《中华人民共和国海商法》第四十二条第二款规定看，承运人与实际承运人之间是"委托"和"转委托"关系，但值得注意的是，该处的"委托"和"转委托"并非《中华人民共和国合同法》委托合同章规范意义上的委托和转委托[①]，而是泛指实际承运人介入海上货物运输的方式，包括连环运输合同、层层转委托的情况。故承运人与实际承运人之间的关系不适用合同法来调整，而应适用《中华人民共和国海商法》的相关规定。根据《中华人民共和国海商法》第六十三条的规定，承运人与实际承运人都负有赔偿责任的，应当在此项责任范围内负连带责任。从外部关系上，是指承运人与实际承运人向货方负连带赔偿责任。从内部关系上讲，承运人与实际承运人之间存在合同的系合同关系；如果没有合同，则应根据《中华人民共和国海商法》第六十五条的规定，结合双方的责任，来判定其中一方向货方承担赔偿责任之后，对另一方的追偿权是否成立。

需要引起注意的是，承运人与实际承运人之间的连带责任关系，不同

---

① 参见宋伟莉《实际承运人的认定》，见刘年夫主编《中国海事审判》2011年卷，广东人民出版社2012版，第229页。

于不真正连带债务关系。众所周知,航运市场的一个显著特征就是交易的连续性,贸易合同、运输合同、保险合同一环扣一环,法律关系错综复杂,不真正连带债务关系是比较常见的一种情形。例如,当托运人 A 向承运人 B 承运一批货物,同时向保险人 C 购买了货物运输保险,当货损发生以后,A 既可以以运输合同为由起诉 B,也可以以保险合同为由起诉 C,如果 A 选择保险合同关系解决货损纠纷,C 赔偿 A 之后,可以向 B 进行追偿,B 才是本案纠纷的终局责任人。B 与 C 之间就是一种不真正连带债务关系。学者史尚宽认为,所谓不真正连带债务,谓数债务人基于不同之发生原因,对于债权人负以同一之给付为标之数个债务,依一债务人之完全履行,他债务因目的之达到而消灭。① 表面上看,承运人与实际承运人之间的连带责任关系,与不真正连带债务之间很相似。例如,债务人都是多数,所有债务人都负有全部给付义务,责任因债务人之一的履行而消灭。但仔细分析,还是不难发现二者之间的差别。一是是否有法律的规定。一般而言,判令两责任人承担连带责任须有法律的明确规定,如共同侵权行为人之间的责任。承运人与实际承运人之间的连带责任关系来自海商法的明确规定,承运人与实际承运人都负有赔偿责任的,应当在此项责任范围内负连带责任,明确连带责任的前提是二者均对托运人负有赔偿责任。不真正连带债务则没有法律明确规定,其发生原因不同,但每个原因均足以单独导致损害结果发生。二是追偿权不同。连带责任人承担责任之后,须在连带责任人之间根据其内部关系进行责任分担和份额追偿,承运人与实际承运人之间的追偿关系将在下文详述。而不真正连带债务之间不存在责任份额的区分,当存在终局责任人的时候,非终局责任人的追偿权是完整的、不用区分份额的。三是债权人债务免除效力不同。对于不真正连带债务,债权人放弃对其中一方的责任追究,并不意味着对另一方债务的免除。而在连带责任中,因为涉及内部追偿的问题,如果债权人免除了部分债务人的债务,则其他债务人在免除的范围内产生免责的法律效果。

(三) 承运人与实际承运人之间的追偿关系

第一种观点认为,承运人与实际承运人的连带责任不存在内部分担关系,即使发生追偿也非基于分担关系,而是基于对合同终局责任的承担,当货物在实际承运人的掌管之下发生损失时,承运人赔付后,可以以实际

---

① 参见史尚宽《债法总论》,中国政法大学出版社 2000 年版,第 672 页。

承运人承担终局责任为由，进行内部追偿。如果实际承运人履行了赔付义务，通常情况下承运人不存在管货过失，自然就不存在内部追偿的法律关系。故通常是承运人向实际承运人追偿，该追偿关系具有一定的单向性。①

第二种观点认为，《中华人民共和国海商法》第六十五条是在承运人与实际承运人的责任基础上对二者相互之间的追偿作出规定，应该结合具体纠纷中二者的内部法律关系行使追偿权，根据《中华人民共和国民法通则》第八十七条的规定，连带之债的债务人对外偿付后，有权向其他负有责任的连带义务人要求偿付其份额。承运人或实际承运人对外赔付之后，可以向对货损负有责任的一方进行追偿，追偿以双方的合同关系为依据；没有合同关系的，应考量各自的主观过错及其行为对损害结果发生的原因力，进行确定各自对损害应承担的责任份额。

本案中，二审虽然维持原判，但二审法院采纳的观点和理由与一审法院迥异。一审法院采纳了第一种观点，根据《中华人民共和国海商法》第六十五条的规定，结合实际承运人对货损赔偿责任的终局性特点，判决中远公司胜诉。而二审法院则采纳了第二种观点，对承运人的追偿权进行了更加深入的分析，赋予了实际承运人针对承运人追偿之诉的抗辩权，由于理查德公司未举证证明抗辩权的成立，故判决理查德公司败诉。

两种观点之间的差异值得深思。笔者认为，虽然《中华人民共和国海商法》规定了承运人与实际承运人之间的追偿关系，但承运人与实际承运人之间仍然是平等的民事主体，法律并未禁止双方通过合同来调整其内部权利义务关系，故如果二者之间存在合同的，应优先以双方的合同约定进行考量。因此，二审法院的观点更加全面，更符合承运人与实际承运人之间的法律关系特征，故更有可取性，对今后类似案件处理具有参考价值。

---

① 参见司玉琢《海商法专论》，中国人民大学出版2007年版，第214页。

专题五　湾区法评

论粤港澳大湾区临时仲裁制度的构建
——以南沙自由贸易试验区为例

孙宏友[*]　莫佳慧[**]

摘要：临时仲裁制度的缺失对我国商事主体在国际商事中维护自身合法利益以及商事纠纷解决方式的发展产生了消极作用。《中华人民共和国仲裁法》修订稿、《最高人民法院关于为自由贸易试验区建设提供司法保障的意见》的发布和《粤港澳大湾区发展规划纲要》的出台，为粤港澳大湾区在全国率先完善临时仲裁制度提供了绝佳契机。本文针对广州南沙自由贸易试验区临时仲裁制度的发展现状及问题进行尝试性探讨，在阐释粤港澳大湾区构建和完善临时仲裁制度必要性的基础上，对其目标、法律问题的解决和方案提出参考性建议，以提升粤港澳大湾区商事纠纷解决的模式的效率。

关键词：临时仲裁　机构仲裁　粤港澳大湾区　意思自治　商事纠纷解决方式

A Study on the Construction of Ad Hoc Arbitration System in Guangdong – Hong Kong – Macao Greater Bay Area
—Base on a Case Study of Nansha Free Trade Zone

Sun Hongyou, Mo Jiahui

Abstract: The absence of China's ad hoc arbitration system has played fairly a negative role in safeguarding the legitimate interests of China's commercial subjects in international trade and the development of commercial dispute resolution. Due to the publication of China's Amended version of Arbitraion Law, the opinions of the Supreme People's Court on providing judicial guarantees for the construction of free trade zones and the outline of the development plan for

---

[*] 孙宏友：澳门大学法学院博士研究生在读，北京师范大学珠海分校普通法研究中心主任。
[**] 莫佳慧：香港城市大学硕士，中芯国际集成电路制造（深圳）有限公司法务。

Greater Bay Area, a great opportunity was timely provided for the Greater Bay Area to lead the establishment and improvement of the provisional arbitration system in the country. On the basis of demonstrating the necessity of constructing the ad hoc arbitration system, this paper explores to put forward relatively feasible and reasonable suggestions concerning the construction goal of the ad hoc arbitration system in Greater Bay Area, the solution of the legal problems and the construction plan, in order to provide a more efficient fairer model for the settlement of commercial disputes in the Greater Bay Area, and to provide assistance for the long-term development of China's arbitration system.

Key words: ad hoc arbitration; institutional arbitration; GuangDong-Hong Kong-Macao Greater Bay Area; party autonomy; commercial dispute resolution

引 言

近年来，我国仲裁事业蓬勃发展。仅以2017年为例，全国253家仲裁委员会共受理案件239,360件，增长率为15%，案件标的总额5,338亿元。[1] 随着我国仲裁机构数量的不断增加，仲裁员处理案件的实践经验与理论水准亦逐日增长。与此同时，我国临时仲裁制度的构建也备受学者和司法部门的关注。在国际航运和贸易领域，临时仲裁（ad hoc arbitration）发展的迫切性更为明显。中国海事仲裁委员会副主任李虎表示，临时仲裁在国际航运和贸易中被广泛运用，然而欧洲国家占据着规则和应用的主导地位。近年来，经过在自贸试验区范围内对临时仲裁开展积极探索，中国逐步打开了临时仲裁的大门，临时仲裁制度在中国落地生根已具备条件。[2]

临时仲裁是根据双方当事人的仲裁协议，在争议发生后由双方当事人推荐及同意的仲裁员临时组成仲裁庭，负责审理当事人之间的有关争议，并在审理终结作出裁决后即行解散的仲裁。[3] 仲裁员的权力则随着仲裁裁决书的发出而正式终止。仲裁为争议主体双方根据协商选定仲裁员或组成

---

[1] 中国国际贸易促进委员会：《〈中国国际商事仲裁年度报告（2017）〉发布》，见http://www.ccpit.org/Contents/Channel_4131/2018/0919/1063752/content_1063752.htm。
[2] 参见吴力《临时仲裁，为开放添法治新动力》，载《国际商报》2022年3月22日，第2版。
[3] 参见张斌生《仲裁法新论》，厦门大学出版社2002年版，第177页。

仲裁庭作出裁决的纠纷解决方式。① 临时仲裁争议当事人"不需要指定任何机构来管理仲裁，临时仲裁协议通常选择某一位仲裁员或多位仲裁员解决争议，而无须机构的监督"。Gary B. Born 认为，临时仲裁是在没有管理当局的情况下进行的，通常也无需机构性程序规则的帮助。相反，它依赖于双方的合作，并有可能在出现违约或双方意见不一致的情况下，向国家法院申请任命仲裁员等问题。②

临时仲裁与机构仲裁是目前主流的两种仲裁模式：在机构仲裁出现前，中世纪最古老的仲裁形式就是临时仲裁；其后随着仲裁实践的发展，在临时仲裁实践的基础上才衍生出了机构仲裁。③ 在临时仲裁中，原则上仲裁机构不直接介入，当事人可以根据事先达成的临时仲裁协议按照临时仲裁程序进行仲裁，临时仲裁强调不拘泥于形式，侧重仲裁裁决的简便与实体公正。④ 实质上，欧美主要国家仲裁法的主体原本为临时仲裁，而机构仲裁的发展是以例外模式融入的。⑤ 正因为临时仲裁能够快速、简单、高效地解决商事纠纷，其自中世纪诞生以来不仅没有被机构仲裁所取代，反而在跨国商事纠纷处理中发挥着越来越重要的作用。⑥

随着近年国内仲裁理论的发展及司法实践的认知，2016 年底，由最高人民法院颁布的《最高人民法院关于为自由贸易试验区建设提供司法保障的意见》（以下简称《自贸区司法保障意见》）第九条的规定使临时仲裁

---

① See Keren Tweeddale, Andrew Tweeddale, A Practical Approach to Arbitrational Law, Blackstone Press, 1994, p. 84.

② See Gary B. Born, International Arbitration: Cases and Materials, 2nd edu, Wolters Kluwer Law & Business, 2015, p. 73.

③ 参见袁杜娟《上海自贸区仲裁纠纷解决机制的探索与创新》，载《法学》2014 年第 9 期，第 30 页。

④ 参见刘晓红、周祺《我国建立临时仲裁利弊分析和时机选择》，载《南京社会科学》2012 年第 9 期，第 98 页。

⑤ 在仲裁实践中，机构仲裁的存在完全取决于当事人的合意选择，如果当事人未约定将仲裁程序交给特定的常设仲裁机构来管理，则当事人之间的仲裁应归类于临时仲裁。参见杨良宜、莫世杰、杨大明《仲裁法——从 1996 年英国仲裁法到国际商务仲裁》，法律出版社 2006 年版，第 43 页。

⑥ 参见曹晓路、王崇敏《海南建设自由贸易港的临时仲裁机制创新研究》，载《海南大学学报（人文社会科学版）》2018 年第 3 期。

制度在我国自由贸易试验区内企业加以适用成为可能。① 随后，为使临时仲裁制度在我国落地实施，一些相应的规则在自贸区陆续出台。2017 年 3 月，珠海国际仲裁院通过了《横琴自由贸易试验区临时仲裁规则》（以下简称《横琴规则》）。该规则架构清晰、程序设置合理，为推动我国临时仲裁的切实开展奠定了基础。② 2017 年 9 月，中国互联网仲裁联盟通过了《中国互联网仲裁联盟临时仲裁与机构仲裁对接规则》（以下简称《对接规则》），开创性地搭建了临时仲裁裁决与机构仲裁裁决对接的途径，同时依托互联网仲裁云平台（又称"易简网"）的仲裁员库和互联网仲裁模式，为临时仲裁的适用增加了可行性。2019 年 2 月，中共中央、国务院印发了《粤港澳大湾区发展规划纲要》（以下简称《发展纲要》），文件指示珠三角九市应加快建立与国际高标准投资和贸易规则相适应的制度规则，营造高标准的国际化市场化法治化的营商环境。③ 这一举措为粤港澳大湾区建立临时仲裁制度提供了政策支持和指引。而 2021 年 7 月发布的《中华人民共和国仲裁法（修订）（征求意见稿）》（以下简称《征求意见稿》）第九十条、第九十二条和第九十三条关于临时仲裁的规定，尽管仅仅限制于涉外仲裁领域，但无疑为其在大湾区尽快落地提供了相应的法律依据。

然而，坦率地说，临时仲裁制度的建设目前在粤港澳大湾区内尚属于起步阶段，诸多法律问题亟待解决。尽管《征求意见稿》规定其仅适用于涉外仲裁，但也从制度上弥补了《中华人民共和国仲裁法》长期以来的缺憾，提升了对境外当事人的吸引力。④ 当然，临时仲裁制度在粤港澳大湾

---

① 最高人民法院《关于为自由贸易试验区建设提供司法保障的意见》第九条第三款规定："在自贸区内注册的企业相互之间约定在内地特定地点、按照特定仲裁规则、由特定人员对有关争议进行仲裁的，可以认定该仲裁协议有效。人民法院认为仲裁协议无效的，应报请上一级法院进行审查。上级法院同意下级法院意见的，应将其审查意见层报最高人民法院，待最高人民法院答复后作出裁定。"见 http：//courtapp. chinacourt. org/zixun-xiangqing - 34512. html。

② 有学者认为，《横琴规则》适用范围狭窄，有较为明显的地方性特征。譬如该规则规定，关于仲裁机构的指定，当事人如没有明确约定的，则应将珠海仲裁委员会作为指定仲裁机构；关于仲裁规则的适用，则视当事人协议的表述是否能够被认定为适用《横琴规则》的意思表示来区分案件的管辖；珠海仲裁委员会指定仲裁员的，只能在珠海仲裁委的《仲裁员名册》中指定仲裁员。珠海仲裁委员会以及《横琴规则》是推进临时仲裁程序的唯一保障。参见李晓姗《海南自由贸易港临时仲裁制度的建设研究》，载《河北法学》2022 年第 1 期，第 124 - 143 页。

③ 参见新华社《中共中央国务院印发〈粤港澳大湾区发展规划纲要〉》，见 http：//www. gov. cn/zhengce/2019 - 02/18/content_5366593. htm#1。

④ 参见刘晓红、冯硕《对〈仲裁法〉修订的"三点"思考：以〈仲裁法（修订）（征求意见稿）〉为参照》，载《上海政法学院学报（法治论丛）》2021 年第 5 期，第 54 - 66 页。

区的构建与实施仍需要在制度设计方面做出一系列的尝试与调整。有鉴于此，本文拟通过对粤港澳大湾区核心区域——广东南沙自由贸易试验区的深入调查，结合目前的政策与法规，借鉴国际上现行临时仲裁制度之经验，提出在大湾区内构建、落实临时仲裁制度的建议，以期加快形成法治化、国际化、便利化的营商环境和公平、统一、高效的市场环境。

一、构建粤港澳大湾区临时仲裁制度的必要性

实际上，长久以来，我国法律和司法实践并不承认我国内地作出的临时仲裁的效力。构建粤港澳大湾区临时仲裁制度的设想是业内理论探讨的深入以及实践推动的应然之举，《征求意见稿》的发布提供了良好的契机。下文试从临时仲裁的优越性、维护我国利益以及粤港澳大湾区发展的角度具体分析构建粤港澳大湾区临时仲裁制度的必要性。

（一）临时仲裁的优越性

临时仲裁以其独特的优越性在国际仲裁中占据着不可或缺的地位。

1. 高度灵活性

临时仲裁的本质在于由当事人选择裁判者，通过自己创设或者选择的法律或规则来解决纠纷。通俗来说，就是自己选"法官"，自己"立法"或"选法"。① 争议发生后，双方当事人通过协商确定仲裁庭。当事人可以根据案件的情况协商选择参考某一国内外特定规则，甚至修改、创设新的仲裁规则，或授权仲裁庭选定仲裁规则。而在规则适用方面，临时仲裁由于独立于仲裁机构，选择临时仲裁的当事人可以自己考虑仲裁的方方面面，如仲裁员人数、任命方式、仲裁程序、仲裁费用等。因此，英国学者Redfern将机构仲裁和临时仲裁做了形象化的比较，认为前者是"购买成衣"，后者则是"量身订做"。② 此外，临时仲裁并不排斥仲裁机构在临时仲裁程序中进行一般事务性管理，当事人可以通过委托仲裁机构负责证据

---

① 广州仲裁委员会：《临时仲裁对接规则：抽丝剥茧面面观（上篇）》，见 http://www.hzzcwyh.cn/fzwh/201709/t20170922_443890.html。

② See Alan Redfern, Law and Practice of International Commercial Arbitration, Sweet & Maxwell, 2004, para. 1 – 104, p. 49. This paper states that "The difference between an ad hoc arbitration and an institutional arbitration is like the difference between a tailor-made suit and one that is bought 'off-the-peg'".

保管，提供办案秘书、翻译人员、鉴定人员等。总体而言，临时仲裁弹性大、灵活性强，当事人可以自己调整制度使解决纠纷的方式更符合具体的案件，也使纠纷得以更高效地解决。

2. 更符合当事人意思自治

当事人在进行临时仲裁的过程中享有充分的意思自治。当事人意思自治是仲裁制度的核心条款，在临时性仲裁中，当事人的自主选择权利高于机构性仲裁，仲裁程序各个环节均完全把握在当事人手中，他们既可以决定仲裁员的指定方法及其管辖范围，也可以决定仲裁地点和仲裁程序的进行。仲裁地点既可能是明确具体的指定地点，也可能以仲裁员的住所地或惯常居住地作为仲裁地。① 程序规则既可能选择某一国家或某一机构的仲裁规则，也可能由双方当事人自行确定。② 在正当程序的前提下，某个程序的整个流程或细节都可以由当事人决定，充分体现了争议当事人的自主性和仲裁裁决的透明度。另外，当事人在仲裁过程中提供了相互达成的规则，有助于建立友好的气氛、促进解决的争端，有利于继续维系良好的业务关系。此外，不同于机构仲裁本身的组织架构以及长期以来由仲裁员主导仲裁进行的情况，临时仲裁在程序控制、仲裁地点的选择、仲裁规则的适用等方面更强调和尊重当事人的自主选择权，使当事人得以更好地按需处理纠纷。比照临时仲裁，当事人选择机构仲裁本身，其意思自治的权利即可能面临挑战。

3. 非官僚化与低成本

相对于国内机构仲裁的半官方化特殊机制，临时仲裁参与的主体仅为当事人双方和仲裁庭，而仲裁员关于权利完全来源于当事人委托的意思更加强烈，敏感度更高。③ 同时，对实体问题仲裁的过程不涉及行政单位从而减少了行政化干预，除了仲裁庭处理案件，其他机构、机关、个人不得

---

① 国内学者对《最高人民法院关于为自由贸易试验区建设提供司法保障的意见》"三特定"原则中的"特定地点"的理解有不同。本文认为其为法律意义上的仲裁地，即仲裁法律所在地。对此，《联合国国际商事仲裁示范法》第二十条、《联合国国际贸易法委员会仲裁规则》第十六条、1998年《国际商会仲裁规则》第十四条、1998年《伦敦国际仲裁院仲裁规则》第十六条、荷兰1986年《仲裁法》第一千零三十七条、瑞士1987年《国际私法典》第一百七十六条和瑞典1999年《仲裁法》第二十二条均载有类似规定。参见吕炳斌《"仲裁机构所在地"、"仲裁地"和"开庭地点"的界定和区分》，载《北京仲裁》2009年第2期，第51-63页。

② 参见李剑强《香港仲裁机构的临时仲裁及其启示》，载《北京仲裁》2006年第59期，第82页。

③ 有学者认为现行仲裁制度有行政化和类诉讼化的特征。参见曾加、刘昭良《中国（上海）自贸区临港新片区仲裁制度的创新》，载《青岛行政学院学报》2022年第1期，第78页。

介入案件的审理，彻底摆脱了可能存在的官僚化倾向。① 此外，临时仲裁不必预交仲裁费，这一点相对于机构仲裁之提前交纳仲裁费而言，于经济上相对节约成本，明显减少了一些行政管理方面的成本开支。② 尤其是一些机构仲裁部门有最低仲裁费用的规定，该规定针对一些标的额较小的仲裁案件，当事人在经济上则略显吃亏。由于程序灵活、富于变通，开庭时间、地点、方式以最符合当事人双方的便利来约定，临时仲裁可以从另一层面节省当事人的额外开支和时间成本，非常受当事人欢迎。③

4. 临时仲裁更具机密性

对于临时仲裁来说，简易程序更有利于商业主体的商业信息保护，比机构仲裁更具保密性。根据2017年伦敦海事仲裁员协会（LMAA）条款的规定，公共仲裁裁决应对各方保持匿名。④ 其第二十八条规定，"在起草出版物时，各方、其法律代表或其他代表以及法庭的身份应保持匿名"。由于机构仲裁的管理较为复杂，处理案件材料的管理人可能不为当事人所知，可能会给更关心隐私和保密的当事人带来更多的不确定性，甚至可能会增加争议材料披露的风险。临时仲裁除临时仲裁人员，仅有一名或两名负责案件审理的工作人员，可以大大减少接触案件的人员，从而降低企业被曝光的概率。

（二）维护我国利益的需要

1986年我国加入《承认及执行外国仲裁裁决公约》（以下简称《纽约公约》），具有在我国境内承认和执行其他《纽约公约》成员国作出的仲裁裁决义务，而《纽约公约》规定机构仲裁和临时仲裁作出的裁决都具有法

---

① 英国临时仲裁在程序上有三种做法，其中的正式型的临时仲裁与法院做法类似，程序复杂、费用高，在建筑业比较流行。参见杨良宜《国际商务仲裁》，大连海运学院出版社1997年版，第144－145页。

② 有鉴于此，香港仲裁法委员会（The Committee on Arbitration Law）认为，《仲裁条例》第9条规定的仲裁员缺席任命机制的权利的行使可以授权给香港国际仲裁中心（HKIAC）。新的仲裁条例规定了强制性条款，将指定仲裁员的权力赋予HKIAC，并授权HKIAC可以制定相关的任命规则以保证仲裁的顺利开展。

③ 在英国，临时仲裁是海事仲裁中最普遍使用的一种形式。据统计，海事仲裁大约每5件中就有4件是采用临时仲裁的形式。参见罗楚湘《英国仲裁法研究》，武汉大学出版社2012年版，第35页。

④ See, e. g. The Terms of London Maritime Arbitrators Association (hereinafter "LMAA Terms 2017"), Article 28, effective on 1 May, 2017.

律效力。① 尽管我国仲裁法否定了内地临时仲裁的法律效力，但国际条约的效力优于国内法。《最高人民法院关于适用〈中华人民共和国民事诉讼法〉的解释》第五百四十三条也明确规定：对临时仲裁庭在中华人民共和国领域外作出的仲裁裁决，一方当事人向人民法院申请承认和执行的，人民法院应当依照民事诉讼法第二百九十条规定处理。如若案涉仲裁协议适用的外国法律认可临时仲裁，则在不侵害我国国家利益的情况下，我国法院应当对该临时仲裁裁决予以承认和执行。② 司法实践中，在广州远洋运输公司与美国 Marships of Connecticut 判例中，广州海事法院最终裁定执行了在伦敦作出的临时仲裁裁决。此外，在北京第三中级人民法院于 2016 年 12 月作出的一项判决中，法院查明当事人中粮酒业有限公司与 GLORIAVINO 公司约定仲裁地在瑞士且未约定具体的仲裁机构，但法院最终以瑞士法律承认临时仲裁为由认可了涉案仲裁条款的效力，从而承认该临时仲裁裁决的效力。③

上述规定和司法实践情况表明，我国法院为履行国际公约中的义务对临时仲裁采取了差别处理的做法，即国内法律不允许存在临时仲裁制度，但是我国法院需要承认和执行其他国家的临时仲裁裁决。这不仅与国际通行做法不相吻合，而且在实践中产生了诸多不公平不对等的问题。④ 比如，我国商事主体与他国商事主体产生争议需要选择临时仲裁时，只能选择域外或境外作为仲裁地。

综上所述，由于临时仲裁制度的缺失，我国形成了与其他同为《纽约公约》的缔约国之间不对等的局面，从而在一些商事争议的解决中致使我

---

① 如果当事人事先在合同中约定或者在争议发生后约定，由国外的临时仲裁机构或非常设仲裁机构仲裁的，该仲裁条款的效力应当在原则上予以承认，人民法院则不再受理当事人的起诉。参见宋连斌《国际商事仲裁管辖权研究》，法律出版社 2000 年版，第 96 页。

② 美国学者范登伯格教授认为，应该删除《纽约公约》第 2 条第 2 款关于仲裁协议书面要求的规定，不再对仲裁协议形式作强制要求……其中法院可以主动审核的只有公共政策一个理由。参见 Albert Jan Van Den Berg, Hypothetical Draft Convention on the International Enforcement of Arbitration Agreements and Awards Explanatorty Note（AJB/Rev 06/29-May – 2008），at para. 42。转引自涂广建《论国际民商事仲裁与诉讼的平行程序》，载《南大法学》2021 年第 4 期，第 15 – 33 页。

③ 参见中粮酒业有限公司与 GLORIAVINO 申请确认仲裁协议效力案，北京第三中级人民法院（2014）三中民（商）特第 09333 号民事判决书。

④ 参见张贤达《我国自贸区临时仲裁制度的构建》，载《国家检察官学院学报》2017 年第 25 期，第 161 页。

国的商事主体处于弱势地位,并将一部分法律服务市场拱手让人。① 此外,临时仲裁制度的缺失还会导致如下弊端:①不利于仲裁制度国际化;②不利于我国企业在国际交往中平等使用仲裁手段维护权益。② 因此,在《征求意见稿》已经出台、立法意图趋于明朗的情况下,粤港澳大湾区率先在现有制度下构建有效可行的临时仲裁制度可以解决燃眉之急,可保护我国在粤港澳大湾区的与境外企业广泛合作的商事主体利益,防止我国当事人利益受损,更可以为内地积累临时仲裁的实践经验,淬炼相关法律人才,争取更大的法律市场,对未来在全国范围内建立临时仲裁制度具有借鉴意义。

(三)粤港澳大湾区发展的需要

粤港澳大湾区是我国国家发展布局中的重要战略之一,是我国目前开放程度最高、经济活力最强的区域。2018年3月习近平总书记在参加广东代表团审议时指出,要打造国际一流湾区和世界级城市群。③ 中共中央、国务院印发的《发展纲要》指出,要在粤港澳大湾区打造具有全球竞争力的营商环境,以香港、澳门的开放平台与示范作用为基础加快建立与国际贸易规则相适应的制度规则,形成稳定、公平、透明、可预期的一流营商环境。④ 可见,仅在现行法律下,有效搭建与国际接轨的争议解决制度是有其必要性的。

首先,从粤港澳大湾区作为我国面向世界、开放程度极高的窗口需建设与国际接轨的法律制度的角度来看,构建临时仲裁制度是必需的。⑤ 目

---

① 参见李志强《我国〈仲裁法〉修订时建立临时仲裁制度的立法建议》,见中国仲裁法学研究会主编《中国仲裁法学研究会2014年年会暨第七届中国仲裁与司法论坛论文集》,中国仲裁法学研究会2014年版,第13页。

② 参见吴学艇《自贸区临时仲裁的制度障碍和实践策略》,见 https://www.sohu.com/a/199725858_806018。

③ 参见赵娜《国务院港澳办主任张晓明:粤港澳大湾区定位国际一流湾区和世界级城市群》,见 http://lianghui.people.com.cn/2018npc/n1/2018/0309/c417507-29859224.html。

④ 参见新华社《中共中央国务院印发〈粤港澳大湾区发展规划纲要〉》,见 http://www.gov.cn/zhengce/2019-02/18/content_5366593.htm#1。

⑤ 截至2020年年底,仅南沙自贸区法院新收涉外、涉港澳案件2,937件。其中,自2019年1月集中管辖以来受理涉外、涉港澳台案件2,639件。案件涉及美国、加拿大、新加坡、澳大利亚、伊朗、日本、英国、印度尼西亚等40多个国家及地区,见 https://www.163.com/dy/article/FV490MFP0514JA8E.html。

前，除156个国家加入的《纽约公约》肯定了临时仲裁的效力外，还有联合国国际贸易法委员会通过的《国际商事仲裁示范法》和《仲裁规则》均规定了临时仲裁的内容。从地域范围来看，目前美国、英国、德国、意大利、荷兰等多个国家和地区都规定和承认了临时仲裁制度。[①] 香港国际仲裁中心则于1990年修订了仲裁法，取消了国际仲裁与国内仲裁的区别。可见，临时仲裁制度被世界大部分国家和地区所认可，在国际商事纠纷解决中长时间地被广泛接受和适用。因此，临时仲裁制度符合大部分国家和地区的商事争议解决习惯，符合粤港澳大湾区对构建国际化法律制度的要求。

其次，从促进粤港澳大湾区成为国际一流湾区和世界级城市群的制度效率和自由度角度来看，构建临时仲裁制度也是必不可少的。如前所述，临时仲裁制度有着高度的灵活性、更符合当事人意思自治和高度私密性的优越性，这不仅有利于粤港澳大湾区的商事纠纷高效解决，还有利于形成商事纠纷解决机制的多元化，有助于一些特殊案件（如涉及商业秘密或者紧急的案件）的解决。临时仲裁制度作为一个高效的商事纠纷解决方式，可以激发粤港澳大湾区的活力，为粤港澳大湾区吸引更多的外商投资。

二、南沙自由贸易试验区适用临时仲裁制度的现状

南沙自由贸易试验区依托中国南沙国际仲裁中心的规范与管理，临时仲裁制度已渐成规模。目前，南沙自由贸易试验区是粤港澳大湾区内地范围内负责处理临时仲裁案件起始时间较早、经验较成熟的自由贸易试验区，具有一定的代表性。本文通过对南沙自由贸易试验区的实地调查，从该制度的合法性、制度设计、实践中反映出的问题的角度分析其现存的优点与问题。

（一）立法缺位下的《对接规则》

在《中华人民共和国仲裁法》（以下简称《仲裁法》）最新修订稿颁布之前，法律只承认机构仲裁的法律效力。《仲裁法》第十六条规定仲裁协议应当写明选定的仲裁委员会，且第十八条规定当事人对仲裁委员会约定不明又不能达成补充约定的，仲裁协议无效，从而将没有选定的仲裁委

---

① 参见李广辉《入世与中国临时仲裁制度的构建》，载《政治与法律》2004年第4期，第96页。

员会的临时仲裁排除在我国法律体系之外。2021 年 7 月发布的《征求意见稿》也仅仅将临时仲裁限制在涉外仲裁范围，后续立法及落地的实施尚需之后的司法解释出台做保障。

尽管我国最高人民法院 2017 年颁布的《自贸区司法保障意见》第九条第三款允许法院承认自由贸易试验区内注册企业之间符合"内地特定地点、特定规则、特定人员"标准的仲裁协议，使自贸区企业在内地适用临时仲裁成为可能，但是，该《自贸区司法保障意见》仅为司法文件，并非司法解释，其法律效力层级低于《仲裁法》，故当事人选择临时仲裁解决纠纷存在一定的法律风险。另外，由于相关法律规则的空白，"三特定"的规定也存在模糊不清的问题，临时仲裁在国内缺乏可操作性。

目前，南沙自由贸易试验区所使用的具体实施规则是《对接规则》，该规则由中国互联网仲裁联盟通过。但是，中国互联网仲裁联盟是民间组织，其通过的规则不具备法律效力。此外，该规则是否属于《自贸区司法保障意见》里的特定规则，最高人民法院至今未有明确表示。如此一来，按照《对接规则》而作出的临时仲裁裁决能否被法院承认便存在着疑问。在可视的未来，根据《征求意见稿》第九十三条，涉外领域的临时仲裁裁决将会得到我国法律的承认，但非涉外领域的临时仲裁裁决仍未有相应的法律的支持。

综上，南沙自由贸易试验区的临时仲裁尚未得到法律的支持，其裁决也没有相应的法律保障。

（二）《对接规则》之可借鉴性

当然，《对接规则》具有诸多可以借鉴之处。该规则分为六章，共三十个条款，主要规定了临时仲裁的适用程序，且制定者创设性地为当事人选择临时仲裁提供了明确临时仲裁与机构仲裁的对接指引。[①] 该规则开放、灵活且具有可行性，较多的任意性规定更加大了当事人变更适用的空间。其优势如下。

1. 更为开放的仲裁员库

《对接规则》不仅将具有我国《仲裁法》规定的仲裁员资格的人员纳入仲裁员库，而且具有一定的突破性，允许符合双方当事人约定仲裁地

---

① 参见杨俊《论"互联网+"时代临时仲裁与机构仲裁的对接路径——以〈横琴自贸区临时仲裁规则〉为切入点》，载《黑龙江省政法管理干部学院学报》2018 第 5 期，第 114 页。

的、具有符合法律规定仲裁员资格的人员进入仲裁员库。这一规定使得更多不同领域的专家、学者以及具备丰富处理临时仲裁经验的其他国家仲裁员、律师等进入我国的临时仲裁。此举不仅增加了当事人的自主选择性,还有利于不同国家的商事主体选择符合自身需求的仲裁员。

2. 临时仲裁与机构仲裁对接

尽管我国首部临时仲裁规则《横琴规则》有将临时仲裁作出的裁决书和调解书通过珠海国际仲裁院转化为机构仲裁的条款,但未见规定对接条件。《对接规则》则明确了临时仲裁转化为机构仲裁的具体审查条件:仲裁主体是否适格、程序是否符合当事人约定以及裁决文书内容是否违反法律强制性规定和公序良俗,进而增加了仲裁机构进行临时仲裁对接的公正性。

3. 互联网技术的应用

《对接规则》依托互联网仲裁云平台为临时仲裁提供了更为方便、快捷的渠道,加速了临时仲裁的发展。该平台可以为临时仲裁、临时仲裁与机构仲裁对接提供技术支持和专业服务,比如公开的仲裁员库、云办案秘书,利用时间戳、区块链等技术的电子证据托管与固化。这些互联网技术节省了案件审理时间,使临时仲裁更加高效、便捷,有利于临时仲裁制度在我国顺利落地。

4. 一系列的配套服务

在符合国际上的通行做法的前提下,《对接规则》为我国临时仲裁的落地实行提供了有效的帮助,仲裁庭可以将推动仲裁程序进行、提供辅助文书、编制档案等方面的工作委托联盟指定的办案秘书进行,且办案秘书不能干预仲裁庭的决定。在我国临时仲裁长期缺失、商事主体和我国仲裁员对临时仲裁的运作程序缺乏足够的知识和经验的情形下,此举有利于目前没有足够的临时仲裁处理经验的仲裁庭得到明确、规范的程序指引,从而更专业、高效地处理案件实体问题。[①]

---

① 国内早有学者认为,尽管开放的仲裁规则会引起竞争,但对国内仲裁员技能的提升大有裨益。参见 Jingzhou Tao, Clarisse Von Wunschheim, Articles 16 and 18 of the PRC Arbitration Law: The Great Wall of China for Foreign Arbitration Institutions, Arbitration International, Volume 23, Issue 2, 1 June 2007, pp. 309 – 326, 见 https://doi.org/10.1093/arbitration/23.2.309。

三、问题及建议

目前,广州仲裁委员会将南沙自由贸易试验区内的临时仲裁与机构仲裁的对接交由南沙国际仲裁中心负责,将依照《对接规则》所产生的临时仲裁裁决转换为广州仲裁委员会的机构仲裁裁决。如此,有几个问题值得反思。首先,据调查,当事人来到该中心进行对接的目的是使临时仲裁的裁决结果转换为机构仲裁裁决从而得到法院的承认与执行。这说明目前南沙自由贸易试验区的临时仲裁裁决仍依赖于仲裁机构的确认,其本身尚不具法律效力。其次,以目前中国南沙国际仲裁中心处理的案件数量来看,临时仲裁的发展状况并不乐观。2017年,南沙自由贸易试验区新设企业22,736家(南沙自由贸易试验区挂牌以来共43,961家)。[①] 据调查,自2017年9月中国互联网仲裁联盟出台《对接规则》,2018年该中心仅处理一起临时仲裁的对接案件,2019年之后,平均每月处理一起对接案件。通过与南沙自由贸易试验区现存企业和投资项目的数量对比可知,目前该自贸区选择临时仲裁制度解决纠纷的企业比例极低。究其原因,南沙国际仲裁中心的工作人员称:一方面,大部分当事人对临时仲裁并不熟悉;另一方面,即使出台了相关规定,当事人仍然对临时仲裁的合法性产生疑问,尤其是在要得到法院的承认和执行问题上,为使纠纷能够得到妥善的解决,当事人一般不会选择临时仲裁。临时仲裁是以当事人自愿选择并共同签订临时仲裁协议为前置条件的,实践中反映的这些问题表明,临时仲裁制度在粤港澳大湾区的构建,当以临时仲裁的合法化为首要目标。同时,制度的落实需要完善辅助性制度设计。而且,临时仲裁制度要得到更为广泛的企业和个人的了解还需要媒体和相关部门的配合。此外,有限司法审查制度、仲裁员责任制度的进一步明确,也增强了临时仲裁制度的可信度,保障了公平公正裁决的有效机制。

综上所述,临时仲裁制度在南沙自由贸易试验区依托《自贸区司法保障意见》《横琴规则》《对接规则》已有了初步适用的经验。针对目前粤港澳大湾区临时仲裁制度之缺陷及其在南沙自由贸易试验区实践中所反映的问题,并结合《征求意见稿》关于临时仲裁的限制性规定,本文提出以

---

① 广州市南沙区发展和改革局:《广州市南沙区2017年国民经济和社会发展计划执行情况与2018年计划草案报告》,见http://www.gzns.gov.cn/xxgk/ns02/201803/t20180321_366076.htm。

下参考建议。

(一) 明确仲裁庭的受理范围

《对接规则》将适用范围规定为选择临时仲裁的平等主体之间的合同或非合同财产纠纷,且外延范围极为广泛,包括发生在我国域外的当事人的财产纠纷。尽管从目前我国仲裁事业发展状况和仲裁员自身经验观察,一部分仲裁员已经具备了处理涉外纠纷的能力,但远非成熟。[①] 英国《仲裁法》和香港特别行政区《香港仲裁条例》均写明适用于仲裁地在本国或本地内的仲裁,对管辖范围加以限制。而《对接规则》开放范围如此广泛,有待商榷。更重要的是,粤港澳大湾区需要建立符合自身经济发展需求的临时仲裁制度,在短时期内且在一定程度上并不适合受理发生在全球范围内的案件。此外,《征求意见稿》已删除"平等主体"的规定,意在为投资仲裁、体育仲裁等非传统的商事仲裁留出适用空间。因此,本文建议,在粤港澳大湾区临时仲裁制度中明确规定将受案范围为争议发生地在粤港澳大湾区境内,并适用与《征求意见稿》一致的仲裁适用范围,将其限制在争议发生地在粤港澳大湾区境内的自然人、法人和其他组织之间发生的合同纠纷和其他财产权益纠纷。

(二) 明确司法监督主体

临时仲裁如果没有司法监管,当事人可能会因为其缺乏司法保障而认为其裁决不具法律强制执行力,从而不敢选择临时仲裁。再者,按照现行的《对接规则》,临时仲裁裁决需要通过仲裁机构进行对接才能得到法院的承认与执行,纠纷的解决很可能会因为多加的烦琐程序而延误时机。对比国际通行做法,联合国国际贸易法委员会《国际商事仲裁示范法》和《香港仲裁条例》均规定仲裁的承认、撤销由法院作出,并不存在临时仲裁裁决和机构仲裁裁决的区分。因此,建议最高人民法院出台相关司法解释,明确临时仲裁司法审查主体,由仲裁机构所在地的中级法院对临时仲裁行使司法审查权,以明确撤销、执行临时仲裁裁决的相关法律同样适用于临时仲裁,并为选择临时仲裁的当事人直接提供与机构仲裁平等的司法

---

① 随着近年来仲裁事业的蓬勃发展,国内部分仲裁员应对涉外仲裁的业务能力,比照十几年之前学者描述的情况,有了显著提升。参见张心泉、张圣翠《论我国临时仲裁制度的构建》,载《华东政法大学学报》2010年第4期,第152页。

保障，确保临时仲裁的高效、公正。①

此外，在具体司法审查层面，首先，可考虑淡化法院对大湾区内临时仲裁裁决的实体性审查，依据《纽约公约》的宗旨与意图，侧重对程序问题的形式性审查，以减少当事人解决争议的时间成本与诉讼成本，同时减少法院讼累。② 须知，法院承担的角色为仲裁程序的审查者，而非仲裁裁决的裁判者。③ 其次，可考虑依据国际惯例，设置临时仲裁裁决的内部监督制度，完善行业的内部监督机制，保障仲裁的独立性。同时，鉴于临时仲裁独立于常设仲裁机构，司法审查为依当事人申请的被动介入方式，而此类内部监督机制需要专业的仲裁协会做保障。因而，我国仲裁协会的成立需尽快提上日程。④

（三）明确指定仲裁员的主体

《对接规则》规定在当事人约定不明的情况下，由中国互联网仲裁联盟总协调人指定仲裁员，这与国际通行的做法不符，且总协调人的权威性不足。在相关国际纠纷处理中，联合国国际贸易法委员会《国际商事仲裁示范法》将这项权力交由各个国家，由国家立法具体指明履行这一职责的法院或其他有权力的机构，赋予其权威性。但是，粤港澳大湾区境内的法院普遍受理案件量大，相关人员工作压力大，再加上指定仲裁员的工作，这无疑增加了法院的负担。相比之下，《香港仲裁条例》规定由香港国际仲裁中心担任指定仲裁员的机构的做法是值得借鉴的。⑤ 因此，结合《发展纲要》中对深圳联动香港打造国际商事争议解决中心的规划，建议粤港

---

① 参见曹晓路、王崇敏《海南建设自由贸易港的临时仲裁机制创新研究》，载《海南大学学报（人文社会科学版）》2018年第3期，第1-7页。

② 根据《纽约公约》，法院无权审查仲裁庭对案件实体作出的裁定，即便仲裁员对案件事实或法律认定有误。参见扬帆《商事仲裁国际理事会之1958纽约公约释义指南——法官手册》，法律出版社2014年版，第66页。

③ 英国法院曾对Dallah公司仲裁一案事实问题进行了三级"会审"，审理时长达十年之久，完全背离了当事人选择以仲裁方式解决争议之初衷，有悖《纽约公约》设立之效力和效率之精神。参见孙宏友、曾仲皙《〈纽约公约〉精神之伤——再评英法两国法院关于Dallah案之裁定》，载《仲裁研究》第1期，第91-101页。

④ 早在1994年，国务院办公厅就下发了《关于做好重新组建仲裁机构和筹建中国仲裁协会筹备工作的通知》，要求筹建中国仲裁协会。但28年过去了，中国仲裁协会仍未成立。见 https://baike.so.com/doc/7233918-7463088.html 。

⑤ 参见李剑强《香港仲裁机构的临时仲裁及其启示》，载《北京仲裁》2006年第3期，第21页。

澳大湾区临时仲裁制度可以规定指定仲裁员的主体为粤港澳大湾区内仲裁地的相关仲裁机构。① 再者，鉴于临时仲裁不设仲裁机构，一般需要有法定的指定机构在无法确定仲裁员的情况下协助当事人组庭，或决定回避申请等事项。而实务界也对《征求意见稿》中关于由中级法院作为仲裁员指定机构的立法表示担忧，认为一旦出现多个法院作为指定机构，或者某地有多个中级人民法院参与指定的情形。这一点仍需司法解释做进一步的规定。所有这些问题，在大湾区构建及落实临时仲裁制度时，都应比照《对接规则》《征求意见稿》的不同而做出相应的修正。②

（四）明确仲裁员的法律责任

我国至今尚未建立仲裁员责任制度，但是，临时仲裁对仲裁员所组成的仲裁庭依赖性非常大，仲裁员有较大自由裁量的空间。不难推测，如果我国法律对仲裁员的责任规定模糊而不明确，必将引发当事人对临时仲裁的公正性的质疑。我国《仲裁法》只在第三十八条规定了仲裁员应当承担法律责任的情形，而没有明确规定法律责任的内容。③ 然而，鉴于临时仲裁中的仲裁员不受仲裁机构的管制，构建临时仲裁制度需得到更明确的法律约束。对此，我国可以考虑借鉴其他大陆法系国家的做法，如《奥地利民事诉讼法》规定，不及时履行或不完全履行职责的仲裁员，应该对由于他的错误拒绝或迟延给当事人造成的损失承担责任，且就其仲裁协议的契约性质上而言，应以民事赔偿责任认定。④

因此，建议我国法律允许在仲裁中受到不公正对待并蒙受损失的当事人，除了向法院提出撤销仲裁裁决，也可以申请获得仲裁员相应的民事赔偿。这一点可以参照《民法通则》中有关合同违约赔偿责任的规定。此外，还可以考虑粤港澳大湾区仲裁联盟出台相关仲裁员纪律责任制度以建

---

① 2022年3月18日施行的《中国海商法协会临时仲裁规则》也有类似的规定。根据《中国海商法协会临时仲裁规则》，当事人未约定指定机构或不能达成一致时，由中国海事仲裁委员会担任指定机构。见 https://www.ccpit.org/a/20220318/20220318jjas.html。
② 参见李清、胡楠、胡宇鹏《关于〈仲裁法（修订）（征求意见稿）〉的解读（一）》，载《君合法评》2021年9月，见 http：//www.junhe.com/legal-updates/1550。
③ 参见邓瑞平、易艳《商事仲裁责任制度简论》，载《重庆大学学报（社会科学版）》2005年第1期，第119页。
④ 参见刘晓红《确定仲裁员责任制度的法理思考——兼评述中国仲裁员责任制度》，载《华东政法大学学报》2007年第5期，第84页。

立高素质仲裁员队伍。① 实践经验告诉我们,选择临时仲裁的当事人常常对诸多仲裁事项基本没有约定或约定不清。② 这对临时仲裁中的仲裁员提出了更高的要求,临时仲裁的仲裁员不仅需对自身恪尽职守、勤勉尽责,更需要灵活的思考能力和较丰富的办案实战经验。因此,如果粤港澳大湾区仲裁联盟以行业自治性协会的身份出台仲裁员纪律责任制度,在为仲裁员提供操守指引的同时,也可为当事人提供追诉其民事赔偿责任的判断标准。最后,建议联盟组织定期的培训,邀请国际上具备丰富临时仲裁案件处理经验的资深仲裁员授课,以更高效地提升粤港澳大湾区仲裁员的综合水平。

(五) 与港澳临时仲裁的衔接机制

传统上,仲裁相对于诉讼最大的优势就是裁决的普遍可执行性。《发展纲要》多处提到珠三角九市与香港、澳门的法律合作,并提出加强粤港澳司法协助的观点。但是,《对接规则》的条款均未涉及相关的内容。2019年4月2日,最高人民法院和香港特别行政区政府律政司签署《关于内地与香港特别行政区法院就仲裁程序相互协助保全的安排》(以下简称《安排》)。在此契机下,粤港澳大湾区临时仲裁制度可以作出相关规定,使临时仲裁制度与《安排》衔接,从而有效实现珠三角九市与香港、澳门临时仲裁中保全措施的司法协助。同样,待最高人民法院与澳门有关部门完成保全措施的对接后,该制度可以作出相关规定。再者,鉴于我国《征求意见稿》已然明确了临时仲裁的合法性,临时仲裁裁决与机构仲裁裁决一样具备法律效力,可适用机构仲裁裁决在香港、澳门相互承认与执行的程序,粤港澳大湾区临时仲裁制度应在条款对裁决的互相承认与执行中作出相应说明。此外,由于专设仲裁庭的临时性,临时仲裁只需要仲裁员签字,没有机构盖章或出具任何证明文件,仲裁庭在裁决作出后即告解散,因此,在(承认与)执行的过程中,当事人如何证明其所提交的裁决的真实性,需要实践探索并制定相应的司法解释。

建议以《对接规则》条款内容为基础制定粤港澳大湾区的临时仲裁规则,并出台相关司法解释规定衔接条款以实现其适用。另外,据相关网络

---

① 2018年,广州仲裁委员会牵头成立粤港澳大湾区仲裁联盟,秘书处设在南沙国际仲裁中心。
② 参见张圣翠、傅志军《我国自贸区临时仲裁制度创新研究》,载《上海财经大学学报》2019年第2期,第146页。

媒体报道，目前临时仲裁在广州市、深圳市、中山市、东莞市和南沙自由贸易试验区均有适用，而且临时仲裁对于当地纠纷的解决起到了促进的作用。以东莞市为例，广州仲裁委员会东莞分会与东莞市房地产中介协会共建临时仲裁庭，为解决程序复杂、耗时长的房产纠纷提供了高效渠道。可见，粤港澳大湾区的临时仲裁在普通纠纷解决中亦发挥着良好的作用，可以出台相关司法解释允许其突破涉外限制。

综上，《对接规则》条款内容具有可借鉴性、包容性，与国际上通行的临时仲裁制度接轨，并运用互联网技术增加了临时仲裁的可行性。但是，鉴于《对接规则》尚未正式为我国法律所承认，以及粤港澳大湾区内缺失统一的临时仲裁制度的实际情况，本文建议在《对接规则》的架构下制定统一的临时仲裁制度。由于香港、澳门已长期存在临时仲裁制度，且社会情况与珠三角九市不同，其原有制度应当得到保留，可考虑在统一的临时仲裁制度条款内搭建珠三角九市与香港、澳门的衔接桥梁。

四、结　语

临时仲裁作为国际上商事争议解决的重要组成部分，长久以来为商事解决发挥了积极的作用，不仅体现在其高度的灵活性上，为商事主体提供更为便捷和高效的纠纷解决渠道，还体现在其高度的保密性上，有助于一些特殊案件的争议解决。在经济全球化深入发展的今天，粤港澳大湾区的发展正面临着机遇与挑战。

最高人民法院《司法保障意见》的出台，使得我国临时仲裁制度的建立成为可能，不少自由贸易试验区开始试点试行。《对接规则》的施行为粤港澳大湾区构建临时仲裁制度提供了坚实的实践基础和较好的制度设计。另外，《发展纲要》发布后，临时仲裁制度作为国际化商事争议纠纷解决机制的重要制度和打造国际化营商环境的重要组成部分得到了有关部门的支持。当下，粤港澳大湾区临时仲裁制度的构建具备诸多优势，我们有理由相信，粤港澳大湾区临时仲裁制度的建立及适用，将有利于粤港澳大湾区内的商事争议解决。同时，这也是我国仲裁制度完善与发展的较大突破与改革，将为未来在全国范围内建立临时仲裁提供宝贵的试点经验。《征求意见稿》的发布亦为临时仲裁制度在粤港澳大湾区的搭建提供了空间保障。如前所述，尽管《征求意见稿》已经确立涉外领域的临时仲裁的基本模式、程序，但是临时仲裁制度的构建绝非是简单的三个条文就可以付诸实践的,仍需要相关司法解释使其落地并加以适用。因此,临时仲裁制度在中国的落地和发展,还需要进一步的努力,以探讨切实符合中国国情的临时仲裁制度,推进我国仲裁事业往更高的层面发展。[①] 故而,如何使我国《仲裁法》进一步促进中国仲裁制度的现代化,培育更加开放、健康的仲裁市场,从而摆脱过重的国家色彩而回归市民社会,仍然是探讨和完善我国《仲裁法》的主题。

[①] 参见何晶晶《〈仲裁法〉修改背景下我国引入临时仲裁制度的几点思考》,载《广西社会科学》2021年第12期,第114-119页。

第三方资助仲裁的实践要点和发展概况

王 敬* 张倪绮**

摘要：第三方资助仲裁涉及第三方、案件独立评估方、仲裁申请人、仲裁被申请人、案件代理律师、仲裁庭等相关法律主体。第三方资助仲裁实践的要点包括资助协议、费用承担、收益分配、披露原则和控制权问题。第三方资助仲裁在英国、新加坡和我国香港等地的相关立法已经较为完备，但其在美国的发展面临很多障碍。第三方资助在中国缺乏积极且强大的支持与规管，但仍有着巨大的发展潜力。

关键词：第三方资助仲裁 不同法域 "一带一路" 实践安排

Introduction of Third Party Funded Arbitration in Different Jurisdictions

Wang Jing Zhang Niqi

Abstract: The third party funded arbitration involves the third party, the independent evaluator of the case, the applicant for arbitration, the respondent of arbitration, the case attorney, the arbitration tribunal and other relevant legal subjects. The key points in the practice of third party funded arbitration include funding agreement, cost bearing, income distribution, disclosure principle and control right. The relevant legislation in Britain, Singapore and Hong Kong has been relatively completed, but its development in the United States faces many obstacles. Third party funding lacks active and strong support and regulation in China, but it still has great development potential.

---

* 王敬：中华全国律师协会海商海事专业委员会主任，原敬海律师事务所创始合伙人，现为广悦律师事务所（Wang Jing & GH Law Firm）董事会主席兼管理合伙人，全国千名涉外律师人才，广东省"涉外律师领军人才"，"广州十大涉外大律师"，华南师范大学国际航运法律与政策研究中心兼职研究员。

** 张倪绮：香港城市大学硕士，广悦律师事务所涉外律师。

Key words: third party funded arbitration; different jurisdictions; "the Belt and Road"; practical arrangements

前　言

诉讼和仲裁是当事人解决法律争议的两种方式。随着法律历史的发展和法律制度的变革，不同法律体系的国家开始采纳一种新型的法律金融援助工具，那就是"第三方资助"。

第三方可以资助诉讼，也可以资助仲裁。本文将重点从不同国家和地区的法律实践以及其在中国的发展前景，介绍和分析第三方资助仲裁。

一、第三方资助仲裁的定义

（一）定义

第三方资助仲裁（third party funded arbitration），指第三方资助人（通常为基金公司、银行、私募机构、担保公司、保险公司等）在对当事人仲裁活动的风险进行评估后，同意为仲裁中的申请人或被申请人提供资金，资助其进行法律程序、支付律师费，并从胜诉所得中获取部分利益的模式。

（二）相关法律主体

要安排一个第三方资助仲裁的协议，需要预先架构一个完整的框架体系，搭建稳妥的法律主体关系。下面将对一个第三方资助仲裁的整体安排的各相关方进行逐一介绍，并说明其各自对应的法律权责。

（1）第三方：可以是基金公司、银行、私募机构、担保公司、保险公司等，具有较强的融资能力和稳定的金融资本，能够为案件的仲裁成本提供经济保障，为申请人或被申请人支付巨额律师费，并在案件成功后按比例获得不菲的经济收益。

（2）案件独立评估方：类似于"公估师"，是独立的咨询顾问。受出资方委托，对需要进行资助的案件进行独立调查、评估，对能否胜诉、成功获得仲裁利益的概率出具专业意见。这些专业人士既包括法律、财会方面的资深顾问，也包括案件所涉领域的专业人士，如医师、建筑师等。此类专业人士与将来代理案件的律师应无直接利害关系，他们应该并只能从出资方处获得评估费用。

（3）仲裁申请人：有一定的法律事实，申请提起仲裁的一方，可能是第三方资助的请求方。

（4）仲裁被申请人：被申请提起仲裁的一方，是仲裁申请人的相对方，也可能是第三方资助的请求方。其同意在胜诉后将仲裁利益的一部分按约定比例（通常会很高），偿付第三方资助人，作为投资回报。

（5）案件代理律师：与案件独立评估方无关的律师事务所或律师。他们接受当事人的委托，为当事人提供法律服务，参与仲裁程序。

（6）仲裁庭：审理案件，作出裁决。

二、第三方资助仲裁实践中的要点

（一）资助协议

资助协议是整个第三方资助仲裁的起点和基础，其内容应该包括如下要素。

（1）资助协议应当以书面形式订立，其条款应当清楚、明确并能反映当事人的意图。

（2）资助协议应说明拟提供的资助金额，第三方资助者的报酬以及当事人之间如何分配裁决收益。

（3）资助协议应提供公平、透明、独立的争议解决程序。

（4）资助协议应包含一条建议，即建议一方当事人获得独立的法律意见。

需要注意的是，资助协议的当事人应该仅为第三方资助者和一方当事人，以避免因当事人和资助者就仲裁过程中的实质性问题无法达成一致而导致任何潜在的律师利益冲突。而资助条款本身，则应该明确资助的范围和程度，例如，第三方资助者是一直资助到仲裁程序结束还是资助到裁决执行，是通过一种还是多种方式对仲裁进行资助，如果在仲裁中发生提前和解，是否有对和解预算进行合理的预估，这些都需要在资助条款中进行细化。

（二）费用承担和收益分配

第三方资助的费用，通常指仲裁程序中的律师和专家费、仲裁员和仲裁机构的费用，以及其他一些可被预估的费用。在仲裁中，当事人一方和第三方资助人应明确哪一方应该承担与索赔（包括反诉）相关的费用，谁将在经济上最终承担与费用相关的不利裁决。

一份完整的资助协议在设计之初就应该把重点放在未来的赔偿金额分配机制上。基于最可能获得的赔偿结果，当事人应该能够保留大部分的预期赔偿金，且这部分金额应该超过费用和成本；当然，资助者最终所获得的费用偿还、分配的收益应该与其承担的风险和费用相对应。

资助协议应当反映当事人和第三方资助者关于收益分配优先次序的意向，例如，谁应当是第一个获得，数额是多少。第三方资助者通常试图优先补偿其在案件中投入的资本。之后，第三方资助者、律师和当事人再根据收益结构按各自比例获取收益。第三方资助者的收益也许是固定的数额、固定的百分比、其配置资金和承诺资金的倍数，或者是包含倍数和百分比的结构。任何收益都包含时间参数，这也会为第三方资助者的长期回收款提供更多收益。有时，当事人会选择设立一个独立的第三方账户，用来分配仲裁裁决的收益。①

（三）披露原则

在承揽案件的过程中，律师事务所的合伙人、主办律师会与第三方资助人产生千丝万缕的联系，随着案件审理不断深入，律师的影响将不断加强。而在仲裁法律实践中，正因为仲裁员经当事人或第三方选定，为了不让当事人怀疑其公正性和独立性，常常会出现要求仲裁员履行披露义务的情形。

同时，为了让案件得到更为公正的审理，一方当事人可能会要求接受资助的另一方当事人披露资助情况，这一点也可能得到仲裁庭的支持。具体的披露程度视案件的具体需要而定。②

---

① 参见鼎颂法律资本《第三方资助费用的承担问题——基于立法、规则和案例方面的考察》，见 https://baijiahao.baidu.com/s?id=1606313770603684224&wfr=spider&for=pc。

② 参见广州仲裁委员会《第三方资助中的仲裁员利益冲突与披露义务》，见"广州仲裁委员会"微信公众号，见 https://mp.weixin.qq.com/s/suf5zh7mzrkBrO6x12PxYA。

另外，为了避免出现利益冲突，第三方资助制度不适用于在该仲裁或诉讼中代表某一方行事的律师。这是因为，为了公共利益，律师应该专注于提供专业服务，而不应因为从事第三方资助的业务而陷于利益冲突的处境。①

(四) 控制权

第三方资助者的控制权问题，应当由双方在协商资助协议时根据适用的法律来决定。在仲裁和诉讼背景下缺乏可适用的判例法，双方当事人在协议磋商期间，应当关注因第三方资助者的过度控制而引起的潜在风险和担忧。无论当事人和/或第三方资助者保留多少控制权，资助协议应当能清楚地反映出各方当事人对于特定事项的理解，即谁对受助争议的管理和策略具有最终的决定权，以及在当事人就管理和策略存在未决争议时，会发生什么情况。总之，资助协议应该详细说明资助者对案件进行控制的条件和程度。②

三、第三方资助仲裁在不同法域的发展概况

(一) 美国

在美国，很多投资机构推出了针对国际仲裁融资的金融产品，接受第三方资助或其他允许在裁决作出之后再为仲裁付款的金融产品的当事人越来越多，但也随之产生由第三方资助活动引起的争议。这些争议主要分为两大类：第一类发生在第三方资助人和被资助的当事方之间，通常争议发生在原有案件裁决或和解之后；如果案件为和解解决，则争议通常出现在第三方未能参与私下和解程序或对和解程序中的金额计算方式有异议的情况下。因此，第三方资助人和被资助人应在资助协议中谨慎设定利润分配条款，以避免未来可能发生的争议。第二类争议发生在第三方资助的案件被中止的情况下。这样的情形促使美国法律的制定者们考虑、制定相关的

---

① 参见香港特别行政区《2016 年仲裁及调解法例（第三者资助）（修订）条例草案》。
② 参见 ICCA《国际仲裁第三方资助（TPF）报告》第 7 章 "第三方资助安排的最佳实践(2)"，见 "临时仲裁 ADA" 微信公众号，见 https：//mp.weixin.qq.com/s/GkvHgtvfo1SHLkKKd9jckA。

法律法规以明确第三方资助者、被资助方以及律师的各自相关义务,是否会更有益于规范第三方资助行为、促进争议的解决。①

美国国内,各州均在考虑进行相关立法,至少有12个州考虑将第三方资助的报酬限定在35%以内②。

另外,美国法中的保密和证据披露原则也给第三方资助者查看律师准备的法律分析文件的行为设置了很多障碍。在一项对第三方资助者的调查中,一些主要第三方资助者们承认,美国是在保密性问题方面对第三方资助活动最有挑战性的一个法域。③ 一些资助者甚至为了避开这些文件披露机制,宁愿选择不在美国进行有关第三方资助的活动。④

(二) 英国

在英国,第三方资助已经发展得比较成熟了。在仲裁中成功索赔的当事人,可以向败诉方追讨因其使用第三方资助而产生的全部费用,包括损害赔偿以外的费用。

而且,在英国,第三方出资者的受偿比例也比较高。以英国最近发生的一个案例为例,受资助当事人与第三方出资者签订出资协议,同意如受资助当事人在仲裁中成功索赔,受资助当事人需要向第三方出资者偿还等同于资助金额300%的金额,或损害赔偿金的35%,取孰高者。按上述比例,如索赔争议标的金额为1,000万美元,资助金额为10%,即100万美元;一旦胜诉,受资助当事人需向第三方出资者偿还300万美元,或1,000万美元的35%即350万美元,以高者为准,也就是第三方出资者得偿350万美元。根据胜诉方可以在仲裁中要求败诉的对方承担胜诉方因使用第三方资助而产生的全部费用的规则,该350万美元的费用可以要求由

---

① 参见环中商事仲裁《第三方资助的发展以及各国法律监管现状总结(美国篇)》,见 http://www.huanzhonglaw.com/templates/consulting_009_1/second.aspx?nodeid=147&page=ContentPage&contentid=497&tohtml=false。

② See Victoria Shannon, Recent Developments in Third-Party Funding, 30 J. Int'l Arb. 443 (2013).

③ See Maxi Scherer and Aren Goldsmith, Third Party Funding in International Arbitration in Europe Part 1: Funders' Perspectives, (2012) 2 International Business Law Journal 207, p. 216.

④ See Maxi Scherer and Aren Goldsmith, Third Party Funding in International Arbitration Proceedings-A View from Europe Part II: The Legal Debate, (2012) 6 International Business Law Journal 649, p. 664.

败诉方承担。①

这极大地刺激了受资助人和第三方资助人的诉讼主观能动性。为了平衡和遏制不必要的诉讼关系，英国司法监管机构做出种种限制，甚至成立了诉讼出资者协会；为了推动第三方资助的良性发展和运作，其专门在英格兰和威尔士的诉讼资助行业成立自律性行业组织。

（三） 新加坡

在新加坡，第三方资助仲裁的门槛只需要仲裁标的达到 200 万新加坡元以上即可。但在其《2017 年民法（第三方资助）规则》中则要求第三方资助提供者应具备不少于 500 万新加坡元的实缴资本。

自 2017 年 3 月新加坡修改立法准许第三方资助以来，2017 年 7 月，新加坡首起第三方资助仲裁案件由 Norton Rose Fulbright 律师事务所代理，由 Burford Capital 公司提供资金支持。Burford Capital 公司为伦敦上市公司，是专业法律融资公司，其业务涵盖诉讼融资、风险管理、资产回收以及各种法律金融及咨询服务。

2018 年 3 月，IMF Bentham 公司也在新加坡资助了一例国际仲裁案，该起仲裁案件由新加坡国际仲裁中心（SIAC）受理。IMF Bentham 公司位于澳大利亚，是世界上最成功的诉讼融资公司之一，可以资助商事诉讼，最低诉讼金额为 5 千万澳元。在资助仲裁方面，最低诉求金额为 1 亿澳元。

寻求第三方资助者资金支持的当事人，其申请必须经过出资方的严格审查。同时，出资方对项目也有最低门槛要求，例如 Harbour Litigation Funding 公司虽收到诸多新加坡仲裁案的融资申请，但该公司的资助标的起点要求为 1,000 万英镑（约为 1,790 万美元）。②

（四） 香港特别行政区

在香港特别行政区，《第三者资助仲裁实务守则》相关条款于 2019 年 2 月 1 日起生效。这使得香港与其他领先的仲裁地同步，并为香港提供了合法资助仲裁的新途径。

---

① 参见广州仲裁委员会《第三方资助仲裁的新发展——英国法院认可仲裁庭裁决被申请人承担第三方资助费用》，见"广州仲裁委员会"微信公众号，见 https：//mp.weixin.qq.com/s/ZCFcugHjK5‐M7cahhHEhgQ。

② See Rob Copeland, Hedge-Fund Managers Next Frontier: Lawsuits, The Wall Street Journal, March 9, 2015.

但是，根据《第三者资助仲裁实务守则》第2.5条关于资本充足的要求，即"出资者必须至少在36个月期间内承担根据其所有资助协议中的所有总体出资负债，且必须保持至少2,000万港元的可用资本。出资者亦必须向咨询机构提供证明出资者符合最低资本要求的审计意见，或来自一名符合资格的第三者（以核数师为佳，但第三者管理人或银行亦可）的合理证明"[1]，大多数商业资助者只会资助预期收益是资助仲裁完成所需成本10倍以上的索赔案件，低于1,000万美元的债权几乎不会得到资助。也就是说，资助仲裁所投入的成本将会控制在争议标的金额的10%左右。[2]

香港是国际仲裁地热门之选，也是第三方资助人布局的首选之地。但是，香港政府相关主管部门目前并没有针对资助方制定成熟的约束和管理规范，而是学习英国的做法，仅拟定了适用于香港的行业标准和从业规范。

（五）在中国内地的发展前景

中国国际经济贸易仲裁委员会（以下简称"贸仲会"）2017年10月1日正式实施的《国际投资争端仲裁规则》是我国第一部国际投资领域的仲裁规则。根据该规则，在国际经济贸易仲裁提起的投资争端仲裁程序可以引入第三方资助。按照该规则第27条的规定，获得第三方资助的当事人应在签署资助协议后，毫不迟延地将第三方资助安排的事实、性质、第三方的名称与住址，书面告知对方当事人、仲裁庭及管理案件的贸仲会投资争端解决中心或贸仲会香港仲裁中心。仲裁庭也有权命令获得第三方资助的当事人披露相关情况。[3] 这是第三方资助首次被中国仲裁机构承认并引入仲裁机制。投资仲裁规则是我国在实施"一带一路"倡议中处理国际投资争端的指导性规则，可为东道国政府和投资者之间的争议提供一站式解决方案。

目前，中国已成为世界造船大国，自2008年航运市场走向低迷以来，出现了大量造船合同违约纠纷，而造船合同绝大部分选择在伦敦或新加坡

---

[1] 参见香港特别行政区律政司官网，见 https：//www.doj.gov.hk/chi/。

[2] See John Kang, Third Party Funding on Arbitration, Asian Legal Business China (CLB – JULY – 2017)，见 https：//www.legalbusinessonline.com/sites/default/files/e-magazines/CLB-July – 2017/#?page = 30。

[3] 参见中国国际经济贸易仲裁委员会《中国国际经济贸易仲裁委员会国际投资争端仲裁规则（试行）》，见 http：//www.cietac.org.cn/index.php? m = Page&a = index&id = 389。

仲裁，并适用英国法。由于出席仲裁案件需聘请大律师、事务律师、专家证人和事实证人等，会产生庞大的费用，而许多造船厂本身已出现经济困境，再支付这些费用，更是困难重重，故在跨国纠纷中造船厂往往采取回避的态度，在许多仲裁案件中只能作出缺席审理和裁决。航运企业也是如此，绝大部分的租约选择伦敦仲裁并适用英国法，这些航运企业与造船厂一样，因缺席仲裁而败诉，若引入第三方资助，相信部分造船厂和航运企业的案件可以胜诉并取得赔偿。

在"一带一路"建设背景下，中国企业和资金走向国外势在必然，但是"一带一路"沿线国家的法律和法规对于对外贸易来说是不确定因素，最高人民法院在深圳、西安设立国际商事法庭，为"一带一路"参与国当事人提供"一站式"法律服务，国际商事法庭的审理案件范围将包括跨境金融贸易和基础工程建设、国际物流、海事海商、知识产权等国际纠纷。尽管如此，仍会有相当多的"一带一路"参与国当事人选择其他第三方国家或地区的仲裁，例如英国、新加坡和我国香港，尤其是香港，其将会在"一带一路"国际仲裁中扮演越来越重要的角色。由于中国的国际商事判决是否可以在其他"一带一路"参与国，甚至其他国家被承认与执行，仍然是不确定的因素，因此，在第三地仲裁仍是较受欢迎的解决纠纷的方式。这些合同呈交仲裁的争议范围将包括上述法域受理的国际纠纷，其涉及的金额巨大，案情纷繁复杂，一旦发生纠纷，仲裁费用和支出也会十分庞大，当事人对提起仲裁或应诉望而却步，而引入第三方资助则可以解决当事人的这种困惑和财务负担，同时也可以令当事人及其律师积极应对仲裁。

在中国的仲裁实践中，法律上仍然允许实行"无效果、无报酬"的风险代理收费方式。在此收费方式下，即使当事人败诉，败诉方也无须支付己方律师报酬，但在一定条件下需支付胜诉方的律师费及其他费用，但补偿金额最多不得超过胜诉方胜诉金额的10%，当事人诉讼成本较低。而英国及我国香港正好相反，其不允许"无效果、无报酬"的收费方式。一旦败诉，败诉方不仅要支付己方的律师费，还要支付胜诉方的律师费，上不封顶，风险较大，使第三方资助有了很大的发展空间。

第三方资助在中国的实施缺乏积极且强大的推动力，第三方资助仲裁仍处于探索阶段。但随着"一带一路"倡议带来巨大的海外投资需求，涉及的争议标的动辄数以亿计，这将比较符合第三方资助对标的的要求，同时，中国企业对于国际仲裁的依赖度和认可度也将会有本质的跃升。因此,在吸收学习境外机构先进经验的同时,境内的第三方资助机构也要积极立足于本土司法实践,让自身的投资模式更符合市场需求和商业逻辑的双重考验。

四、结　语

中国作为全球第二大经济体和进出口贸易第一大国,伴随着"一带一路"倡议带来的国际法律服务需求,以及最高人民法院国际商事法庭对国际商事争议的管辖与法律业务的开展,鼓励与支持第三方资助仲裁在中国的发展,进一步为当事人寻求司法、准司法救济提供资金支持与帮助是一种必然趋势。中国企业受益于"一带一路"带来的机遇,同时也面临着跨境项目架构复杂、法律环境多元的严峻挑战。中国企业对于如何保护自己的利益,防范国外诉讼和仲裁的风险方面的认识还远远不够。以航运争议为例,发生的争议通常有多层次合约条款约束,最终通过仲裁方式解决。而仲裁结果具有不确定性,仲裁过程占用资源和现金流,因此,争议当事人要承担风险,但第三方资助仲裁则可以提供一个新的解决路径和风险分担方式。

近些年,中国内地和香港都出现了诉讼融资公司,它们以惊人的速度进行经营扩张和战略布局。海外资本也频频出手,在资助国际投资仲裁案中获利颇丰。另外,笔者注意到保险资本已于近年开始入局,成为诉讼保险的资本来源之一。早在 2017 年 9 月,平安保险依据深圳市此前出台的《深圳市小微企业创业创新基地城市示范专项资金知识产权项目操作规程(暂定)》,联合鼎颂投资作为其战略合作伙伴,正式向公众推行针对小微企业的专利保护及维权的保险品种。[①] 这是一种新型保险品种,具有第三方资助的性质,但与传统的第三方资助不太相同,因为保险人并不会按照实际获赔金额收取保险金,而第三方资助却是与案件结果直接挂钩的投资。第三方资助与诉讼保险之间,时而是互补关系,时而是竞争关系,功能相似但原理不同。[②] 二者的对接无疑是争端解决领域的一个新的发力点,

---

[①] 参见中国平安官网,见 https://www.pingan.cn/zh/common/cn_news/1504859090890.shtml。

[②] 参见鼎颂商事争议解决支持:《第三方资助与诉讼保险的关系》,见 https://www.sohu.com/a/206016125_708255。

也将会成为法律资本行业的一个新热点。

从现行的立法与配套政策层面来看,第三方资助仲裁在法律上存在空白和立法空间,缺乏具有法律的支持与约束力规制,至今第三方资助者尚不需要遵循其他融资方式所必须遵守的法律法规。因此,我们可以合理预见的是,一旦第三方资助仲裁发展成独立的行业并且缺乏管制,可能会威胁到仲裁程序的完整性、危及纠纷中当事人的利益或者不利于仲裁发展,第三方资助仲裁必定需要得到部门规章或司法解释的规制。[1]

在国际商事仲裁领域,尽管第三方资助仲裁在中国才开始出现立法方面的许可和规制,但是,其商业化、产业化、专业化的发展,将使其有更为广阔的市场。笔者撰写这篇文章的目的就在于让国内企业对第三方资助仲裁这个法律金融工具有更加深入的了解,小心选择和甄别所有的资助方案和模式,为第三方资本入局仲裁程序做好充分准备。同时,这也将推动我国关于第三方资助仲裁的立法与配套政策建设,实现第三方资助仲裁的有效支持与规管,满足商事主体多元化争议的解决需求。

笔者坚信,第三方资助仲裁这一争议解决支持工具有着巨大的市场潜力,这将是一个新兴资本的"蓝海",充满了新的挑战和契机,我们将在未来对其进行更深入的研究与探讨。

---

[1] 参见鼎颂商事争议解决支持:《第三方资助与诉讼保险的关系》,见 https://www.sohu.com/a/206016125_708255。

专题六　研究生论坛

我国涉外海事诉讼管辖权异议处理的司法实践研究
——以2013—2022年涉外海事海商纠纷管辖权异议裁定书为样本

马慧娟* 马晓珊** 张艺骞***

摘要：本文通过分析在中国裁判文书网、各海事法院官网检索的2013—2022年的107份涉外海事海商管辖权异议裁定书，总结当事人提出管辖权异议的主要理由、法院针对当事人管辖权异议作出的裁定要旨和裁定规则；并在分析数据所得的司法实践总体情况的基础上，进一步着重分析协议管辖中租约仲裁条款是否有效并入提单及运输合同下的提单管辖条款，以及是否可约束取得代位求偿权的保险人这两个重点问题；建议法院在审判提单并入租约条款案件中重视提单所证明的运输合同的准据法选择及其适用理由的说明，并统一提单并入条款的效力认定标准；法院应依代位的请求权性质判断涉案的特殊地域管辖并扩张管辖条款的效力。

关键词：涉外海事诉讼 管辖权异议 协议管辖 提单并入条款 代位求偿权

Research on the Judicial Practice and Main Disputes of Our Country's Foreign-Related Maritime Jurisdictions
—Taking the 2013 – 2022 Judgements on Objections to Jurisdiction in Foreign-related Maritime and Commercial Disputes as a Sample

Ma Huijuan, Ma Xiaoshan, Zhang Yiqian

Abstract：The paper has searched 107 foreign-related maritime and maritime jurisdiction objection rulings from 2013 to 2022 through the website of

---

* 马慧娟：济南市烟草专卖局办事员，华南师范大学2017级法学硕士。
** 马晓珊：北京大成（广州）律师事务所律师，华南师范大学2017级法律硕士。
*** 张艺骞：华南师范大学2020级法学硕士研究生。

China Judicial Documents and the official websites of various maritime courts, analyzed and summarized the main reasons for objection to jurisdiction raised by the parties, and the ruling gist and ruling rules of the courts for objection to jurisdiction raised by the parties. Besides, based on the judicial practice obtained from the analyses of data, two key issues are further analyzed: whether the arbitration clauses of lease in the jurisdiction of agreement are effectively incorporated into the bill of lading, and whether the jurisdiction clauses of bill of lading under the contract of transport are bound by the insurer who has obtained the right of subrogation. It is suggested that the court should attach importance to the choice of applicable law and explaining why the law is applied, unify the criterion of determining whether the arbitration clause is validly and effectively incorporated into the bill of lading, decide the special territorial jurisdiction of a case according to the nature of subrogation, and expand the validity of the jurisdiction clause.

Key words: foreign-related maritime litigation; jurisdiction objection; agreement jurisdiction; bill of lading incorporation clause; right of subrogation

引　言

"21 世纪海上丝绸之路"是中国与世界连接的新贸易之路，在应对世界贸易格局不断变化的形势下，"一带一路"倡议的提出与涉外海事的重要程度不言自明。作为当今世界的航运大国，我国面对日益增加的海事纠纷，如何有效地行使涉外海事诉讼管辖权显得十分重要和必要。而在解决涉外海事纠纷的司法程序中，首要和关键环节是明确涉案纠纷的管辖权问题。但我国现有的专著以及文献对涉外海事管辖权的司法实践的统计较为陈旧，对新近的涉外海事管辖权司法实践的统计以及跟进则是少之又少。本文通过分析在中国裁判文书网、各海事法院官网检索的 2013—2022 年的 107 份涉外海事海商管辖权异议裁定书，总结了当事人提出管辖权异议的主要理由、法院针对当事人管辖权异议作出的裁定要旨和裁定规则，用以反映我国在涉外海事管辖方面的总体情况与趋势；并在此基础上，进一步分析其中发现的重点难点问题，提出相应的建议，以期完善我国涉外海事管辖制度。

一、数据分析与总结

(一) 数据分析

1. 涉外法域统计

图1是对裁定书中当事人涉外法域的统计。由于裁定书中存在一方当事人来自一个以上不同法域的情况,例如在涉外海上货物运输合同纠纷中被告一来自日本、被告二来自中国香港或者原告来自日本、被告来自中国香港,因此笔者以案件所涉法域为统计分类。"双方都不涉外"指的是当事人为中国内地的自然人或法人,但是案件事实涉及其他法域的情况。从图1可以看出,我国涉外海事管辖权异议裁定书中当事人来自许多不同的法域,其中涉及最多的是日本,其次依次是中国香港、英国与中国台湾。

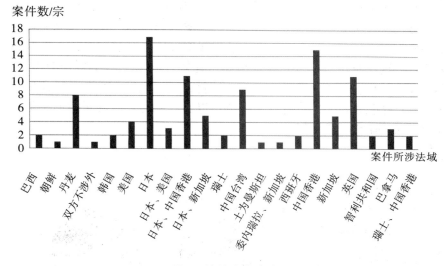

图1 涉外法域统计

2. 案由统计

从图2统计的案例案由情况来看,涉案最多的纠纷为海上、通海水域货物运输合同纠纷。

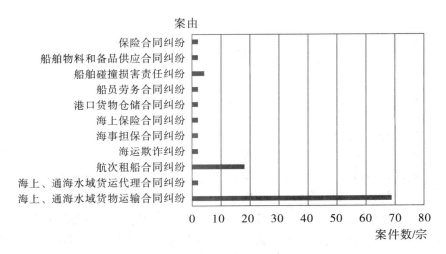

图 2　案由统计

3. 管辖异议主要理由统计

如图 3（a）所示，当事人提出的诸多管辖异议理由分别为协议管辖、不方便法院原则、法院对区段运输纠纷不具有管辖权、主张设立海事赔偿责任限制基金地的法院才有管辖权、错误地对"海事法院"进行缩小解释来主张法院不具有管辖权。通过梳理占比第一的协议管辖可得图 3（b），即协议管辖可根据当事人异议的理由细化为提单包含管辖条款、保单协议包含管辖条款、保函协议包含管辖条款以及合同包含管辖条款的情形，以此来主张法院没有管辖权。

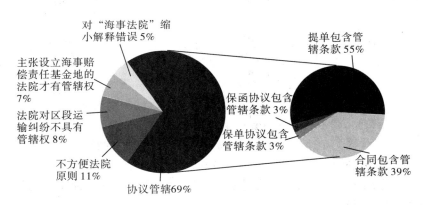

（a）管辖异议理由类型　　　　（b）基于协议管辖异议类型

图 3　管辖异议主要理由统计

图 4 是对图 3（b）的延伸。图 3（b）[即图 4（a）]中占比第一的管辖权异议理由为提单包含管辖条款的情形，图 4（b）则是对该种情形的细化。通过梳理当事人提出的具体理由，提单包含管辖条款的情形又可以细化为图 4（b）的 4 个主要异议理由，分别为提单直接规定了具有管辖权的法院/仲裁地、提单管辖条款约束取得代位求偿权的保险人、提单关于管辖的格式条款有效，以及提单有效并入租船合同的仲裁条款。

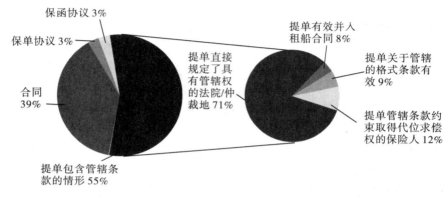

（a）基于协议管辖异议类型　　（b）基于提单包含管辖条款异议类型

图 4　管辖异议主要理由示意

4. 法院对管辖异议的裁判理由统计

从图 5（a）可以看出，法院作出的诸多管辖异议裁定理由分别为法院认为当事人的协议管辖无效、法院根据特殊地域管辖规则取得管辖权、不符合当事人提出的不方便法院原则应同时具备的条件、海上货物运输合同纠纷为我国海事法院专门管辖、设立海事赔偿责任限制基金地的法院不具有排他管辖权，以及对区段运输纠纷具有管辖权（根据当事人的诉权选择或者是区段承运人的责任期间不影响我国法院的管辖）。

对于占比第一的协议管辖无效裁定理由，通过梳理可得如图 5（b）所示的具体的细化结果，即协议管辖无效的裁定理由又可以具体分为提单包含管辖条款无效的情形、保单协议包含管辖条款无效的情形、保函协议包含管辖条款无效的情形、合同包含管辖条款无效的情形。

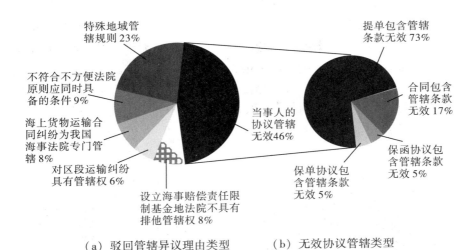

（a）驳回管辖异议理由类型　　（b）无效协议管辖类型

图5　管辖异议裁定理由统计

图6是对图5（b）的延伸。图5（b）[即图6（a）]中占比第一的管辖异议裁定理由为提单包含的管辖条款无效，图6（b）则是对该种情形的细化。通过梳理法院作出的裁定理由，提单所含管辖条款无效的情形又可细化为如图6（b）所示的提单对约定管辖的格式条款无效、提单管辖条款不约束取得代位求偿权的保险人、提单协议管辖存在无效情形，以及提单并无有效并入租船合同的仲裁条款。

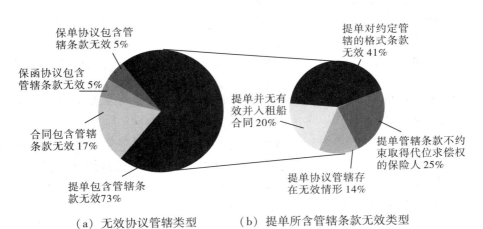

（a）无效协议管辖类型　　（b）提单所含管辖条款无效类型

图6　管辖异议裁定主要理由示意

5. 裁定结果统计情况

从图7可得，一审当事人提出的管辖权异议绝大多数会被法院驳回；从图8可知二审、再审申请人提出的管辖权异议则大多数会被驳回上诉，维持原裁定。

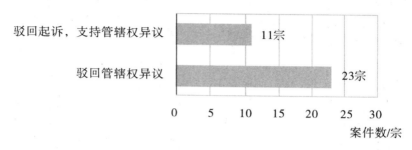

图7　一审裁定结果统计

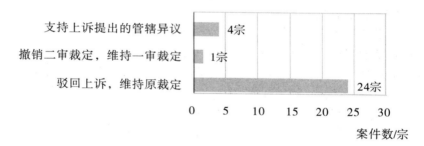

图8　二审、再审裁定结果统计

（二）法院对涉外海事管辖异议权的裁判要旨总结

法院对管辖权异议的裁定理由主要有当事人的协议管辖无效、特殊地域管辖规则、不符合不方便法院原则应同时具备的条件、海上货物运输合同纠纷为我国海事法院专门管辖、设立海事赔偿责任限制基金地法院不具有排他管辖权，以及对区段运输纠纷具有管辖权六个方面。其中，以"特殊地域管辖规则"为理由的裁判文书中，法院大多以《中华人民共和国海事诉讼特别程序法》第六条第二款中的具体规定为由直接否定了当事人的管辖权异议，并未进行说理；以"海上货物运输合同纠纷为我国海事法院专门管辖"为理由的裁判文书中，法院大多以《最高人民法院关于海事法院受理案件范围的规定》第二十五条规定，即以海上货物运输合同纠纷属于海事法院专门管辖的案件范围为由直接否定了当事人的管辖权异议,也未进行说理。因此,本文不再对这两个理由的裁判文书进行分析,只对其他四个理由的裁判要旨进行分析总结。

1. 对协议管辖无效所作出的裁判要旨

协议管辖关乎当事人的意思自治,而协议管辖的74份样本反映当事人实现意思自治的情况却并不乐观。在此主要分析协议管辖里占比第一的提单虽包含了管辖条款但是被认为无效的情形。

(1) 提单协议管辖(主要因为没有实际联系)而无效。

当事人主张提单直接规定了具有管辖权的法院/仲裁地,因此,应当尊重当事人的意思自治。法院对此主要的裁判要旨是先分析关于管辖权的协议是不是经协商一致的真实意思表示。① 即使提单协议管辖是当事人真实、一致的意思表示,法院也会判断协议管辖的法院仲裁地是否与案件具有实际联系。② 从法院支持当事人管辖权异议的案件中,可以看出对协议管辖中实际联系的要求。③

(2) 提单中约定管辖的格式条款无效。

想要证明当事人之间的格式条款有效,法院认为,当事人应当以合理方式充分提请提单持有人注意有关管辖的格式条款并举证证明双方已经进行协商,对格式条款已经达成真实的合意。④

(3) 提单管辖条款不约束取得代位求偿权的保险人。

当事人认为提单管辖条款应当约束取得代位求偿权的保险人,因为保险人代位求偿权源于法律的直接规定,并非基于保险合同而产生的约定权利。因第三者对保险标的损害造成保险事故,保险人向被保险人赔偿保险金后,代位行使被保险人对第三者请求赔偿的权利而提起诉讼的,应根据

---

① 参见上海海事法院(2021)沪72民初468号民事裁定书、浙江省高级人民法院(2016)浙72民初2118号民事裁定书、上海海事法院(2018)沪72民初516号民事裁定书。

② 参见天津海事法院(2019)津72民初978号民事裁定书、浙江省高级人民法院(2013)浙辖终字第96号民事裁定书、山东省高级人民法院(2014)鲁民辖终字第445号民事裁定书、最高人民法院(2013)民提字第243号民事裁定书、浙江省高级人民法院(2013)浙辖终字第142号民事裁定书。

③ 参见青岛海事法院(2019)鲁72民初996号民事裁定书、广东省高级人民法院(2015)粤高法立民终字第793号民事裁定书。

④ 参见浙江省高级人民法院(2016)浙民辖终295号民事裁定书、上海海事法院(2021)沪72民初468号民事裁定书、浙江省高级人民法院(2017)浙民辖终119号民事裁定书、广东省高级人民法院(2016)粤民辖终388号民事裁定书。

保险人所代位的被保险人与第三者之间的法律关系确定管辖法院。① 对此，法院认为，由于保险人并非协商订立运输合同法律适用和管辖条款的当事人，该条款并非保险人意思表示，除非保险人明确表示接受，否则该条款对保险人不具有约束力。②

（4）租船合同的仲裁条款未有效并入提单。

当事人主张涉案提单为租船合同项下提单，主要理由有提单载明"与租约合并使用"；涉外管辖条款效力的审查应当适用管辖地法律而非我国法律。研究样本中裁定的法院主要考虑提单正面有没有关于并入提单的租船合同的任何记载，即使提单背面载明"与租约合并使用"，假如提单正面没有关于并入提单的租船合同的任何记载，则租约合同的仲裁条款也不能并入涉案提单。③ 此外，仅租船合同约定了双方当事人的仲裁地而涉案提单并未做此约定，故应当认定对仲裁条款效力的审查，当事人既未约定适用法律亦未约定仲裁地，此时应当适用法院地法即我国法律。④ 再者，假如提单持有人并非租约合同的当事人，即使租船合同仲裁条款有效并入提单，也并不能约束提单持有人。

2. 对不方便法院原则所作出的裁判要旨

提出不方便法院原则的当事人认为，其提出的不方便法院原则符合了案件争议的主要事实不是发生在境内的要求。对此，法院认为，因为案件事实发生地在我国境内，所以并不符合不方便法院原则的适用条件。⑤

3. 对设立海事赔偿责任限制基金地的法院不具有排他管辖所作出的裁判要旨

---

① 参见广东省高级人民法院（2015）粤高法立民终字第 605 号民事裁定书、广东省高级人民法院（2015）粤高法立民终字第 606 号民事裁定书、广东省高级人民法院（2015）粤高法立民终字第 602 号民事裁定书。

② 参见大连海事法院（2020）辽 72 民初 568 号民事裁定书、广东省高级人民法院（2015）粤高法立民终字第 602 号民事裁定书、广东省高级人民法院（2015）粤高法立民终字第 601 号民事裁定书、广东省高级人民法院（2015）粤高法立民终字第 606 号民事裁定书。

③ 参见天津市高级人民法院（2019）津民辖终 134 号民事裁定书、（2020）津民辖终 24 号民事裁定书。

④ 参见湖北省高级人民法院（2017）鄂民辖终 31 号民事裁定书、浙江省高级人民法院（2016）浙民辖终 78 号民事裁定书、湖北省高级人民法院（2015）鄂民四终字第 00194 号民事裁定书。

⑤ 参见浙江省高级人民法院（2015）浙辖终字第 23 号民事裁定书、山东省高级人民法院（2014）鲁民辖终字第 443 号民事裁定书、广东省高级人民法院（2015）粤高法立民终字第 601 号民事裁定书。

当事人认为案涉纠纷应当依据《中华人民共和国海事诉讼特别程序法》第一百零九条①的规定由设立海事赔偿责任限制基金地的法院管辖。对此，法院认为，鉴于《中华人民共和国海事诉讼特别程序法》是在我国领域内进行海事诉讼适用的法律，该法第一百零九条的规定适用于当事人在我国海事法院申请设立海事赔偿责任限制基金的情形，并没有规定当事人向其他国家法院申请设立海事赔偿责任限制基金后，相关案件均应由设立基金的境外法院管辖，所以该规定不影响我国法院行使管辖权。②

4. 对区段运输纠纷并不具有管辖权所作出的裁判要旨

对于区段运输纠纷，当事人主张其并非涉案货物的全程承运人，涉案的区段实际运输事实如运输始发地等都不在中国境内，所以法院对区段运输纠纷并不具有管辖权。法院认为，对全程承运人以及区段承运人作为共同被告提起诉讼要求承担赔偿责任是原告对其诉权的选择，至于被告是否需要承担责任以及承担责任的范围属于实体审理需要查明认定的问题；再者，区段承运人在责任期间不会影响法院对纠纷的管辖权。③

二、涉外海事管辖司法实践中两个重点问题分析

管辖作为诉讼要件决定了案件是否能够进入实体审判，事关当事人的权利义务，而根据上述案例统计与裁判要旨总结，法院大多数会驳回当事人一方的管辖异议，特别是涉及当事人基于双方利益的权衡合意选择具有管辖权的法院或仲裁地时，法院会认定当事人的合意无效。法院如何认定协议管辖无效，以及如何进行说理，事关当事人的权利义务，也事关我国对涉外管辖的司法实践统一。就此，笔者结合法院的裁定结果及说理，针对两个实践中争议较大的问题，即租船合同仲裁条款并入提单问题和运输

---

① 《中华人民共和国海事诉讼特别程序法》第一百零九条：设立海事赔偿责任限制基金以后，当事人就有关海事纠纷应当向设立海事赔偿责任限制基金的海事法院提起诉讼，但当事人之间订有诉讼管辖协议或者仲裁协议的除外。

② 参见广东省高级人民法院（2015）粤高法立民终字第603号民事裁定书、广东省高级人民法院（2015）粤高法立民终字第598号民事裁定书、广东省高级人民法院（2015）粤高法立民终字第604号民事裁定书。

③ 参见广东省高级人民法院（2015）粤高法立民终字第599号民事裁定书、广东省高级人民法院（2015）粤高法立民终字第598号民事裁定书、广东省高级人民法院（2015）粤高法立民终字第600号民事裁定书。

合同中管辖条款对保险人的拘束力问题进行分析和探讨。

(一) 租船合同仲裁条款是否有效并入提单

1. 法院裁判要旨问题分析

纵观笔者统计的涉及租船合同的仲裁条款并入问题的案例，受案法院、上诉法院大部分未对准据法的确定理由及过程进行阐述说明。有个别案例①将提单并入条款有效问题与仲裁条款是否有效问题混为一谈，致使准据法确定理由含糊不清，对该问题的处理会直接影响当事人对整个裁决结果的态度及后续的法院判决结果的认可度及执行情况。另外，大多数法院关于租船合同的仲裁条款没有有效并入提单的裁决理由存在明显的逻辑问题②，提单持有人是否受租约仲裁条款的约束应该在租约仲裁条款有效并入提单的前提下进行讨论。除了逻辑问题，也存在不同法院之间关于该问题的认定结果一致但说理不完全一致的情况。

2. 租船合同仲裁条款并入提单的认定

(1) 法律适用问题。

对租船合同仲裁条款是否有效并入提单的认定，不同国家的法律规定和实践是不一样的。确定提单并入条款效力问题的前提是确定所应该适用的准据法，即该类案件应适用哪国法律对提单并入条款效力进行认定。在涉外民商事案件审判中，确定准据法是案件说理论证的起点，法院应先确定审查提单并入条款的准据法，再根据所应适用的准据法进行审查认定并入问题。因此，在司法实践中，法官应重视准据法的选择及其适用理由的说明，增加我国司法审判的权威性和公信力。

有关租船合同仲裁条款并入提单的审查应适用的准据法的讨论，应以这一问题所涉的概念和性质为始。在对相关概念进行定性识别之后，才能援用相应的冲突规范确定准据法。有关租船合同仲裁条款是否并入提单的定性问题，理论界存在分歧，主要有事实认定性质论、程序性质论、仲裁条款性质论。③ 通过总结提炼中国司法实践经验、对外国立法及实践进行比较研究，笔者认为，并入条款是提单所证明的海上货物运输合同的合同

---

① 参见浙江省高级人民法院 (2016) 浙民辖终 78 号民事裁定书、天津市高级人民法院 (2019) 津民辖终 134 号民事裁定书。

② 参见湖北省高级人民法院 (2015) 鄂民四终字第 00194 号民事裁定书。

③ 参见王克玉《从法律适用的视角看租约仲裁条款并入提单的效力问题——兼论我国的立法与司法实践》，载《北京仲裁》2014 年第 4 期，第 5 页。

条款之一，对该条款的法律效力的审查属于合同解释的范畴，应适用提单运输合同的准据法，并作为审查提单是否并入租船合同的准据法。

(2) 提单并入条款效力的认定标准。

我国对租船合同仲裁条款并入提单的效力的认定缺乏统一的明确的认定标准，主要原因是法院所依据的是规定较为宽泛的法律法规以及上级人民法院认定标准不一的复函。对于租船合同仲裁条款并入提单的认定标准问题，我国《海商法》仅在第九十五条作出了一个原则性的规定。根据该条规定，如果提单上载明适用租船合同条款的，承运人与非承租人的提单持有人之间适用该租船合同的条款。[①] 该规定表明，《海商法》原则上承认租船合同仲裁条款可并入提单，以及并入提单的租船合同仲裁条款对承租人以外的提单持有人也有约束力；但是，对并入条款应采用什么样的措辞才可将租船合同条款有效并入提单，仲裁条款是否需经特别明示并入等具体问题没有作出规定。最高人民法院在2003年公布的《关于人民法院处理涉外仲裁及外国仲裁案件的若干规定（征求意见稿）》（以下简称《征求意见稿》）中对租船合同仲裁条款并入提单的规定较为详尽。该《征求意见稿》的第二十九条[②]、第三十条[③]分别对合同中仲裁条款对提单受让人的效力、租船合同中的仲裁条款如何并入提单作出规定。对于仲裁条款对提单受让人的效力，《征求意见稿》规定，除非转让方、受让方及该合同的其他当事人另有约定，否则合同中的仲裁条款随合同中的权利义务转让而转让，对受让人有约束力。对于租船合同中的仲裁条款如何并入提单，《征求意见稿》规定须在提单正面明示将租船合同中的仲裁条款并入。这些规定仅仅是以征求意见稿的方式呈现出来的，并不是可以供法院审判时作为依据的立法，其缺乏法律约束力，而此后也未再有相关文件发布。

在笔者统计的案例样本中，涉及以租船合同仲裁条款并入提单为由提

[①] 《海商法》第九十五条："对按照航次租船合同运输的货物签发的提单，提单持有人不是承租人的，承运人与该提单持有人之间的权利义务关系适用提单的约定。但是，提单中载明适用航次租船合同条款的，适用该航次租船合同的条款。"

[②] 《征求意见稿》第二十九条："一方当事人在订立合同后将其权利义务全部转让给第三人的，合同中的仲裁条款对受让方和该合同的其他当事人具有约束力，但转让方、受让方及该合同的其他当事人另有约定的除外。"

[③] 《征求意见稿》第三十条："具备以下条件，应认定租约中的仲裁条款并入提单，对提单持有人具有约束力：（一）在提单正面明示租约中的仲裁条款并入该提单；（二）被并入的仲裁条款为有效仲裁条款。"

起管辖权异议的案例，受案法院的裁定结果皆为驳回管辖权异议。立法对租船合同仲裁条款的认定缺乏统一标准，导致法院在审理因租船合同仲裁条款并入提单而引起的管辖权异议问题，裁决理由不一致，裁判结果难以令案件当事人信服。笔者认为，我国应该在立法中将有关租船合同条款并入提单问题的规定进一步完善，明确租船合同管辖条款并入提单的认定标准。另外，最高人民法院在案情相同或类似的案件的复函中给予的理由应尽可能一致，从而提高我国司法实践中对租船合同仲裁条款认定标准的一致性，增强我国司法权威性。

（二）运输合同下的提单管辖条款是否约束取得代位求偿权的保险人

1. 法院裁判要旨问题分析

在笔者统计的样本案例中，法院的裁判要旨主要载明，由于保险人并非协商订立运输合同法律适用和管辖条款的当事人，该条款并非保险人意思表示，除非保险人明确表示接受，否则该条款对保险人不具有约束力，所以运输合同下的提单管辖条款并不约束取得代位求偿权的保险人。[1] 法院的裁判要旨在一定程度上会与最高人民法院指导案例 25 号确立的依代位请求权性质明确取得代位求偿权案件的特殊地域管辖原则有所割裂，[2] 且与指导案例 25 号中管辖条款适用于保险人的判决有所出入。

2. 代位求偿权案件的特殊地域管辖适用问题

（1）依代位的请求权性质判断。

根据最高人民法院指导案例 25 号的裁判要旨，法院应当依代位的请求权性质判断涉案的特殊地域管辖。其中，判断依代位的请求权性质是明确管辖的关键。首先，裁判要旨指明因第三者对保险标的损害造成保险事故，保险人向被保险人赔偿保险金后，代位行使被保险人对第三者请求赔

---

[1] 大连海事法院（2020）辽72民初568号民事裁定书、广东省高级人民法院（2015）粤高法立民终字第602号民事裁定书、广东省高级人民法院（2015）粤高法立民终字第601号民事裁定书、广东省高级人民法院（2015）粤高法立民终字第606号民事裁定书。

[2] 该指导案例载明了保险人代位求偿权源于法律的直接规定，属于保险人的法定权利，并非基于保险合同而产生的约定权利。因第三者对保险标的损害造成保险事故，保险人向被保险人赔偿保险金后，代位行使被保险人对第三者请求赔偿的权利而提起诉讼的，应根据保险人所代位的被保险人与第三者之间的法律关系确定管辖法院，而不应当根据保险合同法律关系确定管辖法院；第三者侵害被保险人合法权益的，由侵权行为地或者被告住所地法院管辖。

偿的权利而提起诉讼的,应根据保险人所代位的被保险人与第三者之间的法律关系确定管辖法院而不应当根据保险合同法律关系确定管辖法院。指导案例25号中的"损害"指的是因第三者的侵权行为致损,也包括了因第三者的违约行为至保险标的损害造成保险事故,其需要进一步阐释以明确何地的法院具有管辖权。作为释法型指导性案例①的代表,指导案例74号②裁判要点指出:因第三者的违约行为给被保险人的保险标的造成损害的,可以认定为属于《中华人民共和国保险法》(以下简称《保险法》)第六十条第一款规定的"第三者对保险标的的损害"的情形,保险人由此依法向第三者行使代位求偿权的,人民法院应予支持。③所以,在审判实践中,《保险法》第六十条规定的第三者造成保险标的损害的情形,除了因为侵权造成保险事故,还有第三者因合同违约等而造成保险标的损害的情形。④法院对因保险人取得代位求偿权的案件应根据保险人所代位的被保险人与第三者之间是侵权关系还是合同关系来明确管辖法院。具体涉及保险人依代位的运输合同请求权提起诉讼的,法院则应当依据《中华人民共和国民事诉讼法》第二十七条⑤关于特殊地域管辖的规定来明确管辖权。

(2)合同中的管辖条款约束取得代位求偿权的保险人。

既然保险人依代位的运输合同请求权提起诉讼的,特殊地域管辖连接点应该为《民事诉讼法》第二十七条规定的运输始发地、目的地,那么合同中的管辖条款是否约束保险人?笔者所搜集的裁定书的涉案法院对此给出了否定的意见。法院认为,由于保险人并非协商订立运输合同法律适用和管辖条款的当事人,管辖条款并非保险人意思表示,除非保险人明确表示接受,否则该条款对保险人不具有约束力。从法院的说理来看,法院以被保险人与第三者之间合同的相对性来约制保险人直接、当然地适用被保险人与第三者的管辖协议,这样的说理也就意味着法院认为保险人的代位

---

① 瞿灵敏:《指导性案例类型化基础上的"参照"解读——以最高人民法院指导性案例为分析对象》,《交大法学》2015年第3期,第90页。
② 江苏省高级人民法院(2012)苏商再提字第0035号民事判决书。
③ 参见肖建国《民事指导性案例中的管辖规则研究——以最高人民法院指导案例25号为中心》,《环球法律评论》2018年第3期,第46页。
④ 参见最高人民法院案例指导工作办公室《〈华泰财产保险有限公司北京分公司诉李志贵、天安财产保险股份有限公司河北省分公司张家口支公司保险人代位求偿权纠纷案〉的理解与参照》,载《人民司法》2015年第12期。
⑤ 《民事诉讼法》第二十七条:"因铁路、公路、水上、航空运输和联合运输合同纠纷提起的诉讼,由运输始发地、目的地或者被告住所地人民法院管辖。"

求偿权属于普通债权的让与，其权利的转移、继受的范围主要受当事人合意的约束。但是，不同于普通债权让与，保险人的代位求偿权是一项法定权利而非约定权利，保险人直接、当然、全面地继受被保险人与第三者在合同中的权利义务，不存在被保险人与第三人同意才能继受权利义务的情形。在这一点上，法院忽略了基于代位求偿权的债权让与与普通债权让与直接的性质区别。再者，根据《最高人民法院关于适用〈中华人民共和国民事诉讼法〉的解释》第三十三条的规定[①]，保险人作为运输合同的受让人，合同中的管辖协议对其有效，在保险人不能举证证明但书存在的情形时，管辖协议对保险人有效。

综上所述，指导案例25号已明确依代位的请求权性质明确取得代位求偿权案件的特殊地域管辖原则，保险人继受被保险人与第三者合同管辖协议，运输合同项下的提单管辖条款自然也约束保险人。所以，仅仅依据保险人非商议管辖条款的当事人而否定管辖条款的效力会造成司法实践结果的不一致，进而动摇司法的权威与公信力。

三、结　语

提高涉外海事审判水平，有利于构建良好的法治环境，对推动我国"一带一路"建设的深入开展尤其重要。笔者对检索的案例样本进行了分析研究，发现在我国涉外海事管辖权的司法实践中存在一定的不足，同时对实践中的主要争议问题进行了深入探讨：在判定租约仲裁条款并入提单是否有效时，应当先适用提单所证明的运输合同的准据法，法院在裁决说理部分时，应尽可能统一判定标准；在认定运输合同下提单管辖条款对取得代位求偿权的保险人的约束力时，应依代位的请求权性质判断涉案的特殊地域管辖并扩张管辖条款的效力。希望本文对提高我国涉外海事的审判水平有所帮助。

---

① 《最高人民法院关于适用〈中华人民共和国民事诉讼法〉的解释》第三十三条："合同转让的，合同的管辖协议对合同受让人有效，但转让时受让人不知道有管辖协议，或者转让协议另有约定且原合同相对人同意的除外。"